U0901696

普通高等院校（本科）「素质教育」系列教材
「国民素质教育」培训系列教材

大学生安全教育

DA XUE SHENG AN QUAN JIAO YU

王　威　呼东燕 / 主　编
高　巍　潘洪涛 / 副主编

清华大学出版社
北　京

内 容 简 介

本书按照教育部关于"加强国民素质教育"的要求，结合社会突发事件应对和学校安全教育，具体介绍了自然灾害、事故灾难、公共卫生、社会安全等突发事件及安全教育体系知识，并通过案例剖析，为学生提供各类突发事件应对的必备知识、求生技巧、安全培训，提升学生应对突发事件的素质能力。

本书具有知识系统、内容丰富、案例真实、贴近实际、可操作性强、强化素质培养等特点，并注重各类突发事件的应对操作。

本书既可以作为普通高校、高职高专及各类学校安全教育的教材，也可以作为各级基层政府管理者提升危机管理能力的学习教程，并为广大社区居民提供突发事件应对指导。

图书在版编目(CIP)数据

大学生安全教育/王威，呼东燕主编. —北京：清华大学出版社，2017(2021.9重印)
(普通高等院校(本科)"素质教育"系列教材　"国民素质教育"培训系列教材)
ISBN 978-7-302-45630-8

Ⅰ.①大…　Ⅱ.①王…②呼…　Ⅲ.①大学生—安全教育—高等学校—教材　Ⅳ.①G641

中国版本图书馆 CIP 数据核字(2016)第 283066 号

责任编辑：方　洁
封面设计：汉风唐韵
责任校对：宋玉莲
责任印制：沈　露

出版发行：清华大学出版社
网　　址：http://www.tup.com.cn，http://www.wqbook.com
地　　址：北京清华大学学研大厦 A 座　　**邮　　编：**100084
社 总 机：010-62770175　　**邮　　购：**010-62786544
投稿与读者服务：010-62776969，c-service@tup.tsinghua.edu.cn
质量反馈：010-62772015，zhiliang@tup.tsinghua.edu.cn
印 装 者：大厂回族自治县彩虹印刷有限公司
经　　销：全国新华书店
开　　本：185mm×260mm　　**印　　张：**11.25　　**字　　数：**254 千字
版　　次：2017 年 1 月第 1 版　　**印　　次：**2021 年 9 月第 4 次印刷
定　　价：33.00 元

产品编号：064685-02

教材编审委员会

丛书序言

新中国成立以来，党和政府历来高度重视教育，特别强调全面提高学生综合素质。2001 年 6 月，中共中央、国务院《关于深化教育改革全面推进素质教育的决定》作了最为明确、最为准确的表述："实施素质教育就是全面贯彻党的教育方针，以提高国民素质为根本宗旨，以培养学生的创新精神和实践能力为重点，造就有理想、有道德、有文化、有纪律的德智体美等全面发展的社会主义建设者和接班人。"

本丛书依据《教育法》规定的国家教育方针，着眼于受教育者及社会长远发展的要求，以面向全体学生、全面提高学生的基本素质为根本宗旨，以注重培养受教育者的态度、能力，促进他们在德、智、体等方面生动、活泼、主动地发展为基本特征的教育。

素质教育的定位为：宗旨是提高国民素质，目标是培养德、智、体、美全面发展的合格公民，灵魂是思想道德教育，重点是提高创新精神和实践能力。素质教育的功能涵括：充分考虑人与社会发展的需要，尊重人的主体地位、主动精神和个性差异，注重形成健全的人格。素质教育价值取向为：关注人的"能力、创造性、潜在竞争力、可持续发展"，并以促进学生的长远发展作为核心价值。素质教育就是全面贯彻党的教育方针。

目前我国已进入全面建设小康社会、加快推进社会主义市场经济、加速现代化经济发展的关键时期。随着全球经济一体化进程的加快和科技进步日新月异，随着改革开放和中国经济国际化发展趋势，随着国家经济转型和产业结构调整，需要解决"就业、择业、晋升、薪酬、竞争、恋爱、生理、心理、治安"等社会问题。我国经济快速发展、社会生活多样化变革、就业择业艰难、晋职提升竞争激烈、生理变化和心理承受能力等社会问题解决的最根本和最好办法，就是关注早期素质教育，加强综合素质培养。

21 世纪，我国从计划经济转变为社会主义市场经济体制，经济增长方式从粗放型转变为集约型，而且正在实施"科教兴国"和"可持续发展"战略，我国要在 21 世纪激烈的国际竞争中取得战略主动地位，最大的问题就是解决好人的素质和人才问题。

国以才立、政以才治、业以才兴，素质是人才的根本，社会主义事业需要合格建设者和可靠接班人。人的实践需要人的主观能动性、创造性、自主性，现代化建设需要人的求实精神、开拓精神、无私奉献精神，社会主义市场经济需要人的创造力、应变力、竞争力、承受力。人的主体性、精神、能力从根本上说，都来源于人的素质；人才培养、就是人的素质培养，只有不断提高人的素质，才能推进人的全面发展，造就数以亿计的高素质劳动者、数以千万计的专门人才和一大批拔尖创新、创造人才。

系列教材根据《教育法》规定的国家教育方针，全面贯彻党的素质教育要求，以高等院校大学本科、高职高专、各类职业教育院校为主，兼顾企业、社会工作者和社区居民，属于通用性“素质教育”培训教材，具体包括：《大学生心理健康》《大学生安全教育》《大学生就业教育》《生活美学》《数码摄影摄像》《收藏艺术作品鉴赏》《中外美术作品鉴赏》《人际沟通与社交礼仪》《大学生创新与创业》《大学生思想道德与法律基础》《大学生演讲与口才训练》《职业生涯规划与实践》等教材。

参与教材编写的单位有：北京教育学院、吉林工程师范学院、北京物资学院、华北科技学院、北京联合大学、哈尔滨师范大学、北方工业大学、山西大学、首钢工学院、牡丹江大学、燕山大学、北京城市学院、东北财经大学、北京财贸职业学院、厦门集美大学、北京朝阳社区学院、大连商务学院、北京西城社区学院、郑州大学、北京石景山社区学院、大连海事大学、北京宣武社区学院、浙江工业大学、大连工业大学等全国30多所高校。

本系列教材作为大学生的素质教育教材，坚持科学发展观、力求严谨、注重与时俱进；在吸收国内外素质教育权威专家学者最新科研成果的基础上，融入了素质教育的最新教学理念；依照素质教育所涉及的问题和施教规律、根据素质教育发展的新形势和新特点，全面贯彻国家新近颁布实施的《教育重大突发事件专项督导暂行办法》等素质教育法规及管理规定；注重结合大学生遇到的各种问题，强化德、智、体、美、劳等全面发展，突出培养创新精神和实践能力，并注重教学内容和教材结构创新。

本系列教材的出版，对普及国民素质教育、创建和谐社会，对帮助大学生加强素质培养、提高竞争力、毕业后能够顺利走上社会创业就业具有特殊意义。

编委会主任　牟惟仲

前言

突发事件是潜藏在人们社会生活中不可预测的各种各样的突然发生的事故，突发事件具有突发性、危害性、破坏性，对国家和人民生命财产构成了巨大威胁。近几年来我国每年突发事件高达120万起，造成20万人死亡、170万人（次）伤残、200多万户家庭陷入贫困，直接损失达3000多亿元人民币。在上述伤亡人数中，有相当多的人是因为不能及时避险或是不能得到及时有效的救治而受到伤害。

学校是非传统性、非正常性、复杂性和破坏性的突发公共事件频频发生的场所之一。面对日益频繁发生的突发公共事件，学校应该完善学生应对突发公共事件的教育体系，增强学生应急教育能力与解决突发问题能力，减弱和预防突发事件的破坏性和频发性，以维护校园安全稳定，促进改善民生、构建和谐社会发展。

国务院教育督导委员会办公室为了督促各地各校切实履行职责，积极应对并妥善处理教育重大突发事件，保障师生生命财产安全和教育教学工作正常开展，维护教育改革发展稳定大局，于2014年2月7日发布并施行《教育重大突发事件专项督导暂行办法》，这标志着我国正式建立了教育重大突发事件专项督导制度。

本书作为大学生素质教育的特色教材，坚持科学发展观、严格按照国家教育部关于"加强国民素质教育"的要求，全面贯彻落实"国务院《教育重大突发事件专项督导暂行办法》的通知"，结合社会突发事件应对和学校安全教育而撰写，旨在积极应对并妥善处理教育重大突发事件，保障师生生命、财产安全和教育教学工作正常开展，维护教育改革发展稳定大局。

全书共五章，以学习者素质培养为主线，根据各种突发事件的特点，按照自然灾害、事故灾难、公共卫生、社会安全四类划分的逻辑规律，结合社会突发公共事件应对和学校安全教育，具体介绍了自然灾害、事故灾害、公共卫生、危险规避、社会安全、学生伤害事故处理等大学生安全教育体系知识，并通过案例剖析，为学生提供各类突发事件应对的必备知识、求生技巧、安全培训，提升学生应对突发事件的素质能力。

由于本书融入了素质教育最新的教学理念、力求严谨、注重与时俱进，具有知识系统、内容丰富、案例真实、贴近实际、强化素质培养等特点，并注重各类突发事件与安全保护的应对操作；因此本书既可以作为普通高校、高职高专及各类院校安全教育的教材，也可以作为各级基层政府管理者提升危机管理能力的学习教程，并为广大社区居民提供突发事件应对指导。

本书由李大军进行总体方案策划并具体组织，王威和呼东燕主编、王威统改稿，高巍、潘洪涛为副主编，由北京教育学院张武超教授主审，丁虹教授复审。作者编写分工：牟惟仲（序言），呼东燕（第一章），王威（第三章），高巍（第二章、第四章），潘洪涛（第五章），廖海波、冯丽霞（附录）；华燕萍、李晓新（文字修改、版式调整、制作教学课件）。

在教材编著过程中，我们参阅了大量大学生安全教育的最新书刊、网站资料、国家和教育部历年颁布实施的突发事件应对与安全教育的相关法规及管理规定，收集了新发生具有警示意义的案例，并得到有关专家教授的具体指导，在此一并致谢。为配合教学、本书提供配套电子课件，读者可以从清华大学出版社（www.tup.com.cn）免费下载。因作者水平有限、书中难免存在疏漏和不足，故恳请同行和读者批评指正。

编　者

2016 年 12 月

目录

第一章

大学生安全教育

学习目的

掌握大学生安全教育的基本知识点。

学习重点

高校易发各类突发事件的特征及应对措施。

【引言】

安全教育是针对遭遇突发性事件、灾害性事故时所表现出来的应急、应变能力的教育。使学生避免自身的生命财产受到侵害的自我保护、安全防卫能力,增强安全意识教育,以及法制观念、健康心理状态和抵御违法犯罪能力的教育。

大学生安全教育的对象是当代大学生,大学生在我国教育事业中有着独特的地位,关系到未来国家事业的发展,大学生安全教育是和大学生自身特点、成长需要和时代要求分不开的,安全教育也是学校思想政治教育的一个重要组成部分。

安全教育涉及的内容非常广泛,应与高校的一切教育活动相联系,应与学校的思想政治教育、道德教育、民主法制教育、校纪校规教育、心理健康教育等相结合。

第一节　大学生安全意识培养

大学生安全意识是大学生综合素质的一个重要内容,也是高校教育的一个重要方面,更是维持校园稳定的重要问题,因此高校应注重大学生安全意识的培养。从当前校园安全问题日益突出的现状来看,进行大学生安全意识的培养是十分必要的。

一、培养大学生安全意识的必要性

（一）大学校园安全问题日益突出

小贴士

2015年7月20日，兰州大学宿舍发生爆炸，造成31人受伤。2015年9月22日1时50分左右，安徽淮北职业技术学院新校区天然气泄漏导致学生出现昏厥呕吐，共有39名学生被送医治。2015年10月8日早上海体育学院一个男生宿舍楼起火，所幸并无人员伤亡。江苏南京江宁区的城市交通运输学校在校园里私设KTV，并有学生提供“特殊服务”，给学生安全带来潜在危害。

这些触目惊心的数字都充分证明了当前校园安全问题的严峻，让人心惊，所以进行高校安全教育，培养大学生的安全意识势在必行。只有让大学生掌握充分的安全意识和安全防范技能，才能有效地避免各种可能出现的安全问题，从而达到保护大学生生命安全、财产安全的目的，也才能使大学生在成长的过程中不断增强自己适应社会的能力，以便日后进入社会能够更好地生存和发展。

（二）大学生安全意识薄弱

1. 大学生心理不成熟

虽然大学生的生理机能基本成熟，但心理仍未完全成熟。其个性虽然趋向定型，但却没有完全定型，仍具有较强的可塑性。他们的人生观、价值观仍不明确，法制观念淡薄，具有较强的社交需求，但人际交往较为盲目。

2. 法律知识欠缺

大学生由于法律知识的欠缺，不知道权利的界限，不懂得如何来维护自己的权利和安全，因而在自身安全受到侵犯时，不知道如何自救和他救。

3. 缺乏社会生活经验

长期受应试教育的影响，大学生在中学阶段只注重书本知识，而忽略了社会生活经验的积累，从而造成自身辨别是非能力较差，也很容易导致安全问题的发生。

二、培养大学生安全意识的方法

大学生安全意识薄弱、安全问题防范技能较低等问题直接导致了高校校园安全事件的发生，因此，培养大学生的安全意识应从不断提高大学生的安全意识，强化大学生的安全防范技能两方面入手。

（一）提高大学生的安全意识

1. 提高大学生对社会治安形势和校园安全状况的认知意识

当前，我国正处于社会主义市场经济体制逐步完善的历史时期，社会各个领域正在发生巨大而深刻的变化，这些变化都会引起利益、观念的变动和各种社会矛盾的发生，从而使得刑事犯罪案件不断增多。而随着高校教育的不断发展，校园几乎已经完全融入了社会，因此也必定会受到社会治安形势的影响，从而使得大学校园安全问题日渐突出。

2. 提高大学生主动的自我防范意识

在严峻的社会现实面前，每一个大学生都应有主动的自我防范意识。无论在日常生活中，还是在社会交往、处理社会事务、外出活动中，要考虑到安全，要有自我防范意识，包括防火、防盗、防抢劫、防性骚扰和性侵害、防食品中毒、防交通事故、防诈骗等；要学法懂法，学会依法保护自己的合法权益，使国家财产和自己的人身、财产不受侵害。

3. 提高大学生遵纪守法的意识

遵纪守法是每一个公民应尽的义务，也是大学生应具备的意识。当前少部分学生的法律意识淡薄，常会做出违法的行为，不仅没有起到社会文明的代表的作用，而且对大学生的健康成长起到了不良的作用。再加上近年来高校办学规模不断扩大，校园开放程度和社会化程度不断加深，大学生违法乱纪的行为更加呈现出上升趋势。

因此，提高大学生遵纪守法的意识是十分必要的。提高大学生的安全意识，也必须提高大学生遵纪守法的意识。作为大学生，必须严格自律，必须有遵纪守法意识，遵守社会基本准则，依法规范、约束自己的行为；要全面提高自身素质，增强法制观念，自觉遵纪守法，不侵犯国家、集体的财产和他人的人身、财产安全，不危害社会，不参与违法犯罪活动。

4. 社会安全事件

社会安全事件主要包括危及公共安全的刑事案件、涉外突发事件、恐怖袭击事件、民族宗教事件、经济安全事件以及群体性事件等。

（二）强化大学生安全技能

强化大学生的安全技能可从以下几方面入手。

(1) 强化大学生应对突发事件的技能，包括公共突发事件的类型及应对方法等。

(2) 强化大学生防范和应对火灾、交通事故的技能，包括明白火灾事故产生的原因和条件，火灾的预防，初起火灾的扑灭，火灾报警，灭火器的种类、用途、使用方法和火灾中的逃生方法；知道与大学生有关的交通事故的主要类型和教训，行人、骑自行车人、机动车驾驶员应遵守的交通法规及交通事故的处理等方面的知识和技能。

(3) 强化大学生保护自身生命财产安全方面的技能，包括防凶杀、防事故伤害、防盗、防抢夺、防抢劫、防诈骗以及人身财产被伤害或侵害后如何处置等方面的技能。

(4) 强化大学生日常生活中的安全技能，包括办理户口、身份证、暂住证等手续，预防传染病、食物中毒和旅游、登山安全，发生案件、事故和疾病的报警求助以及人身保险等方面的技能。

(5) 强化大学生教学安全方面的技能，包括实验、实习、社会实践和体育运动等方面的安全技能。

三、大培养学生校园安全意识

（一）维护国家安全的公民意识

没有国家安全，就没有和平的建设环境。每个公民都负有维护国家安全的责任和义务。大学生是社会主义现代化的建设者和接班人，是国家的未来和希望。大学生的安全意识如何，关系到国家的长治久安。因此，大学生应当树立维护国家安全的公民意识。

（二）对社会治安形势和校园安全状况的认知意识

当前，我国正处在社会主义市场经济体制逐步完善的历史时期，政治、经济、文化体制正发生着日益深刻的变化，社会矛盾也日益突出，社会问题不断增加，刑事犯罪活动呈增长状态。在这种背景下，学校的犯罪案件时有发生。

（三）主动的自我防范意识

大学生在校园内和校园外都应该时刻保持清醒的头脑，青少年必须学会自我保护。社会经验不足的青少年，在面对侵害行为、自然灾害和意外伤害时，往往因处于被动地位而受到侵害。因此，在复杂的社会生活环境中，青少年必须学会自我保护。

自我保护是人的本能，具备自我保护意识是未成年人向成熟迈进的重要一步。面对一些突发的事故和侵害，我们应该积极争取社会、学校和家庭等方面的保护。

如果这些保护不能及时到位，我们就要尽自己所能，用智慧和法律保护自己的合法权益。因此，青少年必须要学会自我保护，树立防范意识，知道防范的方法，逐步培养自我防范的能力。

（四）面对突发事件的应变意识

突发事件一般指难以预料、突然发生、关系安危的超出常规的特殊情况，具有复杂性、危险性的特点。这就要求每位大学生必须有主动自我防范意识。无论是在校园内还是社会实践活动中，遇到安全事件时，要主动采取必要的、积极的应对措施，比如火灾逃生、交通安全事故的解决办法等。同时要学法懂法，保护自身不受侵犯。

（五）遵纪守法的自律意识

大学生应当遵守国家法律、法规及社会公共规范。处处遵守国家法律、法规、社会公共规范，遵守社会公德。从小养成良好习惯，加强自我修养，自我调节，自我完善，自觉抵制违法犯罪行为的引诱，树立面对突发事件的应变意识。

综上所述，对大学生进行安全教育是学校教育的重要内容之一，是大学生走向社会应具备的常识，我们在认识到其必要性的同时，也要在安全意识形成的过程中采取有利的措施。总之，大学生安全教育必须得到人们的重视。

第二节 大学生安全教育知识

近几年，高校大学生安全事件层出不穷，甚至还出现了恶劣的刑事犯罪，如宿舍火灾、寝室盗窃、溺水死亡、交通事故以及凶杀、情杀、自杀、自残等。因此，新时期大学生安全教育应成为高等学校教育体系的重要方面。

一、大学生安全知识教育内容及方法

（一）大学生安全知识教育内容

1. 法律知识教育

法律知识教育是增强大学生法律意识和法制观念的重要途径。通过法律知识教育，增强大学生法律观念和法律意识，减少大学生违法犯罪行为的发生。充分利用高校“两课”教学，深入开展法制专题讲座，围绕学生学习、生活、兼职、交友、就业等方面，深入开展宪法、刑法、互联网安全保护管理办法、民法、消防法、劳动法、合同法等法律法规知识教育。

2. 人身安全教育

大学生人身安全指个人的生命、健康、行动等没有危险，不受威胁。具体包括以下方面。

（1）防止因打架斗殴造成人身意外伤害，冷静处理各类滋事和纠纷。

（2）慎重人际交往，避免因交友不慎而造成安全事故。

（3）防范实验室、户外实习（见习）、体育活动时人身安全事故。

（4）求职（兼职）人身安全防范。

（5）防范女生受到非法性侵害。

（6）防范因感情、学业、生活等原因而造成的自残、自虐事件。

3. 财产安全教育

（1）防盗窃。大学生被盗的主要场所是寝室、食堂、图书馆、教室、体育场；常见被盗物品有现金、自行车、笔记本电脑等贵重物品。防盗基本方法是养成随手关窗、锁门的良好习惯，对身边出现的陌生人习惯性保持警惕，不乱丢乱放自己贵重物品，在公共交通工具上不与陌生人聊天。

（2）防骗。大学生由于缺乏社会经验和正确的社会判断能力，思想相对单纯，容易被不法分子所蒙蔽、欺骗，如中介被骗、兼职被骗、购物被骗、信用卡被骗、短信（电话）被骗。

（3）防抢劫（抢夺）。应教育学生尽量结伴出行，禁止晚归及夜不归宿，晚间不走偏僻道路，不携带大量现金，穿戴朴素、不炫耀。

（4）防误入传销组织。

4. 交通安全教育

（1）交通法律法规知识宣传教育。

(2) 教育学生选乘合法营运的交通工具。

(3) 教育学生选乘车况良好的交通工具。

(4) 教育学生自觉遵守交通规则。

5. 消防安全教育

火灾是威胁人类安全的重要灾害，是仅次于旱灾、水灾的第三大灾害。全球每年发生600万～700万起火灾，6万～7万人在火灾中丧生。近年来，各高校火灾事件时有发生，对在校大学生造成了巨大的人身和财产损失，因此，消防安全教育应该成为大学生安全教育的重要内容。

(1) 禁止在宿舍使用大功率用电器，诸如热得快、电磁炉、电饭煲、烘鞋器、电吹风、电夹板等。

(2) 禁止在寝室使用明火器具，诸如煤炉、酒精炉、蜡烛、液化炉。

(3) 禁止在宿舍、教室、图书馆等场所乱丢未灭烟头、火种，避免火灾的发生。

(4) 禁止在宿舍内私拉电线。

(5) 宿舍内禁止存放易燃易爆物品。

(6) 学生外出时，随手切断电源。

(7) 定期组织学生进行消防安全隐患检查，及时发现问题，及时处理。

(8) 加大消防教育的投入，举办形式多样的展览，与公安专职消防人员联合举办培训讲座、消防演练、消防知识竞赛等，让学生从思想认识和实践行动上都能有所收获，真正掌握用电、用火安全知识和逃生知识。

6. 网络安全教育

高校学生几乎人人涉足网络，但对维护网络安全的法律、法规、条例却知之甚少，网络安全防范意识相对淡薄。计算机网络技术的快速发展，为大学生的学习与生活提供了方便，与此同时，大学生网络安全问题也随之而来。

与大学生相关的网络安全主要有以下三点。

第一是大学生利用自己的专业网络技术直接实施、参与违法犯罪活动，诸如网络诈骗、盗取他人银行私人信息等。

第二是网上购物或网络交友不慎，为自己带来人身伤害或财产损失。

第三是由于不知网络法规、网络伦理或者被他人欺骗、蒙蔽，在网络论坛上发布虚假信息，对政府、他人进行攻击和伤害。因此，大学生网络安全教育是新时期大学生安全教育的重心。

7. 心理健康安全教育

大学生心理健康教育是安全教育的重要组成部分。当前，“90后”大学生突出的特点是情绪具有极强的波动性，心理比较脆弱，同时，在校大学生承载来自学习、交友、就业、经济、求学等诸多方面的压力，容易产生许多心理问题。

为此，大学生安全教育内容中应该引进大学生心理健康教育方面的内容，针对年级和季节分阶段、有步骤地开展新生入学适应性教育、心理健康知识宣传教育、健康人格教育、人际关系教育、情感教育、正确面对挫折与心理障碍防治教育，通过宣传教育，排解学生心理不安定因素，及时纠正心理偏差，及时发现并治疗心理疾病。

8. 恋爱安全教育

处于青春期的大学生的性生理和性心理会发生一定的变化，发展适当的恋爱关系是正常的事情。但是大学生需要端正恋爱动机，树立正确的恋爱观。恋爱安全教育具体有以下内容：第一，建立志同道合的爱情；第二，摆正爱情与事业的关系；第三，懂得爱情是一种责任和奉献；此外，由于校园里恋爱受到许多因素的制约，因而在追求爱情的过程中，遇到如单恋、失恋、爱情波折等种种挫折是在所难免的，其中失恋是最严重的一种挫折。所以，我们还应培养一定的承受能力，受到挫折时能够合理疏导情绪的能力，将对自己的伤害降到最低。

（二）大学生安全知识教育方法

1. 培养学生常见安全事故的防范能力

常见安全事故的防范能力包括防火、防盗、防骗、防抢劫能力。

2. 培养学生面对突发性重大灾难的应变与处置能力以及野外生存能力

诸如地震、火灾等。

3. 培养学生自救互救能力

面对各类安全事件，在紧急情况下，大学生应该具备机智、果敢地保护好自己与他人生命和财产安全的能力。

二、加强大学生安全教育的意义

（一）加强大学生安全教育是依法治国的需要

在《高等教育法》《高等学校校园秩序管理若干规定》《普通高等学校学生安全教育及管理暂行规定》等法规中，既明确了学校在大学生安全教育与管理中的行为规范，也规定了大学生在安全教育中应该享受的权利和必须履行的义务，体现了党和政府对大学生安全的高度重视，把维护大学生的安全和合法权益，对大学生进行安全教育和管理，依法治校确定为高校各级领导的法定义务，推动了高校对大学生的安全教育和管理工作。

（二）加强大学生安全教育是大学生自我完善的需要

大学阶段，是大学生人格发展与完善的关键时期。大学生群体又是一个特殊的社会群体。一方面缺乏必要的社会经验，安全防范意识较差，自我防范能力较弱，对于社会的复杂知之甚少。一旦离开家庭开始集体生活，独立面对纷纭复杂的社会时，对可能发生的各种安全问题缺乏必要的重视和警惕，留下种种安全隐患，给违法犯罪分子可乘之机。另一方面是某些大学生心理成熟滞后，心理安全问题突出。由于生活节奏加快，社会压力加大以及家庭环境和个人经历诸多原因，个别大学生容易产生心理障碍和心理疾病。

（三）加强大学生安全教育是适应社会治安形势发展变化的需要

当前社会的治安形势依然十分严峻，各种违法犯罪现象呈上升趋势。高校周边治安环境更加复杂,社会不健康的思想文化也是影响学生身心健康的重要因素。因此必须对大学生进行安全教育,让大学生对社会政治和治安形势有真实的认识和理解,使大学生自觉地学习安全知识与技能,做好自身的安全防范工作,从而预防和减少高校中违法犯罪安全对大学生的不法侵害。

(四)大学生安全教育是适应学校改革发展的需要

随着我国高校后勤社会化改革的逐步深入,市场经济的触角迅速地伸入校园,校园已由过去封闭型的"世外桃源"变为开放型的"小社会"。有的不法之徒伺机作案,大学生往往成为被侵害的直接对象,个别学生听信不良的广告宣传,受骗上当屡见不鲜,学生人身和财产安全常遭受不法侵害。因此,加强对大学生的安全教育,可以让大学生有针对性地学习必要的安全知识和法律法规,掌握必备的安全防范技能,增强遵纪守法观念和安全防范意识,提高自我保护能力。

第三节 突发事件的特征及应对

一、突发事件的特征

一般来说,突发事件具有这样几个特征。

(一)突发性

突发性是突发事件最根本的特征,事件的爆发往往没有太多的先兆和预兆,出乎意料之外。新闻报道最多的是重大交通事故、生产事故、水灾、火灾、矿难等,这些事件带有很强的随机性,而且一旦爆发,蔓延迅速,很难控制。

(二)不确定性

突发事件的形成、发展和演变很难有一个特定的模式来供人们研究和应对,可以说有多少突发事件就有多少突发事件的发展模式和运行轨迹。

(三)危害性和灾难性

多数突发事件对当事人都具有危害性和灾难性。

(四)关注度

突发事件最能引起人们的关注和兴趣,自然也就是媒体最大的新闻源。当突发事件发生后,媒体的版面或时间都是围绕突发事件报道。

(五)规模信息量

突发事件最重要的特征即单位事件爆发的信息量极大,尤其在爆发初期,所以突发事件新闻报道往往具有先入为主的特征,即谁先抓住受众,谁就引导了舆论和设定了人们的

"认知议程"。

二、突发事件的分类

（一）突发事件的分类

根据《中华人民共和国突发事件应对法》，突发事件是指突然发生、造成或者可能造成严重社会危害，需要采取应急处置措施予以应对的自然灾害、事故灾难、公共卫生事件和社会安全事件。因此突发事件通常划分为四类：自然灾害、事故灾害、公共卫生事件、社会安全事件。

1. 自然灾害

自然灾害主要包括水旱灾害，台风、严寒、高温、雷电、灰霾、冰雹、大雾、大风等气象灾害，地震、山体崩塌、滑坡、泥石流等地质灾害，风暴潮、海啸、赤潮等海洋灾害，重大生物灾害和森林火灾等。

2. 事故灾难

事故灾难主要包括矿山、石油化工、危险化学品、特种设备、旅游、建设工程、国防科技工业生产等安全事故，民航、铁路、公路、水运等交通运输事故，地铁、供电、供水、供气和供油等城市公共服务设施安全事故，以及通信、信息网络生产安全事故，火灾事故，核与辐射事故，环境污染和生态破坏事故等。

3. 公共卫生事件

公共卫生事件主要包括传染病疫情、群体性不明原因疾病、食物安全和职业危害，以及其他严重影响公众健康和生命安全的事件。

4. 社会安全事件

社会安全事件主要包括危及公共安全的刑事案件、涉外突发事件、恐怖袭击事件、民族宗教事件、经济安全事件以及群体性事件等。

（二）根据预警分为四级威胁

1. 蓝色等级（Ⅳ级）

预计将要发生一般（Ⅳ级）以上突发公共安全事件，事件即将临近，事态可能扩大。

2. 黄色等级（Ⅲ级）：

预计将要发生较大（Ⅲ级）以上突发公共安全事件，事件已经临近，事态有扩大的趋势。

3. 橙色等级（Ⅱ级）

预计将要发生重大（Ⅱ级）以上突发公共安全事件，事件即将发生，事态正在逐步扩大。

4. 红色等级（Ⅰ级）

预计将要发生特别重大（Ⅰ级）以上突发公共安全事件，事件会随时发生，事态正在不断蔓延。

（三）根据处置方式分四级

突发事件分四级处置。

1. 一般突发公共事件（Ⅳ级）

一般突发公共事件（Ⅳ级）指的是突然发生，事态比较简单，仅对较小范围内的公共安全、政治稳定和社会经济秩序造成严重危害或威胁，已经或可能造成人员伤亡和财产损失，只需要调度个别部门或区县的力量和资源能够处置的事件。

2. 较大突发公共事件（Ⅲ级）

较大突发公共事件（Ⅲ级）指的是突然发生，事态较为复杂，对一定区域内的公共安全、政治稳定和社会经济秩序造成一定危害或威胁，已经或可能造成较大人员伤亡、较大财产损失或生态环境破坏，需要调度个别部门、区县力量和资源进行处置的事件。

3. 重大突发公共事件（Ⅱ级）

重大突发公共事件（Ⅱ级）指的是突然发生，事态复杂，对一定区域内的公共安全、政治稳定和社会经济秩序造成严重危害或威胁，已经或可能造成重大人员伤亡、重大财产损失或严重生态环境破坏，需要调度多个部门、区县和相关单位力量和资源进行联合处置的紧急事件。

4. 特别重大突发公共事件（Ⅰ级）

特别重大突发公共事件（Ⅰ级）指的是突然发生，事态非常复杂，对北京市公共安全、政治稳定和社会经济秩序带来严重危害或威胁，已经或可能造成特别重大人员伤亡、特别重大财产损失或重大生态环境破坏，需要市委、市政府统一组织协调，调度首都各方面资源和力量进行应急处置的紧急事件。

三、突发事件的应对及处置程序

由于突发事件所处的具体环境和条件不同，每一事件的特殊矛盾、规模、程度、性质和后果不同，卷入事件的群众情况不同，因而处置的办法和程序也就各异。但是，无论其状况如何，一般来说，都要经过以下六个程序，每一个程序又各有一些需要注意的事项和处置策略。

（一）控制事态

突发事件发生后，领导者迅速控制事态是处置事件的第一步。事件的突发性，要求处置工作必须突出一个“快”字。快速出动是把突发事件控制在最小范围、消灭在萌芽状态的重要保证。要快速发现、快速报告，快速出动、快速到位，快速展开、快速介入，以便抓住先机，争取主动。要尽快控制事态发展，领导者可以根据具体情况成立临时专门机构。

比如在处置突发事件的过程中，可以把所辖机构分成突发事件决策机构和处置机构两部分，决策机构及其人员主要是对事件发展情况进行预测，制定处置事件的策略和步骤，对全面工作进行指导；处置机构及其人员负责掌握动向，反馈信息，贯彻决策机构意图，对事件进行具体处置。把决策层和执行层分开，有利于各司其职，各负其责。

领导者控制事态的策略表现在以下几个方面。

1. 迅速隔离险境

当出现灾害事故类突发事件时，为了确保社会及公众的生命财产不受损失或少受损失，应采取果断措施，迅速隔离险境，力争把突发事件和重大事故所造成的损失降低到最低程度，为恢复正常状态提供保证。

2. 转移群众的注意力

一般地说，每次群体性突发事件中，群众的注意力都会集中在一两个敏感、热点问题上，在这种情况下，转移群众的注意力，对于控制事态是十分有利的。可以通过说服诱导，寻找双方利益的交汇点，使群众对党和政府的主张产生认同。

可以从群众的角度出发，承认某些可以理解和合理的方面，作出无损于实质的让步或许诺；还可以运用归谬法引导事件的参与者意识到最终可能出现的双方都不愿意看到的不良后果，使大多数人恢复理智，同时找出解决问题的正确途径和方法。

3. 进行强制性干预

在解决突发事件过程中，政府的强制性干预是十分必要的。面对突发事件，"政府中枢决策系统就必须享有发号施令的权威，并且可以制定和执行带有强制性的政策"。

因为在突发事件状态下，每一个人的信息量毕竟是有限的，某些群众和个别领导者还会处于一种非理性状态，同时决策也会遇到各方面的阻力，其风险性使得任何意见都难以像常规情况下那么容易达成妥协和统一，因此，依靠领导权威、推行强制性的决策是唯一的选择。这样做的目的在于迅速而有效地遏制事态的扩大、升级、蔓延。

（二）调查研究

当突发事件得到初步控制以后，领导者应马上进入第二阶段，即组织力量开展调查研究。对突发事件的调查，在内容上强调针对性和相关性，查明事件发生的时间、地点、背景、人员伤亡、财产损失、事态发展、控制措施、相关部门和人员的态度以及公众在事件中的反应；在方法上强调灵活性和快速性。

在调研过程中，应广泛收集和听取事件参与者、目睹者的意见、反映和要求，从中分析事件的性质和因由；要与事件的参与者正面接触，尽量抓住事件的薄弱环节和暴露之处进行调查，以利于发现问题。一般地说，目睹者观察和提供的情况，是较为客观和准确的，因为他们与事件没有直接的利害关系，能够客观公正地分析和反映情况，为领导者制定对策提供可靠依据。根据调查来的情况，找出突发事件发生的因果联系，把握主要问题，就可以为确定事件的性质打下基础。

（三）制定对策

在通过调查研究，对事件的来龙去脉和性质予以确定之后，应迅速会同有关职能部门，进行分析讨论，制定相应的对策。制定对策须注意三个方面的问题：

(1) 对策必须具有可行性,能在现有条件下付诸实施;

(2) 对策应充分考虑到可能出现的各种情况和问题,做多种准备,不能简单从事;

(3) 重视专家的意见,因为突发事件的出现,有时是在领导者不太熟悉的领域,而专家对自身涉及领域的问题有专门的知识和经验,专家的意见可以弥补领导者知识和经验的不足,特别是在事态基本得到控制的情况下,制定对策更应该重视专家的意见。

总之,突发事件的处置,对领导者素质和能力的要求特别高,不允许决策出现失误和漏洞,也不允许在执行过程中软弱无力。领导者在抓主要矛盾的同时,应注意总体配合,综合治理,以便尽快解决问题。

(四) 贯彻实施

经过前三个阶段的准备工作,在贯彻实施阶段,领导者应动员社会力量有序参与。面对灾害类以及恐怖动乱类突发事件,在一个开放、分权和多中心治理的社会,没有社会力量的参与是不可想象的。社会力量的参与,可以缓解突发事件在公众中产生的副作用,使公众了解真相,打消恐惧,起到稳定社会、恢复秩序的作用。

突发事件造成的最大危害在于社会正常秩序遭到破坏并由此带来社会公众心理上的脆弱,所以,保持稳定的社会秩序和原有的社会运行轨迹、提高公众心理承受能力是首要的选择。要尽可能保证社会公共生活的正常运转,尽可能避免突发事件进一步造成更大的公众心理伤害。

对于社会性突发事件,领导者要公开表明立场,恳切地道出自己的希望和担心,这样可以增加社会公众的信任感,使感情距离拉近。诚实的态度容易赢得社会公众的尊重,减轻他们的恐慌心理,有助于尽快解决问题,恢复正常的工作和生活秩序。

(五) 评估总结

突发事件解决后,领导者要对整个事件的过程进行评估。

(1) 注意从社会效应、经济效应、心理效应和形象效应诸方面,评估有关措施的合理性和有效性,并实事求是地撰写出详尽的突发事件处置报告,为以后处置类似的事件提供参照。

(2) 认真分析突发事件发生的原因,反思工作中的不足。如果是组织机构设置有问题,那就重新建立、健全预防突发事件的运行机制,堵塞漏洞;如果是政策有问题,就应重新调整政策;如果是干部工作作风有问题,就要从克服官僚主义、改进工作作风入手,想人民之所想,急人民之所急,以得到群众的理解和支持;如果是领导者政治敏锐性差,就应严肃纪律,让应当承担责任的人承担必须承担的责任。要通过评估反思,切实改进工作,努力消除各种不安定因素,从根本上杜绝类似突发事件的发生。处置突发事件的善后工作做好了,才能说该事件圆满解决了。

(六) 重塑形象

即使领导者采取积极有效的措施处置了突发事件,政府的形象也仍然有可能受到一定的负面影响。因此,在突发事件过后,领导者要采取一定措施,进一步完善管理体制,调整组织机构使之更精干、更有工作效率。

与此同时，还要以诚实和坦率的态度安排各种交流活动，加强与社会公众的沟通和联系，及时告知他们突发事件后的新局面、新进展，消除突发事件带来的形象后果，恢复或重新建立政府的良好声誉和美好声望，再度赢得社会的理解、支持与合作。

四、处置突发事件的原则

根据国内外处置突发事件的理论与实践，处置突发事件应遵循以下原则：

（一）救治第一原则

不管是什么类型的突发事件，首先要保护人民的生命安全。媒体报道和公众反应首先应集中于对伤亡人员的救助，这样的新闻报道有利于号召和动员公众支持政府参与救援活动，这是在特殊情况下增强社会凝聚力和争取公众支持的必然选择。

（二）把握主要矛盾原则

任何突发事件都有一个牵动全局的主要矛盾，把握主要矛盾，并采取适当的措施予以解决和转化，是解决突发事件的根本之所在。因此，领导者应注意全面地认识事件的各种现象，潜心分析各种现象间和现象背后的因果联系，要在把握各种联系的基础上，认准制约整个事件的主要矛盾，从而找到整个事件的“总闸门”。

（三）重视信息传播原则

突发事件出现以后，为了求得公众的深入理解和全面谅解，必须向广大公众传播有关准确信息，从而通过信息控制舆论导向。封锁消息是无益的，只能让谣言制造混乱。

（四）协调作战原则

突发事件的复杂性和综合性，要求处置手段必须借助合力，任何一起突发事件都会涉及社会各领域、各行业、各层面，如交通、通信、医疗服务、消防等。突发事件发生后，只有在领导的统一指挥下，各有关部门协同配合，才能准确全面把握突发事件的性质和症结，及时形成和贯彻科学的决策，迅速控制事件的发展。

（五）科学处置原则

科学处置主要针对那些因工业技术而引起的灾害以及由自然灾害而造成的事件，如台风、火灾、飞机失事等。对于突发事件的处置一定要注意科学性、技术性，多征求特定技术领域专家的意见，不能蛮干。

第四节　高校突发事件特征及应对

学校是教书育人的场所，学校的安全稳定是开展教学、培养人才的前提基础。随着社会经济的发展，一些社会深层次的矛盾会不断显现，可能引发一些校园突发事件。

学校是学生集中学习和居住的地方，自然灾害会造成人数众多的伤亡，因此保证学校师生的生命财产安全，直接关系到社会的稳定和发展。我们必须最大限度减少突发事件对学生造成的伤害，为学生成长提供良好的环境。

一、高校突发事件的分类及特点

（一）分类

按照突发事件的定义，高校常见的突发事件包括自然灾害、事故灾难、公共卫生事件和社会安全事件等几类。

1. 自然灾害

自然灾害指地震、洪水、台风、暴雪等。2008 年年初南方几个省发生的冰灾和四川的汶川地震，就是自然灾害方面的突发事件，对沿海地区的高校来说，台风（或叫热带风暴）也是常见的突发事件。还有南方山区几乎每年都会发生的山洪暴发引发的自然灾害等。

2. 事故灾难

如实验室或学生宿舍发生的电器火灾、爆炸、楼舍倒塌、人员踩踏等事件。这些灾难性的事件都是有人为因素的事故灾难。

3. 公共卫生事件

高校是人员高度聚集的地方，也是最容易发生公共卫生事件的地方。由于现在食品安全存在诸多的隐患，因食品中毒或者不卫生食品进入高校从而引发事端。

2015 年 3 月 16 日，福建工程学院 38 名学生在校外就餐，当天下午起陆续出现上吐下泻的症状，疑似食物中毒。随后这些学生被紧急送往空军福州医院，经医生检查确诊为食物中毒。出现食物中毒症状的学生全部是 3 月 16 日中午在校外美食街就餐的，且不少人在一家“巴西烤肉店”吃饭。午饭过后的一两个小时，学生陆续出现不同程度的恶心、呕吐、腹泻等症状，校方随即派人陪他们到医院检查。

经诊断，大部分的学生有腹泻、呕吐等症状，其中三人病情相对严重，出现寒症高热、血便、早期休克表现等症状，医院采用心电监护仪实时监测，并配以吸氧辅助治疗。经过治疗，已有 35 名学生痊愈后返回学校，另有三人仍在住院观察治疗，他们生命体征平稳。由于就诊学生人数众多，医院意识到问题的严重性，随即将情况上报至省卫计委等部门。①

4. 社会安全事件

发生在高校的社会安全突发事件，主要是指在高校校园内或者是与高校师生直接相

---

① 资料来源：http//health.gmw.cn/newspaper/2015-03-18/content 105237217.htm，光明网，2015.03.18。

关、影响国家或地方政治及社会稳定和学校正常程序的群体性事件、恐怖袭击事件、治安刑事案件、民族宗教事件、涉外突发事件，以及其他因素造成的社会安全类突发事件。

高校或师生中的集会、游行静坐示威等群体性事件，近些年总体上说很少，但也不是没有。当国际上出现有损我国尊严、领土、主权的情况的时候，高校师生为了表达对祖国的热爱之情，通过集会、示威游行等方式表达爱国热情，这很好理解。还有一种情况，就是为表达对某一事件的强烈抗议或强烈诉求，自发组织活动。恐怖袭击事件、治安刑事案件、民族宗教事件、涉外突发事件这些社会安全事件也很好理解。

5. 网络与信息安全事件

网络与信息安全事件主要是指高校主管或主办的网络与信息系统发生的有害程序事件、网络攻击事件、信息破坏事件、信息内容安全事件、设施设备故障和灾害性事件。对此，我们不能轻视，特别是招生时，或者是在一些特别敏感事件发生时，高校的信息系统遭到破坏，信息内容受到篡改，就会造成很大的问题。

6. 教育考试安全事件

教育考试是高校的一项经常性的大量的工作，这方面的安全突发事件，主要是指在国家考试或者学校考试中，在命题管理、试卷印刷、运送、保管、评卷组织管理等环节出现的试卷(答卷)安全保密事件，考试实施中出现的舞弊(特别是群体舞弊)、阻碍考试等突发事件，以及网络有害信息等影响考试及社会稳定的其他突发事件。

7. 非正常死亡事件

非正常死亡包括自杀、他杀和意外死亡。目前这是高校遇到比较多并且难以处置的事件。可以说每一起非正常死亡都是突发事件，都必须妥善应对和处置。

中国高校虽然不像美国校园那样经常出现枪击、暴力等事件，但资料显示：近些年，大学生因为各种原因自杀的案件数量呈上升趋势，受到媒体、社会、教育界的重视和关注，此外，由于心理问题或其他原因对自己或他人产生伤害、攻击行为在大学校园也时有发生。

师生的非正常死亡，极易引发聚集事件和过激行为。从近些年的情况来看，大学生非正常死亡引发的在大学校园内死者亲属聚集甚至发生过激行为的情况是比较多的。几乎每一起非正常死亡事件，都有聚集事件和过激行为的发生。因此，如何应对和处置师生非正常死亡事件，是我们必须面对的问题，也是当前高校感到比较棘手的问题之一。此外，还有一些“民族学生和谐关系”方面发生的一些问题，也成为突发事件，需要认真谨慎的应对。

（二）特点

在大学校园或者在大学生中发生的突发事件，多是通过一定的诱发契机引发的。而这个契机是偶然的。因此，高校突发事件发生的具体时间、实际规模、具体形态和影响深度等，都是难以预测的，具有很大的突然性。

1. 行为的过激性

高校中发生的突发事件，由于大学生是一个高度集中的群体，并且青年人火气大，难以自控。因此,一旦在大学生中发生某种事件,很容易出现聚集、罢课罢餐甚至打砸、抢等过激行为,造成严重事件。

由于高校是备受社会关注的地方,大学生是高度敏感的群体,因此,大学校园里或者大学生中发生某种突发事件,更容易引起社会反响,处置难度也会增大,并且极容易被社会上别有用心的人所利用,客观上"放大"和"加深"其危害的范围和程度。

2. 事件不良影响的扩散性

在现代媒体、网络等的作用下,高校发生的突发事件,很容易在极短的时间内迅速传播扩散。作为高校的管理者,当事件发生后,如果不在极短的时间里采取有效措施控制局面,一旦事件的信息急剧传播,加之在传播中有意无意的添油加醋,甚至歪曲事实真相,就很可能在短时间内造成难以控制甚至是难以收拾的局面。

3. 不良影响的持久性

高校的大学生群体,不同于社会上的普通群体,他们是有知识、有思想、热情高的青年学生群体。他们关注社会发展,对非常规事物有天然的好奇心,并且具有这个年龄段的年轻人特有的热情和冲动。

一旦某个事件发生后,如果处置不当,留下的印记是深刻的,留下的影响是深远的,如果不是有重大机遇使他们改变看法、观点,这种影响将长时间地留存在他们心里,甚至影响他们的世界观、人生观、价值观,以至于影响他们一生的思想和行为。

4. 事件的两面性

高校发生突发事件后,就其客观效果来说,可以具有两面性。一方面,突发事件发生后,客观上破坏了正常的教学、工作程序,给高校带来不必要的损失,也对社会造成一定的不良影响,这是其"危机"的一面。

另一方面,如果高校的决策者、管理者在突发事件发生后正确应对,积极消除事件带来的负面影响,化"危机"为"转机",化"危机"为"契机",就会极大地推动学校的建设和发展。

二、高校常见突发事件的原因

(一)高校外部运行环境的直接影响

1. 国内社会因素的影响

从国际范围来看,经济全球化、政治多极化和文化多元化的格局已经形成。在发展过程中,各国因政治、经济、文化、价值观等方面的不同而产生的冲突连绵不断,国际社会的风云变化,必然对大学生的思想、心理和行为产生影响,他们必然要通过一定的方式来表达对和平与发展的向往,及对各种纷争的态度与看法。

从国内来看,随着市场经济制度的不断完善,高校已迅速从经济社会的边缘走向中心。因此,社会环境的变化必定会在高校中有所体现。

2. 外部环境刺激的影响

高校备受社会关注,影响大、传播快,已成为不法分子新的肇事目标。高校的突发事件，对人们思想和心理的影响更为深刻，几乎每一件被报道的高校突发事件，都会引起社会的广泛关注，令相关学校陷入尴尬与无奈，而且在社会上引发大讨论。正因为高校备受社会关注，使得社会上一些不法分子把目光转向了学校。

3. 公共政策的影响

政府制订的政策和规章制度都直接影响和引导着大学生的行为，由于大学生正处于敏感和易冲动性的年龄阶段，他们的思维活跃、维权意识强，当他们对涉及切身利益的公共政策感到不理解或不满意的时候，很容易产生过度反应。

4. 网络媒体的影响

由于网络具有的隐蔽性和虚拟性，使得网络空间各种思潮泛滥，暴力、金钱、色情、拜金主义、享乐主义等消极颓废的内容充斥其间，大学生的是非辨别能力和自我调控能力还不足以抵御这些不良信息的影响。目前青少年网上犯罪呈上升趋势，侵犯知识产权、恶意制造计算机病毒、黑客入侵和网络诈骗等案件逐年上升，偷看他人私人邮件、查阅黄色图片和文字、发布不健康信息等不道德行为，成为网络公害。某些大学生由于自律性差、好奇心强等原因，沉溺于黄色信息和暴力游戏，甚至在暴力文化和黄色录像等引诱下犯罪或者自毁。

5. 高校周围不良环境的影响

近年来，高校周围的治安环境问题经常是高校突发事件的"激发源"。高校周围遍布旅店业、饮食业和娱乐业，这些商业场所的一些从业人员素质不高，从而出现相互不法竞争的现象。

一些业主为了争夺顾客而播放黄色录像，出售淫秽读物，或者是打着电脑网吧的幌子，经营含有赌博、淫秽内容的电脑游戏，还有的无限延长营业时间，甚至通宵营业，招揽学生，学生涉足此地和社会上大量成分复杂的社会青年频繁接触，经常因语言不和发生口角，或因经济利益发生纠纷。周围不良的环境引发学生和社会人员之间、学生和业主之间、学生和学生之间纠纷不断。

（二）学校管理上的不足

1. 高校管理缺失所带来的问题

从当前我国高校的实际情况来看，问题突出、影响大且发生频率高的突发事件主要集中在招生与就业、群体性行动、心理疾患、校园安全与事件等方面。高校一校多区的现状，造成高校管理上的难度增大。高校招生规模的扩大，导致教育资源的相对匮乏。

值得注意的另一个问题是，在前几年推行高校后勤社会话改革过程中，虽然引进社会资本建设学生公寓等措施在一定程度上为缓解扩招造成的高校资源缺乏起到了一定的积极作用，但随着时间的推移，暴露的问题也越来越多，使学校的管理难以到位。从而引发一些问题。

2. 素质教育的缺失

尽管这些年我们一直在呼吁进行素质教育，但这并没有从根本上改变应试教育的现状。因此，从总体上看，我们现状还是应试教育。在应试教育模式下，从小学到大学，学校和家长只关心学生在校的学习成绩排名，只在乎学生的考试分数，对学生的能力开发主要集中于学生的读、写、听、说等学习能力上，忽略了一个人的发展是综合素质的全面发展，不仅包括学习能力，还包括学生的道德品质、抗挫折能力、心理承受能力、应急反应能力、人际交往能力、实践能力等。

同时，学校普遍忽视了对学生进行危机教育、防范意识教育、灾难教育，特别是忘了告诉学生当遭遇不同的突发事件时怎么去面对，以及处理的技巧等。导致学生在面临大事、要事和急事时出现价值错位、心理失衡、举止无措的现象。

（三）学生自身及家庭因素的影响

1. 大学生的思想特征

大学时期是一个人从青年期向成人期发展的阶段。在这个阶段，大学生正处在学习、思考、探索、选择的成长过程中，尚未确立十分明确的、坚定的信仰，缺乏应有的锻炼与考验。大学生的世界观、人生观和价值观尚未成熟，易受外界影响。

随着经济全球化的到来，各种文化相互激荡，如果没有正确的思想引导他们，西方意识形态的不良思想、极端的利己主义和腐朽的拜金主义就会乘虚而入，使他们形成错误的、扭曲的世界观、人生观和价值观。在价值观失衡的情况下，大学生很容易被鼓动而产生过激行为。

同时，大学生还是社会发展中的特殊群体。相同的生活空间，相近的年龄，相投的兴趣爱好，相似的思维定式，相仿的行为方式，使大学生成为社会结构中最活跃、最敏感、最易动、最不稳定的特殊群体。当一部分学生为某个社会问题聚集在一起的时候，就可能形成社会心理学上所谓的“偶集群”效应或群体决策中的“极化现象”。

在偶集群中，大学生会表现出某些有别于平时的，甚至是个人平时没有想到的或不敢想象的偶集行为。在偶集群效应下，“他人在场”成为大学生个人竞相表现自己的创造性、顽皮性甚至破坏性的外因促进。

2. 大学生自身心理危机引发的突发性事件

大学生处于青年早期，一般来说，他们是同龄人中的佼佼者，有较高的智力能力，对自己和社会都有较高的期望，对未来充满了美好的憧憬。但是，大学生自身的阅历及不成熟的人生观、世界观、价值观，也给他们对理想的追求带来了较多的心理困惑。

他们面临学习压力、经济尚不独立的压力，就业的压力，对学校生活环境、学习方法、内容的适应问题；在新集体中的自我认知和评价问题；重新构建同学、朋友的人际关系问题；与异性交往、变化的问题；求职与考研的选择等问题。

大学生自身的局限，激烈竞争的压力，容易造成大学生行为上的失控。由于年龄较轻，涉世不深，判断是非的能力尚欠缺，观点容易片面，情绪容易偏激，行为容易冲动。随着市场经济竞争越来越激烈，大学生较之以往承担的压力也越来越大。

3. 学生判断是非的能力较弱容易引发突发事件

青年大学生是学校主要群体，他们大部分人还正处在学习、思考、探索和成长的过程中，还没有形成十分明确的坚定的信仰。

一方面，他们具有特殊的政治敏感性，高度的社会责任感，疾恶如仇的正义感和争强好胜的上进心，具有敢想敢干、勇于探索真理的精神。

另一方面，他们年轻、涉世不深，判断是非的能力较弱，思考方法容易片面，情绪容易偏激，行为容易冲动且不计后果。

同时，他们自控能力较差，一旦周围发生群体性事件，他们就可能在从众心理的支配下卷入进去。他们开始参与的动机和愿望可能是好的，但由于采用的方式方法不当，往往事与愿违。所以在高校学生为主体的突发事件中，往往起因合理，而做法不当。如果不能及时发现，及时教育引导和处理，就有可能演化为影响较大的事件。

4. 大学生的从众心理容易导致群体性事件的发生

大学生思想活跃，富有寻找刺激和渴望游乐的心理倾向，这些特点为诸多群体组织如老乡会、球迷协会、军事爱好者协会等在大学生中的存在，提供了群体基础。而大学生群体组织的存在，又容易导致“从众效应”。在特定的氛围下，众多大学生的互动频率会越来越快，互动中的敏感性越来越高，形成一种相互刺激的循环反应。

当这种集体激动的情绪发展到一定程度时，个体的自我意识往往明显下降，普遍产生不能自制的过激情绪，自发产生“情绪共振”，从而导致无明确目的的、无组织的、有悖于现有社会规范的短暂性狂热行为，甚至破坏行为，如观看足球比赛因失球而怪叫，甚至斗殴。

5. 家庭环境影响

家庭环境可以对学生产生非常深远的影响。家庭环境包括家庭结构、家庭关系、家庭氛围、家长的行为、家庭教育以及家庭周边环境等。总结起来，在家庭环境影响因素方面可能致使大学生产生突发事件的情况有两种。

一是家庭不和睦。如在幼年或少年时期家庭遭到破坏，父母离异或死亡，就会使孩子过早地失去家庭的温暖，造成孩子心灵创伤，在这种情况下，长大的孩子极易形成变态心理，产生过激行为而引发突发事件。

二是家庭教育不到位。在孩子的家庭教育方面，有些父母要么忙于工作，放任不管；要么溺爱过度，使孩子养成不良习气；要么是权威式教养，给孩子造成很大的压力和束缚；有些家长甚至是打骂齐下，造成亲子关系不佳，这些家庭管教方式都极易导致孩子的性格向病态的方式发展。

在现实生活中，这类受家庭环境影响的学生往往成为大学生突发事件的主角。

（四）毕业生就业困境的影响

自改革开放以来，我国社会经济的变革与发展、科技文化的进步，专项是高等教育的长足发展，一方面为青年提供了越来越多的就业机会和为就业进行素质准式的受教育机会；另一方面经济、政治体制变革带来的工作效率加快、科技进步带来的劳动生产率普遍提高以及社会经济结构的巨大跃迁，在一定程度上又减少从业人员的需要量，由此产生了巨大的社会就业压力，就业问题由此而生。

三、高校突发事件的处理程序

（一）处理程序

1. 自然灾害、事故灾难或公共卫生事件发生后，应采取的主要应急处置措施

（1）配合有关部门组织营救和救治受害人员，疏散、撤离并妥善安置受到威胁的人员，必要时可报请有关部门组织医疗卫生专业队伍，赶赴现场开展医疗救治、心理抚慰等救助工作。

（2）迅速控制危险源，标明危险区域，封闭危险场所，划定警戒区，必要时报请公安等有关部门实行交通管制以及其他控制措施，确保安全通道的畅通，保证应急救援工作的顺利开展。

（3）禁止或者限制使用有关设备、设施，关闭或者限制使用有关场所，中止可能导致危害扩大的活动以及采取其他保护措施，防止发生次生、衍生事件。

（4）配合有关部门做好受灾师生员工的基本生活保障工作，提供食品、饮用水、衣被等基本生活必需品和临时住所，确保受灾师生员工有饭吃、有水喝、有衣穿、有住处、有病能得到及时医治。

（5）启用本校储备的应急救援物资，必要时报告当地党委政府和上级教育行政部门调用教学设备、用具以及其他应急物资。

（6）协调有关部门抢修被损坏的校舍、教学设施以及交通、通信、水电热气等公共设施，短时难以恢复的，要实施临时过渡方案，保障教学秩序及生活基本正常。

（7）在确保安全的前提下，组织教职工和大学生参加应急救援和处置工作，要求具有特定专长的教职工和学生提供相应服务。

2. 社会安全事件发生后应采取的主要应对措施

社会安全突发事件发生后（如非法集会、游行示威，发生恐怖袭击、治安刑事案件等），学校应在第一时间向当地公安机关报警，向当地党委政府和上级主管部门报告，并立即启动本校社会安全突发事件的应急预案，自主或协助公安机关及其他相关部门采取下列一项或多项应急处置措施：

（1）对可能影响师生情绪并引发群体性事件的矛盾和问题，相关负责人要第一时间到场，立即动员组织党员、班团干部、班主任、骨干教师和学生工作人员深入师生开展教育引导和必要的心理咨询工作，化解矛盾，稳定和疏导师生情绪；

（2）对师生参与社会群体性事件的要立即组织力量进行劝阻和带离现场；

（3）对严重危害师生员工生命安全的突发事件，要全力配合有关部门第一时间挽救和保障师生员工生命和财产；

（4）加强对易受冲击的重点单位、重要场所的警卫，在校园通信、广播、有线电视、涉外区域等校园重要部位附近设置临时警戒；

（5）封闭有关场所，对有关道路实施交通管制，查验现场人员的身份证件，限制整个校园或有关区域内的活动；

（6）对特定区域内的建筑物、交通工具、设备、设施以及水电热气的供应进行控制，必要时依法报请有关部门对网络、通信等进行管控；

(7) 维护现场治安秩序，妥善解决现场纠纷和争端，控制事态发展；

(8) 严重危害校园和社会治安秩序的事件发生时，应报请公安机关立即依法出动警力，根据现场情况依法采取相应的强制性措施，尽快使校园或社会秩序恢复正常；

(9) 除上述措施以外，还可以采取法律、行政法规和规章规定的其他必要措施。

3. 网络与信息安全事件发生后应采取的应对措施

(1) 当网络和信息系统运行安全因病毒攻击、非法入侵、系统崩溃等原因出现异常或瘫痪时，立即组织相关单位或人员采取技术措施，尽快恢复网络和信息系统的正常运行，必要时报请电信管理部门组织协调相关运营商给予支援，防止事件蔓延至其他网络系统，同时将突发事件有关情况向当地公安机关报告；

(2) 当网络信息内容出现危害国家安全、社会稳定及学校正常教学秩序的有害信息或其他不良信息时，应立即采取必要的管控措施，有效阻止网上有害或不良信息的传播，同时根据不同性质和情况，有针对性地开展教育引导工作；

(3) 全面了解网络和信息系统所受波及与影响，检查影响范围，跟踪事态发展，及时将处置进展情况上报；

(4) 应急处置过程中要及时调查取证，尽可能保留相关证据，对于人为破坏活动，应及时报请当地公安机关开展侦查和调查工作，并视情况依法依规处置；

(5) 法律、行政法规和规章规定的其他必要措施。

4. 教育考试突发事件发生后应采取的应对处置措施

(1) 迅速掌握情况，第一时间上报上级考试机构；

(2) 涉及自然灾害、事故灾难、公共卫生、社会安全、网络与信息安全类的突发事件并影响考试工作的，按照有关预案并结合考试工作特点确定处置方案；

(3) 其他类别教育考试安全事件发生后，应及时报告当地考试应急指挥机构和上级考试机构，妥善处置，如需要其他部门协助的，应及时报告，协同处置；

(4) 偶发事件发生后，由现场应急指挥机构处置并逐级上报；

(5) 法律、行政法规和规章规定的其他必要措施。

5. 大学生非正常死亡发生后的应对处置措施

扩展阅读

所谓非正常死亡，在法医学上指由外部作用导致的死亡，包括火灾、溺水等自然灾难；或工伤、医疗事故、交通事故、自杀、他杀、受伤害等人为事故致死。与之相对的正常死亡，则指由内在的健康原因导致的死亡，如病死或老死。我们在统计相关数据时，把包括自杀、凶杀(他杀)、交通事故、意外溺水、坠楼、猝死等死亡归类为非正常死亡。

高校发生的非正常死亡，就是指的自杀、他杀和意外死亡三种情况。

随着社会的进步和以人为本思想的深入人心，非正常死亡发生后，很容易引发群体性事件和过激行为。因此，如何应对非正常死亡事件，成为当前高校维护稳定面临的一个很现实的挑战。

(1) 非正常死亡事件发生后的一般工作程序：

① 救人；

② 报警；

③ 保护现场；

④ 启动应急预案(成立善后工作领导小组，一般授权分管学生工作的领导负责，其他校领导配合。)向上级主管部门报告；

⑤ 通知死者亲属；

⑥ 由公安机关向死者亲属通报案情；

⑦ 与死者亲属协商处理事宜(包括火化尸体的时间、补偿事宜等)，如果协商能达成一致，事件很快就能处理完毕，如果协商不成，就要进行下一步；

⑧ 调解：在协商不能达成一致的情况下，请学校所在地司法机关进行调解；如果学校所在地司法机关调解不成，可请死者家里所在地司法机关及相关部门参与调解；

⑨ 签订协议：协议必须是死者的直系亲属签字，如父母亲；

⑩ 火化并请死者亲属将死者的骨灰带回家。

(2) 在处理非正常死亡事件时值得注意的几个问题。

① 要安排好死者亲属的食宿。

② 要理解死者亲人失去亲人后的极度悲痛心情，在其亲人到学校后的两三天内，不要急于谈后事的处理。一般到死者亲属的情绪平静一下后才开始谈。

③ 对死者亲属提出的要求，如果是合理合法的，都应该满足，对不合理也不合法的，要有根有据地讲清道理。不要轻易扣"无理纠缠"、"胡搅蛮缠"的帽子。

④ 对补偿金额要根据有关规定和相关处理的案例确定，一旦确定，就要坚持，不要像挤牙膏似的挤一挤又增加一点。但必须给进行调解的一方留有适当余地，不然调解难以成功。

⑤ 对自杀或意外死亡的结论存在疑虑的，可以建议死者的亲属进行尸体解剖，但解剖的要求必须是死者的直系亲属提出来。

⑥ 尸体火化后，骨灰由死者亲属带回，学校可以出车费，但不要派人同去。

⑦ 通知死者亲属来学校时，不要派人到死者家里去，要通过当地政府通知死者的亲属。最好通知死者直系亲属时，不要告诉其已经死亡的消息，而是告诉其病情非常严重，使其有心理准备，逐步接受事实。防止体弱多病的死者亲属听到噩耗后发生不测。

⑧ 学校工作人员与死者亲属协商或者调解时，一定要有公安人员和学校的保卫人员在场，做好安全保卫工作，防止死者一方因情绪激动有过激行为，造成人员伤害。如果有过激行为的发生，要注意留有资料。

⑨ 学校只指定一位领导和死者亲属协商有关事宜，主要领导要看望死者亲属，并对参与处理问题的领导授权，但不要直接参与协商和调解，以便留有余地。进行协商和调解不要到学校的办公室，应就在死者亲属住宿的宾馆进行。

⑩ 无论是什么情况，不要让死者的亲属睡到死者的宿舍里，但可以到死者的宿舍看一看，看完立即出来，并安排在离学校有一定距离的宾馆休息。

（二）事故损害的赔偿

(1) 对发生学生伤害事故负有责任的组织或者个人，应当按照法律法规的有关规定，承担相应的损害赔偿责任。

(2) 学生伤害事故赔偿的范围与标准，按照有关行政法规、地方性法规或者最高人民法院司法解释中的有关规定确定。教育行政部门进行调解时，认为学校有责任的，可以依照有关法律法规及国家有关规定，提出相应的调解方案。

(3) 对受伤害学生的伤残程度存在争议的，可以委托当地具有相应鉴定资格的医院或者有关机构，依据国家规定的人体伤残标准进行鉴定。

(4) 学校对学生伤害事故负有责任的，根据责任大小，适当予以经济赔偿，但不承担解决户口、住房、就业等与救助受伤害学生、赔偿相应经济损失无直接关系的其他事项。学校无责任的，如果有条件，可以根据实际情况，本着自愿和可能的原则，对受伤害学生给予适当的帮助。

(5) 因学校教师或者其他工作人员在履行职务中的故意或者重大过失造成的学生伤害事故，学校予以赔偿后，可以向有关责任人员追偿。

(6) 未成年学生对学生伤害事故负有责任的，由其监护人依法承担相应的赔偿责任。

学生的行为侵害学校教师及其他工作人员以及其他组织、个人的合法权益，造成损失的，成年学生或者未成年学生的监护人应当依法予以赔偿。

(7) 根据双方达成的协议、经调解形成的协议或者人民法院的生效判决，应当由学校负担的赔偿金，学校应当负责筹措；学校无力完全筹措的，由学校的主管部门或者举办者协助筹措。

（三）事故责任者的处理

(1) 发生学生伤害事故，学校负有责任且情节严重的，教育行政部门应当根据有关规定，对学校的直接负责的主管人员和其他直接责任人员，分别给予相应的行政处分；有关责任人的行为触犯刑律的，应当移送司法机关依法追究刑事责任。

(2) 学校管理混乱，存在重大安全隐患的，主管的教育行政部门或者其他有关部门应当责令其限期整顿；对情节严重或者拒不改正的，应当依据法律法规的有关规定，给予相应的行政处罚。

(3) 教育行政部门未履行相应职责，对学生伤害事故的发生负有责任的，由有关部门对直接负责的主管人员和其他直接责任人员分别给予相应的行政处分；有关责任人的行为触犯刑律的，应当移送司法机关依法追究刑事责任。

(4) 违反学校纪律，对造成学生伤害事故负有责任的学生，学校可以给予相应的处分；触犯刑律的，由司法机关依法追究刑事责任。

(5) 受伤害学生的监护人、亲属或者其他有关人员，在事故处理过程中无理取闹，扰乱学校正常教育教学秩序，或者侵犯学校、学校教师或者其他工作人员的合法权益的，学校应当报告公安机关依法处理；造成损失的，可以依法要求赔偿。

四、高校应对突发事件应当遵循的基本原则

教育部对全国教育系统突发事件的处置，规定了五条原则。这五条原则是：

（一）以人为本，积极预防

遵循这条原则，就是要把保障师生员工的健康和生命财产安全作为首要任务，无论遇到什么样的突发事件，都要以最大限度地减少人员伤亡和危害为最高原则。同时要坚持预防和应急相结合，常态与非常态相结合，平时就应切实做好应对各项突发事件的各项准备。

（二）统一领导，分级负责

高校发生的突发事件，凡涉及社会的，在当地党委政府的统一领导和指挥下，按职能职责分工分级负责；凡只涉及学校内部的事件，在学校党委行政的统一领导和指挥下，由各相关部门和单位按职能职责分工负责。

比如，学生意外死亡事件发生后，一般应在党委行政主要负责人的领导下，由分管学生工作的校领导直接负责，学工、保卫、学生所在院（系）的负责同志参与，负责对善后事宜的处理。

（三）部门联动，快速反应

高校中突发事件，不是只靠某个部门或几个部门就可以处置好的，需要相关各部门的参与和配合，相互支持和帮助，使处置的各个环节、各个方面、各个层级都有部门负责，有人员负责。同时，这种负责不是被动应付，而是积极主动的，能做出快速反应。

（四）科学规范，依法处置

高校突发事件的防范和处置，都必须依法依规，科学合理。因此作为高校的领导者，不只是要懂教育教学，是教育家，还要有很高的政策法学水平（当然可以咨询法律顾问），面对突如其来的情况，能做到猝然临之而不惊，胸有成竹，有条不紊，没有良好的心理素质和很高思想政策水平，是做不到的。

（五）把握主动，正确引导

在现代社会条件下，任何一起突发事件都会引起社会和媒体的高度关注，甚至成为舆论的焦点。在这种情况下，作为高校的领导者、管理者，应当掌握舆论引导的主动权，增强工作的预见性和主动性，加强与新闻媒体的联系和沟通，及时、准确、客观发布突发事件事态发展及处置工作情况等权威信息，正确引导社会舆论。

现在的情况是，有的高校平时无准备，一旦发生突发事件，总怕新闻舆论曝光，造成工作被动，因而既不愿接受媒体采访，也不主动发布相关信息，从而造成小道消息传播，甚至谣言四起。这种情况是必须改变的。

五、学校的事故预防工作

（一）加强危机意识，积极预防

高校师生员工面对信息多元化的社会形势，要自觉增强忧患意识和危机意识，清醒看到日趋激烈的社会竞争给高等教育带来的严峻挑战，要从关系国家和社会稳定与和谐、关心社会主义建设人才培养以及学校进一步生存发展的高度，认识危机意识的树立和校园突发事件有效处理的重要性。

见微知著，未雨绸缪，力争把容易引起突发事件的矛盾解决在萌芽状态，妥善协调、积极处理，切实维护学校稳定与和谐。要及时关注学生关心的热点及突发事件的导火索，密切注意社会不良思潮对大学生的影响，努力消除校园突发事件的各种诱发因素。

（二）发挥辅导员的作用，加强思想政治教育工作

辅导员在学生事务管理过程中，除了学生上课之外，与学生直接接触较多。要充分发挥辅导员的作用，做学生学习上的引路人，生活上的知心人，从多方面了解、关心、帮助学生的成长，对学生加强安全意识、法制规范和校纪校规教育，及时发现可能诱发突发事件的隐患，将问题解决在萌芽状态。广大教职员要树立以人为本的工作理念，从课堂、管理、服务等各方面加强对学生的教育和引导。

（三）加强信息监管，畅通突发事件信息传播机制

当今信息时代，信息沟通在高校突发事件处理中显得尤为重要。建立良性的信息沟通与传播机制，无论是在危机预警或是危机处理过程中，都是非常重要的一个环节。高校各部门和单位要及时收集汇集相关预警信息并对可能引发的突发事件的性质、范围及结果进行分析、判断，及时集中汇总报告学校突发事件关联的最高层，为领导层提供决策依据，同时预测信息能及时在相关范围发布，以便学校有关部门及学生做好突发事件的应对准备。

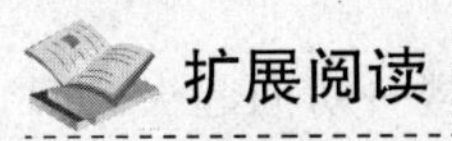

扩展阅读

学校突发事件的责任划分

一、学校应承担责任的情形

根据教育部颁布的《学生伤害事故处理办法》，因下列情形之一造成的学生伤害事故，学校应当依法承担相应的责任：

（1）学校的校舍、场地、其他公共设施，以及学校提供给学生使用的学具、教育教学和生活设施、设备不符合国家规定的标准，或者有明显不安全因素的；

（2）学校的安全保卫、消防、设施设备管理等安全管理制度有明显疏漏，或者管理混乱，存在重大安全隐患，而未及时采取措施的；

（3）学校向学生提供的药品、食品、饮用水等不符合国家或者行业的有关标准、要

求的；

（4）学校组织学生参加教育教学活动或者校外活动，未对学生进行相应的安全教育，并未在可预见的范围内采取必要的安全措施的；

（5）学校知道教师或者其他工作人员患有不适宜担任教育教学工作的疾病，但未采取必要措施的；

（6）学校违反有关规定，组织或者安排未成年学生从事不宜未成年人参加的劳动、体育运动或者其他活动的；

（7）学生有特异体质或者特定疾病，不宜参加某种教育教学活动，学校知道或者应当知道，但未予以必要的注意的；

（8）学生在校期间突发疾病或者受到伤害，学校发现，但未根据实际情况及时采取相应措施，导致不良后果加重的；

（9）学校教师或者其他工作人员体罚或者变相体罚学生，或者在履行职责过程中违反工作要求、操作规程、职业道德或者其他有关规定的；

（10）学校教师或者其他工作人员在负有组织、管理未成年学生的职责期间，发现学生行为具有危险性，但未进行必要的管理、告诫或者制止的。

二、学生或者未成年学生监护人承担责任的情形

根据教育部颁布的《学生伤害事故处理办法》，学生或者未成年学生监护人由于过错，有下列情形之一，造成学生伤害事故，应当依法承担相应的责任：

（1）学生违反法律法规的规定，违反社会公共行为准则、学校的规章制度或者纪律，实施按其年龄和认知能力应当知道具有危险或者可能危及他人的行为的；

（2）学生行为具有危险性，学校、教师已经告诫、纠正，但学生不听劝阻、拒不改正的；

（3）学生或者其监护人知道学生有特异体质，或者患有特定疾病，但未告知学校的；

（4）未成年学生的身体状况、行为、情绪等有异常情况，监护人知道或者已被学校告知，但未履行相应监护职责的；

（5）学生或者未成年学生监护人有其他过错的。

讨论题

2015 年 10 月 8 日早，网友曝位于杨浦的上海体育学院宿舍楼 A 楼一房间起火。阳台上明火凶猛，大楼外浓烟滚滚，消防车到场后半小时内将火扑灭，无人员伤亡。校园是人员密集、活动频繁且生活工作环境复杂的场所，学生的身心尚未成熟，这些因素导致学校突发事件的必然性和高发性。

学校需要对学生进行哪些方面的安全教育？

第二章

自然灾害类突发事件安全教育

学习目的

掌握自然灾害类突发事件的应对措施。

学习重点

地震、台风、雪灾、雷雨天气、高温天气的基本知识点。

【引言】

自然灾害类突发事件主要包括水旱灾害、台风、暴雨、冰雹、风雪、高温、沙尘暴等气象灾害，地震、山体崩塌、滑坡、泥石流等地质灾害，风暴潮、海啸等海洋灾害，森林火灾和生物灾害等。我国自然灾害种类多、频度高、分布广、损失大。由于特有的地质构造条件和自然地理环境，我国是世界上遭受自然灾害最严重的国家之一。

由于近一个世纪以来我国人口的快速增长，对自然资源压力加大，资源过度开采及浪费、破坏资源情况时有发生，生态环境遭破坏；化学制品的普遍使用，农药等的不当使用，使环境污染状况严重；转基因技术等生物新科技的不当使用，也对自然产生难以预卜的影响。这些因素的存在，使洪水、沙尘暴等自然灾害频繁出现，应对不当，就会引发突发性自然灾害。

第一节　地震的应对与安全教育

地震是一种自然现象，目前人类尚不能阻止地震的发生。但是人们可以采取有效措施，最大限度地减轻地震灾害。

一、地震知识

地震(earthquake)又称地动、地振动，是地壳快速释放能量过程中造成振动，期间会产生地震波的一种自然现象。全球每年发生地震约550万次。地震常常造成严重人员伤亡，能引起火灾、水灾、有毒气体泄漏、细菌及放射性物质扩散，还可能造成海啸、滑坡、崩塌、地裂缝等次生灾害。

（一）地震的危害

地震时，最基本的现象是地面的连续振动，主要特征是明显的晃动。极震区的人在感到大的晃动之前，有时首先感到上下跳动。因为地震波从地内向地面传来，纵波首先到达。横波接着产生大振幅的水平方向的晃动，是造成地震灾害的主要原因。

1. 地震造成的直接灾害

（1）由建筑物的倒塌等直接导致人员伤亡、财产损失等。

（2）建筑物与构筑物的破坏，如房屋倒塌、桥梁断落、水坝开裂、铁轨变形等。

（3）地面破坏，如地面裂缝、塌陷、喷水冒沙等。

（4）山体等自然物的破坏，如山崩、滑坡等。

（5）海啸、海底地震引起的巨大海浪冲上海岸，造成沿海地区的破坏。

地震的直接灾害发生后，会引发出次生灾害。有时，次生灾害所造成的伤亡和损失，比直接灾害还大。1923 年日本关东大地震，因地震直接倒塌的房屋仅 1 万幢，而地震时失火却烧毁了 70 万幢。

2. 地震引起的主要次生灾害

（1）火灾，由震后火源失控引起；

（2）水灾，由水坝决口或山崩壅塞河道等引起；

（3）毒气泄漏、核泄漏等，由建筑物或装置破坏等引起；

（4）瘟疫，由震后生存环境的严重破坏所引起。

（二）地震类型

1. 构造地震

由于地下深处岩石破裂、错动把长期积累起来的能量急剧释放出来，以地震波的形式向四面八方传播出去，到地面引起的房摇地动称为构造地震。这类地震发生的次数最多，破坏力也最大，占全世界地震的 90%以上。

2. 火山地震

由于火山作用，如岩浆活动、气体爆炸等引起的地震称为火山地震。只有在火山活动区才可能发生火山地震，这类地震只占全世界地震的 7%左右。

3. 塌陷地震

由于地下岩洞或矿井顶部塌陷而引起的地震称为塌陷地震。这类地震规模比较小，次数也很少，即使有，也往往发生在溶洞密布的石灰岩地区或大规模地下开采的矿区。

4. 诱发地震

由于水库蓄水、油田注水等活动而引发的地震称为诱发地震。这类地震仅仅在某些特定的水库库区或油田地区发生。

5. 人工地震

地下核爆炸、炸药爆破等人为引起的地面振动称为人工地震。人工地震是由人为活动引起的地震，如工业爆破、地下核爆炸造成的振动；在深井中进行高压注水以及大水库蓄水后增加了地壳的压力，有时也会诱发地震。

（三）地震震级

目前衡量地震大小和破坏强烈程度的标准主要有震级和烈度。一般情况下，仅就烈度和震源、震级间的关系来说，震级越大，震源越浅、烈度也越大。

地震烈度（seismic intensity）表示地震对地表及工程建筑物影响的强弱程度（或释为地震影响和破坏的程度），是在没有仪器记录的情况下，凭地震时人们的感觉或地震发生后器物反应的程度，工程建筑物的损坏或破坏程度、地表的变化状况而定的一种宏观尺度。在中国地震烈度表上，对人的感觉、一般房屋震害程度和其他现象作了描述，可以作为确定烈度的基本依据。

表 1-1　中国地震烈度表

1 度	无感：仅仪器能记录到
2 度	微有感：特别敏感的人在完全静止中有感
3 度	少有感：室内少数人在静止中有感，悬挂物轻微摆动
4 度	多有感：室内大多数人，室外少数人有感，悬挂物摆动，不稳器皿作响
5 度	惊醒：室外大多数人有感，家畜不宁，门窗作响，墙壁表面出现裂纹
6 度	惊慌：人站立不稳，家畜外逃，器皿翻落，简陋棚舍损坏，陡坎滑坡
7 度	房屋损坏：房屋轻微损坏，牌坊、烟囱损坏，地表出现裂缝及喷水冒沙
8 度	建筑物破坏：房屋多有损坏，少数破坏路基塌方，地下管道破裂
9 度	建筑物普遍破坏：房屋大多数破坏，少数倾倒，牌坊、烟囱等崩塌，铁轨弯曲
10 度	建筑物普遍摧毁：房屋倾倒，道路毁坏，山石大量崩塌，水面大浪扑岸
11 度	毁灭：房屋大量倒塌，路基堤岸大段崩毁，地表产生很大变化
12 度	山川易景：建筑物普遍毁坏，地形剧烈变化，动植物遭毁灭

地震震级是根据地震时释放的能量的大小而定的。一次地震释放的能量越多，地震级别越大。国际上一般采用里氏地震规模。里氏规模是地震波最大振幅以 10 为底的对数，并选择距震中 100 千米的距离为标准。里氏规模每增强一级，释放的能量约增加 32 倍。

小于里氏 2.5 级的地震，人一般不易察觉，称为小震或微震；里氏 2.5～5.0 的地震，震中附近的人会有不同程度的感觉，称为有感地震，全世界每年发生十几万次；大于里氏规模 5.0 的地震，会造成建筑物不同程度的损坏，称为破坏性地震。里氏规模 4.5 以上的地震可以在全球范围内监测到。有记录以来，历史上最大的地震是发生在 1960 年 5 月 22 日 19 时 11 分南美洲的智利，根据美国地质调查所，里氏规模竟达 9.5。

二、地震的预防与应对措施

根据地震发生的过程，对于地震可以从震前、震中、震后三个阶段来预防与处置。

（一）震前前兆

前兆是指地震发生前出现的异常现象，伴随地震而产生的物理、化学变化（振动、电、磁、气象、水氡含量异常等),往往能使一些动物的某种感觉器官受到刺激而发生异常反应。

1. 地下水异常

地下水主要包括井水、泉水等。地震前出现的主要异常有发浑、翻花、冒泡、升温、变色、变味、井孔明显变形、泉眼突然枯竭或涌出等现象。人们总结了震前井水变化的谚语:井水是个宝,地震有前兆。无雨泉水浑,天干井水冒。水位升降大,翻花冒气泡。有的变颜色,有的变味道。

2. 动物异常

许多动物的某些器官感觉特别灵敏,它能比人类提前知道一些灾害事件的发生,日常中见到地震前动物反应异常表现:牛、马、驴、骡等惊慌不安、不进厩、不进食、乱闹乱叫、打群架、挣断缰绳逃跑、蹬地、刨地、行走中突然惊跑。鸡飞上树鸣叫、鸭不下水、猪不吃食、狗乱叫、大鼠叼小鼠满街跑等现象。

3. 电磁异常

电磁异常是指地震前家用电器,如收音机、电视机、日光灯等出现的失灵现象。最常见的是收音机的失灵、手机信号减弱或消失、电子闹钟失灵等现象。

(二)防震准备

1. 在已发布地震预报地区或者地震易发地区的居民须做好家庭防震准备,制订一个家庭防震计划,检查并及时消除家里不利防震的隐患。

(1) 检查和加固住房,对不利于抗震的房屋要加固,不宜加固的危房要撤离。对于笨重的房屋装饰物如女儿墙、高门脸等应拆掉。

(2) 合理放置家具、物品固定好高大家具,防止倾倒砸人,牢固的家具下面要腾空,以备震时藏身;家具物品摆放做到“重在下,轻在上”,墙上的悬挂物要取下来成固定位,防止掉下来伤人;注意家具的摆放,确保安全的空间。清理好杂物,让门口、楼道畅通;阳台护墙要清理,拿掉花盆、杂物;易燃易爆和有毒物品要放在安全的地方。

(3) 准备好必要的防震物品,准备一个包括食品、饮用水、应急灯、简单药品、绳索、便携式收音机等在内的家庭防震包,放在便于取到处。

(4) 进行家庭防震演练进行紧急撤离与疏散练习以及“一分钟紧急避险”练习。

2. 在已发布破坏性地震临震预报或易发生地震的地区,政府部门应做好以下几个方面的应急工作。

(1) 备好临震急用物品

地震发生之后,食品、医药等日常生活用品的生产和供应都会受到影响水塔、水管往往被震坏,造成供水中断。为能度过震后初期的生活难关,临震前社会和家庭都应准备一定数量的食品、水和日用品,以解燃眉之急。

(2) 建立临震避难场所

房舍被震坏,需要安身之处;余震不断发生,要有躲藏处。这就需要临时搭建防震、防火、防寒、防雨的防震棚。各种帐篷都可以利用,农村储粮的小圆仓,也是很好的抗震房。

(3) 划定疏散场所，转运危险物品

城市人口密集，人员避震和疏散比较困难，为确保震时人员安全，震前要按街、区分布，就近划定群众避震疏散路线和场所。要把易燃、易爆和有毒物资及时转运到城外。

(4) 设置伤员急救中心

在城内抗震能力强的场所，或在城外设置急救中心，备好床位、医疗器械、照明设备和药品等。

(5) 暂停公共活动

得到正式临震预报通知后，各种公共场所应暂停活动，观众或顾客要有秩序地撤离；中、小学校可临时在室外上课；车站、码头可在露天候车。

(6) 组织人员撤离并转移重要财产

如果得到正式临震警报或通知，要迅速而有秩序地动员和组织群众撤离房屋。正在治疗的重症病人要转移到安全的地方。对少数思想麻痹者，也要动员到安全区。农村的大牲畜、拖拉机等生产资料，临震前要妥善转移到安全地带，机关、企事业单位的车辆要开出车库，停在空旷地方，以便在抗震救灾中发挥作用。

(7) 防止次生灾害的发生

城市发生地震可能出现严重的次生灾害，特别是化工厂、煤气厂等易发生地震次生灾害的单位，要加强检测和管理，设专人昼夜站岗和值班。确保机要部门的安全，城市内各种机要部门和银行较多，地震时要加强安全保卫，防止国有资产损失和机密泄露。消防队的车辆必须出库，消防人员要整装待发，以便及时扑灭火灾，减少经济损失。

(8) 组织抢险队伍，合理安排生产

临震前，各级政府要就地组织好抢险救灾队伍（救人、医疗、灭火、供水、供电、通信等）。必要时，某些工厂应在防震指挥部的统一指令下暂停生产或低负荷运行。

（三）震中应对措施

地震发生时采取正确的避险和自救互救方法，就能减少伤害和财产损失。

1. 地震时，在家中的人员的个人防护

当你感到地面或建筑物晃动时，切记，最大的危害是来自掉下来的碎片，此刻要采取动作机灵地躲避。

(1) 在房屋里，则赶快到安全的地方，如躲到书桌、工作台、床底下。单元楼内，可选择开间小的卫生间、墙角，依靠上下水管道和煤气管道的支撑，减少伤亡。对于户外开阔，住平房的职工，震时可头顶被子、枕头或安全帽逃出户外，来不及时，最好在室内避震，要注意远离窗户，趴下时，头靠墙，使鼻子上方双眼之间凹部枕在横着的双臂上面，闭上眼和嘴，用鼻子呼吸，一般来说，不要跑出建筑物，最好就近找个安全处躲避，待地震后，如果需要疏散，再沉着离开。

(2) 地震时，门框会因变形而打不开，所以在防震期间，最好不要关门。夜间地震时，要争分夺秒向安全地方转移，不要因寻找物品和穿衣而耽误时间，如有可能，要立即拉断电源，关闭煤气，熄灭明灯。照明最好用手电筒，不要用火柴、蜡烛等明火。

(3) 地震时，如已被砸伤或埋在塌物下面，应先观察周围环境，寻找通道，千方百计想办法出去。若无通道,则要保存体力,不要大喊大叫,要静听外面的动静,如听到有人走过的声音,可敲击铁管或墙壁使声音传出去,以便救援。同时要在狭小的空间里,寻找食物维持生命。

2. 地震时,室外的人员的个人防护

(1) 地震时在户外的人,千万不要冒着大地的震动进屋去救亲人,只能等地震过后,再对他们及时抢救。

(2) 如果你正行走在高楼旁的人行道上,要迅速躲到高楼的门口处,以防被掉下来的碎片砸伤。

(3) 汽车司机要就地刹车,火车司机要采取紧急制动措施,稳缓地逐渐刹车,保证列车和旅客的人身安全。

(4) 如果在山坡上感到地震发生,千万不要跟着滚石往山下跑,而应躲在山坡上隆起的小山包背后,同时要远离陡崖峭壁,防止崩塌、滑坡和泥石流的威胁。

(5) 在海边,如发现海水突然后退,比退潮更快、更低,就要注意海啸的突然袭击,尽快向高处转移。

3. 地震时,在工作岗位上工作的人员的个人防护

一旦地震发生,在工作、生产岗位上的人员,首先应关闭易燃、易爆、有毒气体的阀门,个人根据所处的环境,当机立断迅速避震。

(1) 地震时,在办公楼的工作人员,要赶紧躲在办公桌下面,震后迅速从楼梯撤离,千万不要跳楼。

(2) 在厂区上班的工人,地震时,要立即关闭机器、断掉电源,迅速躲在车床、机床及高大的设备下,绝不要慌忙乱跑。

(3) 井下作业工人,地震时,应立即停止生产,不要急于往外跑,地面下一般较地面上安全。避开巷道或竖井等危险地区,选择有支撑的巷道避震。地震过后,有组织、有秩序地向地面转移。

(4) 一些生命线工程中的在岗人员,应根据各自的专业特点、规范,立即采取措施避震。如化工厂在地震时,紧急防止易燃、易爆、有毒气体和液体外溢,立即关停各种闸门和电源,关闭运转设备,防止次生灾害的发生。

4. 地震时,在公共场所的人员的个人防护

在群众集聚的公共场所遇到地震时,最忌慌乱,否则将造成秩序混乱,相互压挤而导致人员伤亡,而应有组织地从多路口快速疏散。

(1) 如果你正在影剧院、体育馆等处遇到地震时,要沉着冷静,特别是当场内断电时,不要乱喊乱叫,更不得乱挤乱拥,应就地蹲下或躲在排椅下,注意避开吊灯、电扇等悬挂物,用皮包等物保护头部,等地震过后,听从工作人员指挥,有组织地撤离。

(2) 地震时,你正在商场、书店、展览馆等处,应选择结实的柜台、商品(如低矮家具等)或柱子边,以及内墙角处就地蹲下,用手或其他东西护头,避开玻璃门窗和玻璃橱窗,也可在通道中蹲下,等待地震平息,有秩序地撤离出去。

(3) 正在上课的学生,要在老师的指挥下迅速抱头、闭眼,躲在各自的课桌下,绝不能乱跑或跳楼，地震后，有组织地撤离教室，到就近的开阔地带避震。

(4) 正在进行比赛的体育场，应立即停止比赛，稳定观众情绪，防止混乱拥挤，有组织有步骤地向体育场外疏散。

(四) 震后自救与互救

1. 地震后的个人自救方法

一次大震发生后，到处是断垣残壁，危楼及倒房构成的瓦砾堆。在没有外来人员援救之前，自救是一项与死神争分夺秒的斗争。地震发生后，一天内扒出的人，救活率可达80%，第二天则有30%～40%，时间越长，存活率越低。地震对人身的伤害，大部分是倒塌的房屋所造成的，一旦被埋压后，要做到如下几点。

(1) 被埋压在废墟下时，至关重要的是不能在精神上发生崩溃，要有勇气和毅力。强烈的求生欲望和充满信心的乐观精神，是自救过程中创造奇迹的强大动力。

(2) 被压埋后，注意用湿手巾、衣服或其他布料等捂住口鼻和头部，避免灰尘呛闷发生窒息及意外事故，尽量活动手和脚，消除压在身上的各种物体，用周围可搬动的物品支撑身体上面的重物，避免塌落，扩大安全活动空间，保障有足够的空气。条件允许时，应尽量设法逃避险境，朝更安全宽敞、有光亮的地方移动。

(3) 被埋压后，要注意观察周围环境，寻找通道，设法爬出去，无法爬出去时，不要大声呼喊，当听到外面有人时，再呼叫，或敲击出声，向外界传信息求救。

(4) 无力脱险时，尽量减少体力消耗，寻找食物和水，并计划使用，乐观等待时机，想办法与外面援救人员取得联系。

2. 地震后群众互救方法

地震后救人，时间就是生命。因此，救人应当先从最近处救起，不论是家人、邻居、工作岗位上的同事，或是萍水相逢的路人，只要是近处有人被埋压，就要先救他们，这样可以争取时间，减少伤亡。

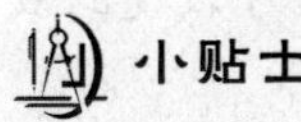

震后救人的原则

(1) 在互救过程中，要有组织，讲究方法，避免盲目图快而增加不应有的伤亡。首先通过侦听、呼叫、询问及根据建筑物结构特点，判断被埋人员的位置，特别是头部方位，在开挖施救中，最好用手一点点拨，不可用利器刨挖。

(2) 如伤势严重，不能自行出来的，不得强拉硬拖，应设法暴露全身，查明伤情，施行包扎固定或急救。

(3) 在互救中，应利用铲、铁杆等轻便工具和毛巾、被单、衬衣、木板等方便器材。

(4) 挖掘时要分清哪些是支撑物，哪些是压埋阻挡物，应保护支撑物，清除埋压物，才能保护被压埋者赖以生存的空间不遭覆压。

(5) 清除压埋物及钻凿、分割时，有条件的要泼水，以防伤员呛闷而死。

2008年汶川大地震①

时间：2008年5月12日14时28分04秒

地点：四川省汶川县

事件：发生8.0级地震

2008年5月12日14时28分04秒，四川汶川、北川，8级强震猝然袭来，大地颤抖，山河移位，满目疮痍，生离死别……西南处，国有殇。这是新中国成立以来破坏性最强、波及范围最大的一次地震。

此次地震重创约50万平方公里的中国大地！为表达全国各族人民对四川汶川大地震遇难同胞的深切哀悼，国务院决定，2008年5月19日至21日为全国哀悼日。自2009年起，每年5月12日为全国防灾减灾日。

汶川地震造成的伤亡损失

据民政部报告，截至2008年9月25日12时，四川汶川地震已确认69227人遇难，374643人受伤，失踪17923人。

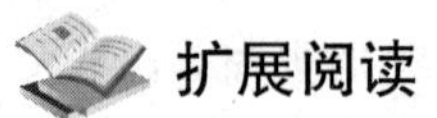

汶川地震救援中的高科技装备

地震发生后，灾区通信中断，地面交通极其困难，灾情分布状况、灾情程度等信息极度缺乏。在灾后相关地区天气状况十分恶劣的情况下，航空雷达遥感等高科技装备作为大面积快速获取灾情信息的有效手段，优势十分明显。

（一）海事卫星电话

海事卫星电话是世界上唯一可以提供全球、全天候、全方位卫星移动通信和遇险安全通信的通信手段，海事卫星电话为应急而生，在急难险重领域特别是常规通信手段受到破坏时，海事卫星不受气候、地域的影响，能够为人们迅速搭建起“应急指挥部”。

海事卫星电话还可以把关于灾区报道的新闻文字稿、视频、图片传送出去，同时还满足人们高速数据传输、图像和话音的需求，用于指挥抗灾，对外顺畅报道灾情。

（二）遥感技术

汶川地震发生后，中国科技部国家遥感中心的“北京一号”小卫星立即担负起了重要使命——实拍灾区最新影像。同时，由国家“863”计划地球观测与导航技术领域专家组组长周成虎教授负责技术总协调，组织相关专家，研究分析灾区遥感影像；随时提供遥感信息和技术服务，高效开展地震灾害评估等研究，为抗震救灾提供技术支持。

在此次部队的抗震救灾行动中，“北斗”系统在通信中断的情况下发挥了重要作用，救灾部队携带的“北斗”系统在第一时间陆续发回各种灾情和救援信息，为控制中心及时了解救援部队行进方位并作出正确指挥，提供了有力保证。

---

① 资料来源：http://news.163.com/08/0925/18/4MN5NGEU000120GU.html，网易新闻频道，2008.09.25.

（三）生命探测仪

在直播汶川地震救援的电视画面上，可看到救援人员拿着一个“盒子”，在倒塌的建筑物旁走走停停，等到“盒子”有反应后就会立即有大批救援人员赶到。这个盒子就是有“救命魔盒”之称的“生命探测仪”。

生命探测仪远看似微型冲锋“枪”，“枪”杆上“长”着一个显示器，由光学探生仪、声波/振动探生仪、红外热像仪三部分组成，它不怕灰尘、不惧黑暗，能入地、能钻缝。人类和犬只无法进入的狭小空间，它却可以进出自如，将自己探测到的情报迅速成像传输给科研人员，使救援快速展开①。

小贴士

家庭必备的防震包

水：每人每天至少需储备 3.8 升的水，并按此标准一次备够 72 小时之用。建议购买一些瓶装水。要注意保质期。

食品：准备足够 72 小时之用的听装食品或脱水食品、奶粉以及听装果汁。干麦片、水果和无盐干果是很好的营养源。

应急灯和备用电池：在床边、工作地点以及车里放一盏应急灯。不要在地震后使用火柴或蜡烛，除非能确定没有瓦斯泄漏。

便携式收音机等：大多数电话将会无法使用或只能供紧急用途，所以收音机将会是最好的信息来源。如有可能，你还应当准备电池供电的无线对讲机。

特殊用品：准备必要的特殊用品，比如药品、备用眼镜、隐形眼镜护理液、助听器电池、婴儿物品（婴儿食品、尿布、奶瓶和奶嘴）、卫生用品（小湿巾和手纸）等家人所需的物品、重要文件和现金。

工具：除了准备一个管钳和一个可调扳手（用来关闭气阀和水管），要有一个打火机、一盒装在防水盒子里的火柴和一个用来呼叫援救人员的哨子。

衣服：如果所处的地区天气寒冷，必须要考虑保暖。地震过后你可能无法取暖，要考虑到御寒衣服和睡觉用品。确保每个人有一整套换洗的衣服和鞋子，这包括夹克衫或外衣、长裤、长袖衫、结实的鞋、帽子、手套和围巾、睡袋或暖毯（每人一件）。

讨论题

汶川县映秀镇中心小学二年级的学生林某。地震发生的那一刻，林某刚跑到教学楼的走廊上，就被楼上跌下来的楼板砸倒在地，但挣扎着爬出来了。逃出来的林某，并没有跑开，而是去救被压在里面的同学，连续救出两个同学。林某所在的班级，共有 32 名学生，在地震中有 10 多人逃生。

结合林某的亲身经历，讨论地震发生时要采取哪些正确的自救措施？

---

① 王磊：《汶川地震，高科技救援装备大揭秘》，《自然与科技》，2008(4)：18～22。

第二节　雪灾的应对与安全教育

雪灾是由于长时间大规模量降雪以至积雪成灾，影响人们正常生活的一种自然灾害现象。

一、雪灾类型

（一）积雪的划分

根据积雪稳定程度，将我国积雪分为5种类型。

（1）永久积雪：在雪平衡线以上降雪积累量大于当年消融量，积雪终年不化。

（2）稳定积雪：又称连续积雪，空间分布和积雪时间（60天以上）都是比较连续的季节性积雪。

（3）不稳定积雪：又称不连续积雪，虽然每年都有降雪，而且气温较低，但在空间上积雪不连续，多呈斑状分布，在时间上积雪日数10～60天，且时断时续。

（4）瞬间积雪：主要发生在华南、西南地区，这些地区平均气温较高，但在季风特别强盛的年份，因寒潮或强冷空气侵袭，发生大范围降雪，但很快消融，使地表出现短时（一般不超过10天）积雪。

（5）无积雪：除个别海拔高的山岭外，多年无降雪。雪灾主要发行在稳定积雪地区和不稳定积雪山区，偶尔出现在瞬时积雪地区。

（二）雪灾的划分

雪灾按其发生的气候规律可分为两类：猝发型和持续型。

（1）猝发型雪灾发生在暴风雪天气过程中或以后，在几天内保持较厚的积雪对牲畜构成威胁。本类型多见于深秋和气候多变的春季，如青海省2009年3月下旬至4月上旬和1985年10月中旬出现的罕见大雪灾，便是近年来这类雪灾典型的例子。

（2）持续型雪灾达到危害牲畜的积雪厚度随降雪天气逐渐加厚，密度逐渐增加，稳定积雪时间长。此型可从秋末一直持续到第二年的春季，如青海省1974年10月至1975年3月的特大雪灾，持续积雪长达5个月之久，极端最低气温降至零下三四十摄氏度。

（三）雪灾的指标

人们通常用草场的积雪深度作为雪灾的首要标志。由于各地草场差异、牧草生长高度不等，因此形成雪灾的积雪深度是不一样的。内蒙古和新疆根据多年观察调查资料分析，对历年降雪量和雪灾形成的关系进行比较，得出雪灾的指标为：

（1）轻雪灾：冬春降雪量相当于常年同期降雪量的120％以上。

（2）中雪灾：冬春降雪量相当于常年同期降雪量的140％以上。

（3）重雪灾：冬春降雪量相当于常年同期降雪量的160％以上。

雪灾的指标也可以用其他物理量来表示，诸如积雪深度、密度、温度等，不过上述指标的最大优点是使用简便，且资料易于获得。

（四）暴雪预警及防御指南

暴雪预警信号分四级，分别以蓝色、黄色、橙色、红色表示。

1. 蓝色预警信号

标准：12 小时内降雪量将达 4 毫米以上，或者已达 4 毫米以上且降雪持续，可能对交通或者农牧业有影响。

防御指南：

(1) 政府及有关部门按照职责做好防雪灾和防冻害准备工作；

(2) 交通、铁路、电力、通信等部门应当进行道路、铁路、线路巡查维护，做好道路清扫和积雪融化工作；

(3) 行人注意防寒防滑，驾驶人员小心驾驶，车辆应当采取防滑措施；

(4) 农牧区和种养殖业要储备饲料，做好防雪灾和防冻害准备；

(5) 加固棚架等易被雪压的临时搭建物。

2. 黄色预警信号

标准：12 小时内降雪量将达 6 毫米以上，或者已达 6 毫米以上且降雪持续，可能对交通或者农牧业有影响。

防御指南：

(1) 政府及相关部门按照职责落实防雪灾和防冻害措施；

(2) 交通、铁路、电力、通信等部门应当加强道路、铁路、线路巡查维护，做好道路清扫和积雪融化工作；

(3) 行人注意防寒防滑，驾驶人员小心驾驶，车辆应当采取防滑措施；

(4) 农牧区和种养殖业要备足饲料，做好防雪灾和防冻害准备；

(5) 加固棚架等易被雪压的临时搭建物。

3. 橙色预警信号

标准：6 小时内降雪量将达 10 毫米以上，或者已达 10 毫米以上且降雪持续，可能或者已经对交通或者农牧业有较大影响。

防御指南：

(1) 政府及相关部门按照职责做好防雪灾和防冻害的应急工作；

(2) 交通、铁路、电力、通信等部门应当加强道路、铁路、线路巡查维护，做好道路清扫和积雪融化工作；

(3) 减少不必要的户外活动；

(4) 加固棚架等易被雪压的临时搭建物，将户外牲畜赶入棚圈喂养。

4. 红色预警信号

标准：6 小时内降雪量将达 15 毫米以上，或者已达 15 毫米以上且降雪持续，可能或者已经对交通或者农牧业有较大影响。

防御指南：

(1) 政府及相关部门按照职责做好防雪灾和防冻害的应急和抢险工作；
(2) 必要时停课、停业(除特殊行业外)；
(3) 必要时飞机暂停起降，火车暂停运行，高速公路暂时封闭；
(4) 做好牧区等救灾救济工作。

二、雪灾防护措施

(一) 雪天出行注意事项

在雪灾期间，家庭要了解信息防寒保暖，提醒家人注意外出安全。要注意关于暴雪的最新预报、预警信息；要准备好融雪、扫雪工具和设备；要减少车辆外出；要了解机场、高速公路、码头、车站的停航或者关闭信息，及时调整出行计划；要储备食物和水；要远离不结实、不安全的建筑物。

如果遭遇了暴风雪突袭，除了上述注意事项外，要特别注意远离广告牌、临时建筑物、大树、电线杆和高压线塔架；路过桥下、屋檐等处，要小心观察或者干脆绕道走，因为从上面掉落的冰凌，在重力加速度作用下，很容易造成头部外伤。

小贴士

雪天出行要注意的事项

1. 小心躲避机动车

由于路上积雪，机动车辆在路上行驶时特别容易打滑，车辆制动性能严重降低。所以，市民在横过马路时，如果看见有机动车行驶过来，千万要小心。此外，市民外出时最好在人行道上行走，一些市民喜欢在快车道边缘行走，还有一些儿童竟把道路当成了“溜冰道”，这些都非常危险。

2. 摔跤时用手撑地

雪后第二天，出行更加困难。如遇结冰路面，应慢行，走一步看三步，如果不幸摔倒，应尽量用手部、双肘撑地，以减轻后背、后脑勺撞向地面的冲击力。

3. 出门穿平底鞋

在雪地行走，切忌提重物，双手不要放在衣兜里，因为双手来回摆动能使身体保持平衡。老年人特别是骨质疏松患者雪天尽可能不要出门，尽可能不要穿皮鞋，出门时最好换上鞋底粗糙、有花纹的平底鞋。

雪灾一旦发生，应该积极做好道路扫雪和融雪工作，居民和商铺也要积极配合，“各人自扫门前雪”是必要的；外出时要采取防寒和保暖措施，在冰冻严重的南方，尽量别穿硬底鞋和光滑底的鞋，给鞋套上旧棉袜，是很多人在这场冰雪灾害中摸索出来的好办法；驾车出行，慢速、主动避让、保持车距、少踩刹车、服从交警指挥和注意看道路安全提示是关键；给非机动车轮胎稍许放点气，以增加轮胎与路面摩擦力，也能防滑。

(二) 雪天开车注意事项

雪天开车，路滑、低温，极易引发事故，驾驶员更应该把握好手里的方向盘，保障行车安全。

1. 发动预热几分钟

雪天室外温度本身就较低,再加上此次降雪是从凌晨3点开始的,正值温度最低的时刻,因此,车子在外部“冻”了一晚上,早晨启动的时候非常容易熄火。那么,应在启动车子的时候,扭到3挡保持2秒再松手,然后让车子原地预热几分钟。

2. 起步要平稳

由于冰雪的路面摩擦系数比正常路面要小得多,如果起步过猛,那么很有可能就会出现打滑的现象。手动挡的汽车,应挂2挡起步,与之配合的是离合器要缓慢松开,油门也要轻踩,待启动后,再换低挡就可以。对于自动挡的车来说,也应轻踩油门起步。

3. 开雾灯、戴眼镜

雪天开车,由于路面会有白色的积雪,而白色的反射率最大,眼睛直视时间长很容易晃花,或者晃伤眼睛,因此,驾驶员最好要佩戴一副驾车墨镜保护眼睛,同时也为了驾车的安全。同理,雪天能见度一般都较低,因此在驾车的时候应开启雾灯,保障视线的清晰。

4. 慢速、少并线、转大弯

雪天开车路滑这是大家都知道的常识,因此,低速行驶是保障安全的必要条件,同时,由于路况不佳以及道路上越来越多的驾驶经验不足的人,大家在这个时候就要减少并线,尽量保持同一车道行驶。还有遇有情况或转弯时提前减速,在不影响对面来车的情况下,尽量加大转弯半径,以减小转弯时的离心力,切不可快速急转猛回,以防侧滑横甩。

5. 上坡不换挡、下坡忌空挡

雪天如果遇到需要上坡的路段,那么不要慌张,应平稳低挡行驶,千万不要中途换挡,也不要跟着前车太近,以免前车溜车。下坡的时候也千万不要空挡行驶,应保持好车速,均匀下来。

6. 点刹雪天最有效

雪天最让人头痛的就是刹车的问题,其实,在这里教大家一招,那就是采用点刹的办法。用脚轻踩刹车,但不踩到底,反复轻踩,重复几次,就能有效地把车停稳。

还应注意,上车前把鞋底的泥水蹭干净,以免因为脚底湿滑影响踩踏制动和油门;还有就是雪天路上的路况较为复杂,人多车杂,在遇到人车交杂的路口时一定要减速慢行,主路出辅路时也应注意后车。

2008年南方雪灾[①]

时间:2008年1月10日起

地点:江西、湖南等南方多省

① 资料来源:http://magazine.caixin.com/2008-02-04/100083203.html,财新网,2008.02.04。

事件：大范围低温、雨雪、冰冻等自然灾害

从2008年1月10日开始，罕见的暴风雪袭击我国南方，南方遭遇了历史罕见的大范围冰冻、雨雪灾害。这场雪灾覆盖面广，破坏力巨大，农业大面积绝收或歉收，部分省市电网瘫痪，京广大动脉一度中断。雪灾造成湖南、湖北、贵州、安徽等10省区3287万人受灾，倒塌房屋3.1万间；雪灾造成的直接经济损失62.3亿元。灾情发生后，各级政府纷纷启动应急预案，全力开展抗灾救灾工作。此次大雪冰冻灾害，范围如此之广，时间如此之长，危害如此之重，无疑可列入世界上重大典型的“极端性气候事件”。

讨论题

谚语：“瑞雪兆丰年”说明冬季的雪对农作物好处很多，但大雪对居民生活和牧业生产也会带来诸多危害，请谈谈大学生在橙色和红色预警天气下，需要采取哪些雪灾的防护应急措施？

第三节 雷雨极端天气的应对与安全教育

雷阵雨(Thundershowers)是一种天气现象，表现为大规模的云层运动，比阵雨要剧烈得多，还伴有放电现象，常见于夏季。雷雨是空气在极端不稳定状况下，所产生的剧烈天气现象，它常挟带强风、暴雨、闪电、雷击，甚至伴随有冰雹或龙卷风出现，因此往往造成灾害。

一、雷雨极端天气的分类

雨量是指降落在地面上的雨水未经蒸发、渗透和流失作用，而以积聚的深度来确定的。我国规定以毫米为深度的单位。雨量的等级根据24小时内降雨量的大小划分为小雨、中雨、大雨、暴雨、大暴雨、特大暴雨几个等级。

小雨：降雨量在10毫米以内，雨滴清晰可辨，落到屋瓦和硬地上不四溅，雨声缓和淅沥；通常需两分钟后，始能完全润湿石板和屋瓦，水洼形成很慢。

中雨：降雨量在10～25毫米，可听见沙沙的雨声，雨落如线，雨滴不易分辨，落到屋孔和硬地上略有四溅，水洼形成较快。

大雨：降雨量在25～50毫米，大雨时，雨落如倾盆模糊成片，雨滴落到屋瓦和硬地上四溅可达数寸，雨声如擂鼓，水潭形成极快。

暴雨：降雨量在50～100毫米，马路积水。降雨量在100～200毫米的叫大暴雨；降雨量在200毫米以上的叫特大暴雨，地势低处受淹。

二、避险常识

(一)外出时遇见极端天气

很多的时候出现冰雹天气，事先天气预报会有预测，但不一定十分准确。有时出现了偏差，如果你刚好外出不在家，遭遇冰雹的时候，怎么办？

(1) 这个时候最好就是寻找一家大超市或一些比较大型坚固的公共场所避一下，千万不要贸然在路上赶路，也不要是选择到一些临时搭建的工棚帐篷之下去避雨，因为这些建筑物是临时搭建的，都是很不牢固的，容易砸伤躲在底下避雨的你。

(2) 避雨时不要站在门口、走廊或者是躲在一些广告牌之类的旁边，因为一旦风力过大，风将许多的杂物刮起来，站在门口走廊或是广告牌之下的你，很有可能会被这些杂物砸伤。

（二）开车外出时遇见极端天气

在极端天气下，如何行车才安全？雷雨天行车注意事项有哪些？这些也都成为车主们最近格外关心的问题。

(1) 碰到雷雨天气，车上人员应该选择停车坐在车内，在车内避雨，不要下车走动。车辆本身是容易吸引雷电的导体，如果雷电击中车辆，在车辆附近走动，可能会触及经过地面传导的电流。同时，需要提醒的是，车内人员在雷电天气下应紧闭车窗，避免将身体伸出车外。

(2) 如果在驾车途中突遭雷电的话，应当放慢车速，必要时请停车躲避。因为，雷电击中引起车辆失控，车速慢可以减少危险。

(3) 雷电天气下，停车时车主也需要格外注意，在城市停车时应注意不要将车辆停靠在大树或建筑物广告牌下方，突如其来的闪电如果碰巧击中这些物体，可能会导致其倾倒砸向汽车。在郊外时，更不能将汽车停放在靠近大树等危险场所，可以选择地势相对较低的地方停车，等待雷雨过去。

(4) 遇到雷电天气，应该尽量不要使用手机，因为打雷时手机的信号磁场会发生变化，强大的雷电对地释放过程将在周围产生很强的电磁场。因此，建议车主在雷电天气时收起车外天线，暂时关闭汽车音响，以避免汽车被雷电击中后将电流引入车内，造成电器电路故障。

（三）在家时出现极端天气

(1) 刮大风下大雨时，在家自然是最为明智和安全的选择。但是，不是说在家就可以忽视一切外界消息，刮大风下大雨的时候，特别是下冰雹这样的极端天气，会很容易导致电路出现故障、短路等情况，甚至雷电也可能会干扰到一切的家用电器。近几年来，因为在雷电交加时使用家用电器造成电器爆炸的事件不在少数，因此，在家的话最好是检查一下家用电器的使用情况，大功率的电器尽量就不要开启，只留下照明用的电器设备。

(2) 准备好手电筒或是蜡烛等照明用具，以免突然停电时措手不及。如果家中有老人和小孩，还有稳定好小孩、老人的情绪，照顾他们，以免因为乌黑或者恐慌等引起不必要的伤害。

三、安全自救知识

2012 年 7 月 21 日，北京发生暴雨到大暴雨天气，全市平均降水量 170 毫米，为自

1951 年以来有完整气象记录最大降水量。截至 22 日 17 时，在北京境内共发现因灾死亡 37 人。一场大雨带来的灾难似乎远超大家的想象，而生命的逝去更让人难过。了解掌握安全自救知识，可以保护我们自身的安全。

（一）雷击

雷击是常见的暴雨天气灾害，常发生在户外活动多的场所，不易受人们重视，但其破坏性是巨大的。在灾害中有人因此遇难。

避免户外雷击：

(1) 遇到突然的雷雨，可以蹲下，降低自己的高度，同时将双脚并拢，以减少跨步电压带来的危害。

(2) 不要在大树底下避雨。

(3) 不要在水体边（江、河、湖、海、塘、渠等）、洼地及山顶、楼顶上停留。

(4) 不要拿着金属物品及接打手机。

(5) 不要触摸或者靠近防雷接地线，自来水管、用电器的接地线。

预防室内雷击：

(1) 打雷时，首先要做的就是关好门窗，离开进户的金属水管和与屋顶相连的下水管等。

(2) 尽量不要拨打、接听电话，或使用电话上网，应拔掉电源和电话线及电视天线等可能将雷击引入的金属导线。稳妥科学的办法是在电源线上安装避雷器并做好接地。

(3) 在雷雨天气时不要使用太阳能热水器洗澡。

（二）触电

雷雨天气有可能造成一些高压或低压供电线路断线，还有可能导致供电设备短路和放电。如果在这种天气出行或滞留在户外，需要注意预防触电的情况发生。

(1) 不要靠近架空供电线路和变压器，更不要在架空变压器下面避雨。

(2) 不要在紧靠供电线路的高大树木或大型广告牌下停留或避雨。

(3) 在户外行走时应尽量避开电线杆的斜拉铁线。

(4) 暴雨过后，有些地方的路面很可能出现积水。此时最好不要蹚水，如果必须要蹚水通过的话，一定要随时观察所通过的路段附近有没有电线断落在积水中。

(5) 如果发现供电线路断落在积水中使水中带电的情况，千万不要自行处理，应当立即在周围做好记号，提醒其他行人不要靠近，并要及时打电话通知供电部门紧急处理。

(6) 一旦发现有人在水中触电倒地，千万不要急于靠近搀扶，必须要在采取应急措施后才能对触电者进行抢救。

(7) 万一电力线恰巧断落在离自己很近的地面上，不要惊慌，更不能撒腿就跑。这时候应该用单腿跳跃着离开现场，否则很可能会在跨步电压的作用下使人身触电。

（三）溺水

暴雨天气可能会导致大面积的积水及山洪，本次暴雨灾害中，也有遇难者因被困车中而溺水死亡。那么,如何应对各种溺水情况?

当发生溺水时,不熟悉水性时可采取自救法:除呼救外,取仰卧位,头部向后,使鼻部可露出水面呼吸。呼气要浅,吸气要深。此时千万不要慌张,不要将手臂上举乱扑动,而使身体下沉更快。

1. 在水中被困车内

(1) 解开安全带,解车门安全锁,立即完全打开车窗,安定情绪,进行深呼吸。车辆入水后,水会快速涌进车内,这时水压非常大,车内的人很难打开车门逃生。只有当车内充满了水,车门两侧压力相等时,才有可能打开门。

(2) 如果没有及时开窗,可以通过破窗锤来击碎车窗玻璃,让水尽快进入车内,增加逃生机会。此外,注意猛踢、手握钥匙、用手机砸等方式无法有效打破玻璃。

(3) 打开车门后,尽快向旁边游开。

2. 在逃生时抽筋

在水中发生抽筋,千万不要惊慌,一定要保持镇静,停止游动,仰面浮于水面,并根据不同部位采取不同方法进行自救。使身体成仰卧姿势,用手握住抽筋腿的脚趾,用力向上拉,使抽筋腿伸直,并用另一腿踩水,另一手划水,帮助身体上浮。

(四) 山洪

暴雨也可能会导致山洪暴发,在这种情况下应注意以下几点:

(1) 保持冷静,尽快向上或较高地方转移;

(2) 不要沿着行洪道方向跑,而要向两侧快速躲避;

(3) 千万不要轻易涉水过河;

(4) 如被山洪困在山中,应及时与当地有关部门取得联系,或发出求救信号,寻求救援。

(五) 内涝

(1) 注意收听收看天气预报。当天气预报连续报有暴雨或大暴雨时,居住在河谷、低洼地带,沿江沿湖地区的人们,就要提高警惕,随时注意灾情的变化,及时采取适当的措施。在洪水到来之前,按照预先选择好的路线撤离易被洪水淹没的地区。

(2) 如果洪水来势凶猛,已来不及撤离时,要就近迅速向山坡、高地、楼房、避洪台等地转移,或者立即爬上屋顶、楼房高层、大树、高墙等高的地方暂避,等候救援。但土墙、泥坯房或干打垒住房,经水一泡随时有坍塌危险,只能用做暂时的避难场所。

(3) 如果洪水继续上涨,暂避的地方已难自保,则要充分利用准备好的救生器材逃生,或者迅速找一些门板、桌椅、木床、箱子、大块的泡沫塑料等能在水上漂浮的材料扎成筏逃生。如已被卷入洪水中,一定要尽可能抓住固定的或能漂浮的东西,寻找机会逃生。

(4) 逃生时不要沿着行洪道的方向跑,而要向两侧快速躲避。千万不可攀爬带电的电线杆、铁塔。发现高压线铁塔倾斜或者电线断头下垂时,一定要迅速远避,防止直接触电或因地面跨步电压触电。

(5) 如果已被洪水包围,要设法尽快与当地政府防汛部门取得联系,报告自己的方位和险情,积极寻求救援。用手电筒、哨子、旗帜、鲜艳的床单、衣服等工具发出求救信号,以引起营救人员的注意,前来救助。

(6) 如果有可能,可吃一些高热量的食品,如巧克力、饼干等,喝些热饮料,以增强体力。避难时,应携带好必备的衣物以御寒,特别要带上必需的饮用水,千万不要喝洪水,以免传染上疾病。

(六) 泥石流

(1) 面对泥石流不能顺着山沟跑。

(2) 山洪泥石流袭来时,千万不能顺着山沟的方向往下游跑,而应马上向与泥石流成垂直方向的两侧山坡高处跑;

(3) 山洪来时可以先到屋顶、大树或附近的小山丘暂避,并用绳子或被单等物品将身体与烟囱、树木等安全固定物相连,以免从高处滑下被洪水卷走;

(4) 如果被洪水包围,要尽快与当地政府、防汛部门联系,报告自己的方位和险情,积极寻求救援。

(七) 城市内涝

1. 在地下室中

在地下室居住的居民要注意收看天气预报,尤其是洪涝灾害的警报。当天气预报连续报有暴雨或大暴雨时,要特别提高警惕,随时注意灾情的变化,及时转移。一旦雨水倒灌情况严重无法脱身,应尽可能寻找可用于救生的漂浮物,尽可能地保留身体的能量,沉着冷静,等待救援。

2. 在地铁里

如果列车无法运行,需要在隧道内疏散乘客,此时乘客要在司机的指引下,有序通过车头或车尾疏散门进入隧道,切勿擅自跳下轨道以防触电;站台突然停电,很可能是该站的照明设备出现了故障,在等待工作人员进行广播和疏散前,请原地等候。列车在运行时遇到停电,乘客千万不可扒门离开车厢进入隧道。

3. 在地下商场

当地下商场出现倒灌时,被困人员要有秩序地疏散、撤退,向高层转移。商场作为人群密集的地方,在灾害来临时,人员应避开货架和玻璃柜台。

4. 被困雨中

如遇到暴雨,行人不要着急赶路,并且以最快的速度到达地势比较高的房屋内暂时性的避雨。切记不能在桥洞、有电线杆的建筑物、大树以及屋檐下避雨;如暴雨已没过脚踝,可以拿树枝在前面探路,以免掉入缺失井盖的排水渠中。

在前进过程中,要注意路旁电线杆、变压器、灯杆等,如有电线落入水中要绕行;骑自行车时、电动车时注意观察,缓慢骑行,遇见情况早下车,尽量避开有积水的路面,避免水下障碍物或坑陷。

（八）暴雨天房屋倒塌

(1) 房屋倒塌时要寻找掩体，行走时远离建筑区。

(2) 如果你在室内，蹲下，抓牢，利用写字台、桌子或者紧贴内部承重墙作为掩护，然后双手抓牢固定物体。

(3) 如果你在室外，远离建筑区、大树、街灯和电线电缆。

(4) 如果你在开动的汽车上，尽快靠边停车，留在车内。不要把车停在建筑物下、大树旁、立交桥或者电线电缆下。

四、极端气候下安全常识

（一）要注意温差变化

专家建议，暴雨天气，与以往的湿热天气相比，会有一个较大的温差，此时一定要注意添加衣服，防止因相对低温而影响身体的抗病能力。注意保温有助于提高身体免疫力和抵抗病毒的能力。

（二）要注意饮食卫生

大雨冲击，使地上的各种污泥杂物都汇集在一起，水的质量会受到很大影响。因此被雨水浸泡过的熟食、食品等不能再食用，蔬菜、水果类也要经过充分的清洗处理或削皮处理等再食用。尤其注意不要喝生水，特别是有露天粪坑的农村边缘地区。进食前必须洗净双手。

（三）注意行走安全

暴雨可能会使一些建筑设施遭到破坏，也有可能刮倒一些供电设施。因此，无特殊需要，不要在暴雨时到处行走。若无法避免，则在行走时，要注意周围是否有损坏的电线杆等，防止因为线路损坏和大雨浸泡造成漏电触电。在山区和农田行走，最好穿长筒雨鞋。

五、学校灾后消毒方法

（一）地面、墙壁、门窗、桌面等物体表面

受污水污染的环境及物品可用有效氯为 500～700 毫克/升的含氯消毒剂溶液或 0.2%～0.5%过氧乙酸溶液喷洒消毒，作用 30 分钟，喷洒剂量 100～300 毫升/平方米，以喷湿为度。不耐腐蚀的表面消毒后用清水擦拭。

（二）衣物

用有效氯为 250～500 毫克/升的含氯消毒剂浸泡 30 分钟，含氯消毒剂对衣物有漂白的作用，消毒后用清水清洗。

（三）餐(饮)具

首选煮沸消毒10～15分钟，或流通蒸汽消毒10分钟。也可用有效氯为250～500毫克/升含氯消毒剂溶液浸泡5分钟或0.2%～0.5%过氧乙酸溶液浸泡30分钟后，再用清水洗净。

（四）排泄物、呕吐物

每2升可加漂白粉50克或有效氯为20克/升的含氯消毒剂溶液2升，搅匀放置2小时。

（五）污水

可能受到粪便污染的小型污水，可用有效氯80毫克/升含氯消毒剂，作用2小时，余氯4～6毫克/升。

（六）手的消毒

接触污染物后，应使用免洗手消毒剂涂擦双手，消毒作用时间应不低于1分钟。

北京“7·21”特大暴雨①

时间：2012年7月21日

地点：北京市

事件：北京市发生暴雨到大暴雨天气，全市平均降水量170毫米。

2012年7月21日，北京城遭遇今年以来最大的雨，总体达到特大暴雨级别。一天内，市气象台连发五个预警，暴雨级别最高上升到橙色。截至22日2时，全市平均降雨量164毫米，为61年以来最大。其中，最大降雨点房山区河北镇达到460毫米。

暴雨引发房山地区山洪暴发，拒马河上游洪峰下泄。截至22日17时，暴雨洪涝灾害造成房山、通州、石景山等11区(县)12.4万人受灾，4.3万人紧急转移安置。全市受灾人口190万人，其中房山区80万人。23日，据初步统计，全市经济损失近百亿元。据央视新闻报道，北京“7·21”特大自然灾害已造成78人遇难。

讨论题

2012年7月21日凌晨1时左右，廊坊广阳区爱民道铁路桥下的公路立交通道中积水达到一米多深，一名女士驾驶捷达轿车无视道口高处闪烁的警灯和马路当中民警禁行的手势直接向桥下闯去，顷刻之间，雨水淹过了车窗，汽车立即熄火。就在司机惊慌失措之

---

① 资料来源：http://www.hnr.cn/news/xwzt/sum/2013flood/201305/t20130530_462782.html，映象网新闻频道，2013.05.30。

际，执勤交警飞奔而至，帮忙奋力打开车门，这才使得女司机转危为安。

请评价这位女士的做法。

第四节　台风天气的应对与安全教育

台风是热带气旋的一个类别。在气象学上，按世界气象组织定义：热带气旋中心持续风速在12～13级（即每秒32.7～41.4米）称为台风（typhoon）或飓风（hurricane），飓风的名称使用在北大西洋及东太平洋；而北太平洋西部（赤道以北，国际日期线以西，东经100度以东）使用的近义字是台风。

一、台风的气象原理及生命周期

（一）气象原理

在海洋面温度超过26℃以上的热带或副热带海洋上，由于近洋面气温高，大量空气膨胀上升，使近洋面气压降低，外围空气源源不断地补充流入上升去。受地转偏向力的影响，流入的空气旋转起来。而上升空气膨胀变冷，其中的水汽冷却凝结形成水滴时，要放出热量，又促使低层空气不断上升。这样近洋面气压下降得更低，空气旋转得更加猛烈，最后形成了台风。

（二）生命周期

1. 孕育阶段

太阳经过一天照射，海面上形成了很强盛的积雨云，这些积雨云里的热空气上升，周围较冷空气源源不绝的补充进来，再次遇热上升，如此循环，使得上方的空气热，下方空气冷，上方的热空气里的水汽蒸发扩大了云带范围，云带的扩大使得这种运动更加剧烈。

经过不断扩大的云团受到地转偏向力影响，逆时针旋转起来（在南半球是顺时针），形成热带气旋，热带气旋里旋转的空气产生的离心力把空气都往外甩，中心的空气越来越稀薄，空气压力不断变小，形成了台风初始阶段。

2. 发展（增强）阶段

因为热带低压中心气压比外界低，所以周围空气涌向热带低压，遇热上升，供给了热带低压较多的能量，超过输出能量，此时，热带低压里空气旋转更厉害，中心最大风力升高，中心气压进一步降低。

等到中心最大风力达到一定标准时，就会提升到更高的一个级别，热带低压提升到热带风暴，再提升到强热带风暴、台风，有时能提升到强台风甚至超强台风，这要看能量输入与输出比决定，输入能量大于输出能量，台风就会增强；反之就会减弱。

3. 成熟阶段

台风经过漫长的发展之路，变得强大，具有了造成灾害的能力，如果这时登陆，就会造成重大损失。

4. 消亡阶段

台风消亡路径有两个，第一个是台风登陆陆地后，受到地面摩擦和能量供应不足的共同影响，台风会迅速减弱消亡，消亡之后的残留云系可以给某地带来长时间强降雨。第二个是台风在东海北部转向，登陆韩国或穿过朝鲜海峡之后，在日本海变性为温带气旋，变性为温带气旋后，消亡较慢。

二、台风的等级划分及特点

（一）台风的等级划分

根据国际惯例，依据其中心附近最大风力分为：

热带低压（tropicaldepression），最大风速 6～7 级（10.8～17.1m/s）；

热带风暴（tropicalstorm），最大风速 8～9 级（17.2～24.4m/s）；

强热带风暴（severe tropical storm），最大风速 10～11 级（24.5～32.6m/s）；

台风（ty-phoon），最大风速 12～13 级（32.7～41.4m/s）；

强台风（severe typhoon），最大风速 14～15 级（41.5～50.9m/s）；

超强台风（super typhoon），最大风速≥16 级（≥51.0m/s）。

（二）特点

根据近几年来台风发生的有关资料表明，台风发生的规律及其特点主要有以下几点。

(1) 有季节性。台风（包括热带风暴）一般发生在夏秋之间，最早发生在 5 月初，最迟发生在 11 月。

(2) 台风中心登陆地点难准确预报。台风的风向时有变化，常出人预料，台风中心登陆地点往往与预报相左。

(3) 台风具有旋转性。其登陆时的风向一般先北后南。

(4) 损毁性严重。对不坚固的建筑物、架空的各种线路、树木、海上船只，海上网箱养鱼、海边农作物等破坏性很大。

(5) 强台风发生常伴有大暴雨、大海潮、大海啸。

(6) 强台风发生时，人力不可抗拒，易造成人员伤亡。

三、台风灾害分析

台风是一种破坏力很强的灾害性天气系统，但是任何事物都是一把“双刃剑”，台风带来的降水有利于农业生产和水库蓄水，起到消除干旱的有益作用。台风的危害性主要有三个方面：

1. 大风

热带气旋达台风级别的中心附近最大风力为 12 级以上。

2. 暴雨

台风是带来暴雨的天气系统之一，在台风经过的地区，可能产生 150～300 毫米降雨，少数台风能直接或间接产生1000毫米以上的特大暴雨。

3. 风暴潮

一般台风能使沿岸海水产生增水，江苏省沿海最大增水可达3米。“9608”号和“9711”号台风增水，使江苏省沿江沿海出现超历史的高潮位。

台风过境时常常带来狂风暴雨天气，引起海面巨浪，严重威胁航海安全。台风登陆后带来的风暴增水可能摧毁庄稼、各种建筑设施等，造成人民生命、财产的巨大损失。

四、台风的防抗

加强台风的监测和预报，是减轻台风灾害的重要的措施。对台风的探测主要是利用气象卫星。在卫星云图上，能清晰地看见台风的存在和大小。利用气象卫星资料，可以确定台风中心的位置，估计台风强度，监测台风移动方向和速度，以及狂风暴雨出现的地区等，对防止和减轻台风灾害起着关键作用。

根据所得到的各种资料，分析台风的动向，登陆的地点和时间，及时发布台风预报，台风紧报或紧急警报，通过电视，广播等媒介为公众服务，让沿海渔船及时避风回港，同时为各级政府提供决策依据，发布台风预报或警报是减轻台风灾害的重要措施。

市民需保持消息畅通，留意报纸、广播、电视及网络上的天气预报资讯，提前、及时做好这些防御措施，以不变应万变。

（一）居民防台注意事项

(1) 及时收听、收看或上网查阅台风预警信息，了解政府的防台行动对策。

(2) 关紧门窗，紧固易被风吹动的搭建物。

(3) 从危旧房屋中转移至安全处。

(4) 处于可能受淹的低洼地区的人要及时转移。

(5) 检查电路、炉火、煤气等设施是否安全。

(6) 幼儿园、学校应采取暂避措施，必要时停课。

(7) 露天集体活动或室内大型集会应及时取消，并做好人员疏散工作。

（二）居民防台措施

台风来临之际，由于强风的横扫，高空坠物容易伤人。强风到来前市民应检查一下门窗是否牢固，并及时关好窗户，取下悬挂物，及时将花盆搬离阳台，及时清理日常放在防盗网上的杂物。

一些地势低洼的居民区，在台风来临之前，可以事先砌好围墙，或者备好挡水板，配备小型抽水泵及时挡水或者排水。最好将自家的排水管道检查一遍，有条件的话，最好能疏通一下。尤其是住在一楼或者底层的住户，包括一些临街的商铺，尽量把一些碰不得水的电器、货物以及衣鞋，尽可能转移到高处，离开前，要先切断电源，以免进水受损。

政府有关部门要提早对室外霓虹灯、广告牌、店招牌、室外空调机等高空物体检查和加固。对受风易倒的树木要提前做好保护措施,及时绑扎、加固,防止树倒伤人,或者影响交通。

对于需要骑自行车或者摩托车出行的市民,切勿一手把方向,一手拿雨伞。穿雨衣骑车出行的市民尽量将雨衣固定以免被强风一吹,雨衣挡住视线,引发危险。对于开车出行的市民来说,要注意强降水引发的路面积水是否会导致车辆熄火。遇到积水路段时,应该放慢车速观察前方路况。通过积水时,要低挡平稳前行,尽量不要让水花溅起来;如果积水高度超过轮胎的一半,切忌贸然涉水,建议绕道通行。

高速交警提醒司机朋友,如果在高速公路行驶的过程中遭遇台风,应打开危险报警闪光灯,保持车距减速慢行。如能见度小于 50 米时,应进入服务区休息或从最近出口驶离高速公路,听从高速公路管理部门的指挥。

(三) 沿海地区,渔船应回港避风,远离台风眼

海上船只应提早回港避风,撤离船上人员并做好船只加固和防风防浪工作。台风来临前不能返港的船及时与岸上取得联系,避开台风中心,争取救援。如在海上遇到台风时,应根据台风的情况和天气预报以及现场观测的风力、风向和气压的变化情况判明本身所在位置,以便采取适当的航行方法,尽快远离台风中心。

对沿海海堤的在建企业工程、各类广告牌、沿海旅游景点设施应设置警示提醒,及时加固维护维修。如果所处位置是台风引发巨浪、高潮有危险的地带,附近人员要及时组织转移。市民千万不要无惧台风的到来,无惧海边现场警示标志在海边观潮戏水,以免被困影响个人生命安全。

(1) 台风来临前,船舶应听从指挥,立即到避风场所避风。

(2) 万一躲避不及或遇上台风时,应及时与岸上有关部门联系,争取救援。

(3) 等待救援时,应主动采取应急措施,迅速果断地采取离开台风的措施,如停(滞航)、绕(绕航)、穿(迅速穿过)。

(4) 强台风过后不久的风浪平静,可能是台风眼经过时的平静,此时泊港船主千万不能为了保护自己的财产,回去加固船只。

(5) 有条件时在船舶上配备信标机、无线电通信机、卫星电话等现代设备。

(6) 在没有无线电通信设备的时候,当发现过往船舶或飞机,或与陆地较近时,可以利用物件及时发出易被察觉的求救信号,如堆"SOS"字样,放烟火,发出光信号、声信号,摇动色彩鲜艳的物品等。

五、台风警报及防御指南

(一) 台风警报

台风警报根据编号热带气旋的强度、影响时间和程度可分为:消息、警报和紧急警报三级。

1. 消息

台风远离或沿海尚未开始出现 8 级风或暴雨时,预报责任区根据需要可发布消息,报

道台风的情况;警报解除时也可以消息方式发布。

2. 警报

预计未来 48 小时内影响沿海地区或者台风登临时,发布警报。

3. 紧急警报

预计未来 24 小时内影响沿海地区或者台风登临时,发布紧急警报。

(二)四级警报

中国气象局于 2004 年 8 月 16 日发布了《突发气象灾害预警信号发布试行办法》,把台风预警信号分为:蓝色、黄色、橙色和红色四种警报。

1. 蓝色警报

24 小时内可能或者已经受热带气旋影响,沿海或者陆地平均风力达 6 级以上,或者阵风 8 级以上并可能持续。具体防御指南:

(1) 政府及相关部门按照职责做好防台风准备工作;

(2) 停止露天集体活动和高空等户外危险作业;

(3) 相关水域水上作业和过往船舶采取积极的应对措施,如回港避风或者绕道航行等;

(4) 加固门窗、围板、棚架、广告牌等易被风吹动的搭建物,切断室外电源。

2. 黄色警报

24 小时内可能或者已经受热带气旋影响,沿海或者陆地平均风力达 8 级以上,或者阵风 10 级以上并可能持续。具体防御指南:

(1) 政府及相关部门按照职责做好防台风应急准备工作;

(2) 停止室内外大型集会和高空等户外危险作业;

(3) 相关水域水上作业和过往船舶采取积极的应对措施,加固港口设施,防止船舶走锚、搁浅和碰撞;

(4) 加固或者拆除易被风吹动的搭建物,人员切勿随意外出,确保老人小孩留在家中最安全的地方,危房人员及时转移。

3. 橙色警报

12 小时内可能或者已经受热带气旋影响,沿海或者陆地平均风力达 10 级以上,或者阵风 12 级以上并可能持续。具体防御指南:

(1) 政府及相关部门按照职责做好防台风抢险应急工作;

(2) 停止室内外大型集会、停课、停业(除特殊行业外);

(3) 相关应急处置部门和抢险单位加强值班,密切监视灾情,落实应对措施;

(4) 相关水域水上作业和过往船舶应当回港避风,加固港口设施,防止船舶走锚、搁浅和碰撞;

(5) 加固或者拆除易被风吹动的搭建物,人员应当尽可能待在防风安全的地方,当台风中心经过时风力会减小或者静止一段时间，切记强风将会突然吹袭，应当继续留在安全处避风，危房人员及时转移；

(6) 相关地区应当注意防范强降水可能引发的山洪、地质灾害。

4. 红色警报

6 小时内可能或者已经受热带气旋影响，沿海或者陆地平均风力达 12 级以上，或者阵风达 14 级以上并可能持续。具体防御指南：

(1) 政府及相关部门按照职责做好防台风应急和抢险工作；

(2) 停止集会、停课、停业(除特殊行业外)；

(3) 回港避风的船舶要视情况采取积极措施，妥善安排人员留守或者转移到安全地带；

(4) 加固或者拆除易被风吹动的搭建物，人员应当待在防风安全的地方；

(5) 相关地区应当注意防范强降水可能引发的山洪、地质灾害。

(6) 台风期间尽量不要外出，“7314”号强台风，每秒风速 73 米，堪称恐怖。

(7) 台风中不能待在 4 层以下高度的房子里。若真的被迫在城市办公楼等高层建筑中避难，远离窗户，躲在中上部楼层中的小隔间里，并准备好充足的水、食物。离开家时要关闭水、电、煤气。

六、学校防范强台风措施

(一) 高度重视应对和防范强台风工作

各级教育行政部门和各级各类学校要迅速将灾害预警信息和上级要求传达到所属学校(单位)，通知到每位教职工、学生及家长，主要领导要亲自部署，各学校(单位)要完善应急预案，全面落实应对和防范强台风的工作措施。

(二) 对校园安全隐患进行全面检查

各级各类学校要组织人员重点检查校舍安全情况、在建工程项目工地安全管理情况以及校园排水畅通性、其他公共部位附着物(如广告牌、灯箱等)固定情况，电、气、水等管理情况，发现隐患，要立即采取有效措施进行整改，确保不发生任何安全事故。

(三) 加强宣传教育

各级各类学校要提醒家长注意照看好自己的孩子，进一步落实监护人责任，加强自身防护，尽量少外出，防止发生意外事故。

(四) 加强值班和信息报送

各级教育行政部门和学校要落实 24 小时值班和领导带班制度。要密切关注天气变化，遇有紧急情况时，可采取调课等办法，确保学校宣传教育和防范应对等工作落实到位，责任落实到人。

案例

台风“彩虹”

时间：2015 年 10 月 2 日至 5 日

地点：广东、广西、海南

事件：台风“彩虹”给中国南部造成严重影响

2015 年 10 月 1 日 2 时台风“彩虹”形成于西北太平洋菲律宾群岛，是 2015 年第 22 号台风。强台风“彩虹”于 2015 年 10 月 4 日 14 时左右登陆广东湛江坡头区。最高风力可达 15 级，超过中国国家气象局的预估标准。

“彩虹”是 2015 年首个登陆粤西的台风，登陆时挟着狂风暴雨，导致湛江市区一片狼藉，全城交通近乎瘫痪。随后台风西向“奔进”广西北海至博白一带，影响广西内陆及北部地区，广西将出现大范围强降雨天气，广西沿海 43 趟高铁停运 12 小时，北海机场 19 个进出港航班被取消。

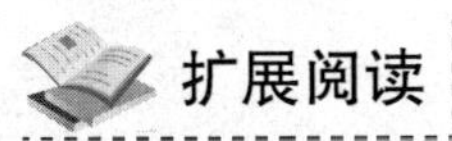
扩展阅读

台风来临预兆[①]

在台风将到的前两三天，可以由若干现象来研判台风正逐渐接近。

(1) 高云出现：在台风最外缘是卷云，白色羽毛状或马尾状甚高之云，当此种云在某方向出现，并渐渐增厚而成为较密之卷层云，此时即显示可能有一台风正渐渐接近。

(2) 雷雨停止：台湾夏季，山地及盆地区域每日下午常有雷雨发生，如雷雨突然停止，即表示可能有台风接近中。

(3) 能见度良好：台风来临前两三天，能见度转好，远处山树皆能清晰可见。

(4) 海、陆风不明显：平时日间风自海上吹向陆地，夜间自陆地吹向海上，称为海风与陆风，但在台风将来临前数日，此现象便不明显。

(5) 长浪：台湾近海，因夏季风力温和，海浪亦较平稳，但远处有台风时，波浪将趋汹涌，渐次传至台湾沿海，而有长浪现象。东部沿海一带居民，都有此种经验。

(6) 海鸣：台风渐接近，长浪亦渐大渐高且撞击海岸山崖发出吼声，东部沿岸亦常可闻，之后约 3 小时后台风就会来临。

(7) 骤雨忽停忽落：当高云出现后，云层渐密渐低，常有骤雨忽落忽停，这也是台风接近的预兆。

(8) 风向转变：台湾夏季常吹西南风，也较和缓，但如转变为东北风时，即表示台风已渐接近，并已开始受到台风边缘的影响，此后风速并将逐渐增强。

(9) 特殊晚霞：台风来袭前一两天，当日落时，常在西方地平线下发出数条放射状红蓝相间的美丽光芒，发射至天顶再收敛于东方与太阳对称之处，此种现象称为反暮光。

(10) 气压降低：根据以上诸现象，如果再发现气压逐渐降低，显示将进入台风边缘了。

---

① 资料来源：http://www.3lian.com/zl/2014/09/29983.html，3 联网，2014.09.16。

讨论题

2015 年 7 月 11 日湖州师范学院某专业师生在莫干山旅游行，看到市气象台消息称台风“灿鸿”将对湖州市产生严重影响，为了保证外出时间团队的安全，学校老师发出了紧急召回令，师生迅速撤回学校。请讨论如果在东南沿海野外旅游时，听到气象台发出台风预报后，应该采取哪些措施？

第五节　高温天气的应对与安全教育

中国气象学上，气温在 35℃以上时可称为“高温天气”，如果连续几天最高气温都超过 35℃时，即可称作“高温热浪”天气。

一般来说，高温通常有两种情况，一种是气温高而湿度小的干热性高温；另一种是气温高、湿度大的闷热性高温，称为“桑拿天”。

一、中央气象台高温预警发布标准

（一）橙色预警

过去 48 小时 2 个及以上省（区、市）大部地区持续出现最高气温达 37℃及以上，且有成片达 40℃及以上高温天气，预计未来 48 小时上述地区仍将持续出现最高气温为 37℃及以上，且有成片 40℃及以上的高温天气。

（二）黄色预警

过去 48 小时 2 个及以上省（区、市）大部地区持续出现最高气温达 37℃及以上，预计未来 48 小时上述地区仍将持续出现 37℃及以上高温天气。

（三）蓝色预警

预计未来 48 小时 4 个及以上省（区、市）大部地区将持续出现最高气温为 35℃及以上，且有成片达 37℃及以上高温天气；或者已经出现并可能持续。

二、高温天气对人体的损害及导致的疾病

（一）高温天气对人体的损害

1. 人体水盐代谢失衡

在炎热季节，正常人每天出汗量为 1 升，而在高温下，排汗量会大大增加达 3～8 升。由于汗的主要成分为水，并含有一定量的无机盐，所以大量出汗对人体的水盐代谢产生显著的影响。

2. 消化系统紊乱

高温下，体内血液重新分配，皮肤血管扩张，腹腔内脏血管收缩，引起消化道贫血，出

现消化液分泌减少，使游离盐酸、蛋白酶、淀粉酶、胆汁酸的分泌量减少，胃肠消化机能相应的减退。

3. 破坏人体循环系统

高温条件下，由于大量出汗，血液浓缩，同时高温使血管扩张，末梢血液循环的增加，肌肉的血流量也增加，这些因素都可使心跳过速，而每搏心输出量减少，加重心脏负担，血压也有所改变。

4. 影响人体神经系统

在高温和热辐射作用下，大脑皮层调节中枢的兴奋性增加，由于负诱导，使中枢神经系统运动功能受抑制，肌肉工作能力、动作的准确性、协调性、反应速度及注意力均降低，易发生工伤事故。

(二)高温天气导致的疾病及防治方法

高温伤害在不同人群身上有不同表现，如热抽筋和热昏厥，发展下去可能出现热衰竭、热射病，甚至导致死亡。

1. 中暑

中暑是人体在高温和热辐射的长时间作用下，机体体温调节出现障碍，水、电解质代谢紊乱及神经系统功能损害症状的总称，是热平衡机能紊乱而发生的一种急症。

(1) 夏日出门记得要备好防晒用具，最好不要在10～16时在烈日下行走，因为这个时间段的阳光最强烈，发生中暑的可能性是平时的10倍。如果此时必须外出，一定要做好防护工作，如打遮阳伞、戴遮阳帽、戴太阳镜，有条件的最好涂抹防晒霜。

(2) 在炎热的夏季，防暑降温药品，如十滴水、人丹、风油精等一定要备在身边，以防应急之用。

(3) 外出时的衣服尽量选用棉、麻、丝类的织物，应少穿化纤品类服装，以免大量出汗时不能及时散热，引起中暑。

(4) 在高温季节要尽可能地减少外出活动。

(5) 不要等口渴了才喝水，因为口渴已表示身体已经缺水了。最理想的是根据气温的高低，每天喝1.5～2升水。出汗较多时可适当补充一些盐水，弥补人体因出汗而失去的盐分。夏季人体容易缺钾，使人感到倦怠疲乏，含钾茶水是极好的消暑饮品。另外，乳制品既能补水，又能满足身体的营养之需。

(6) 夏天的时令蔬菜，如生菜、黄瓜、西红柿等的含水量较高；新鲜水果，如桃子、杏、西瓜、甜瓜等水分含量为80%～90%，都可以用来补充水分。

(7) 夏天日长夜短，气温高，人体新陈代谢旺盛，消耗也大，容易感到疲劳。充足的睡眠，可使大脑和身体各系统都得到放松，既利于工作和学习，也是预防中暑的措施。睡眠时注意不要躺在空调的出风口和电风扇下，以免患上空调病和热伤风。

2. 晒伤

炎热的夏天，毒辣的太阳，常常导致我们的皮肤受到各种的伤害，对于那些突发性的晒伤，该如何处理呢？晒伤后处理不当，会对皮肤造成严重的伤害，紫外线对肌肤的伤害绝不仅仅是晒黑和留下晒斑那么简单，它还会使肌肤变得敏感、出现纷纹、过早衰老等问题。所以说皮肤晒伤后的修复也是非常重要的，太阳晒伤后皮肤的修复方法如下。

(1) 敷晒后修复面膜。皮肤晒伤后，可以敷一些晒后的修复面膜，这样可以缓解皮肤的疼痛和伤害，起到修复皮肤的作用。

(2) 西瓜皮敷面修复。如果是太阳轻微的皮肤晒伤的话，可以选择用西瓜皮白的那一层来敷面。西瓜皮中含有丰富维生素 A、维生素 B 和维生素 C，而这些全部是保持肌肤健康和润泽所必需的养分。而西瓜皮本身水分充足，跟黄瓜一样，符合水果面膜的基本要求，因此西瓜皮美容面膜敷脸让皮肤变得水灵灵的动人。

(3) 冰敷法修复。皮肤晒伤后赶紧回到室内，使用冰水敷在晒伤部位 15 分钟左右，最好是不断交替敷面，直至皮肤感到冰凉恢复原来的颜色和温度为止，这样可以起到快速修复的作用。

(4) 黄瓜面膜修复。将新鲜黄瓜切成薄片，浸入牛奶，放入冰箱冻一会儿，再贴于脸上，效果非常好，可以起到消炎、镇痛、减轻日晒伤。

(5) 牛奶敷面法修复。用冰牛奶敷在晒伤的部位，可以迅速缓解晒后灼热和疼痛，等差不多的时候用凉水冲掉，再涂抹晒后修复凝露。

(6) 薰衣草精油敷面修复。先把薰衣草香熏油及底油混合在一起，早晚各一次将之涂在受伤的皮肤上。可以舒缓晒伤的疼痛，加速皮肤的康复，更可以滋润皮肤。

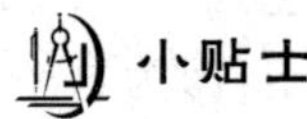

防皮肤晒伤注意事项

皮肤晒伤后不仅要学会及时的修复受损的皮肤，同时也需要注意一下生活的习惯，首先要注意调节饮食习惯，尽量少吃一些油腻和辛辣的食物，食物稍微清淡点，还要注意每天多喝水，最好是每天保证 8 杯水，补充下体内的水分，促进皮肤的新陈代谢。

3. 热抽筋：喝水补盐做按摩

气温太高时，室外运动激烈，肌肉抽筋的例子并不少见。这跟出汗太多致低钠血症有关。特别是小腿肌肉神经比身体其他部位的肌肉敏感，更容易抽筋。

遇到这种情况应马上补水，有条件的喝运动饮料，或是喝点盐水，及早纠正身体因流汗过多、电解质紊乱。另外，抽筋的部位适当按摩，稍作休息，基本都可缓解。如有头晕、恶心、全身不适等中暑症状，而且持续加重，应及早到医院看病。

4. 热昏厥：阴凉处平躺喝盐水

一旦发生热昏厥，应马上将患者移到阴凉处平躺。若患者意识清醒，可喂服温盐水。绝大多数患者在阴凉处休息、补水后可恢复，但若头昏、乏力症状持续不缓解甚至反加剧，应送医院进一步救治。

5. 热衰竭、热射病：马上送医抢救

热衰竭、热射病多发于在烈日暴晒下工作的人、老年人、儿童和慢性疾病患者，可有抽筋、昏厥的表现，还可出现严重口渴，恶心、呕吐、头晕眼花，全身无力，体温急剧升高到

40℃以上，甚至血压下降、休克或昏迷等。如果抢救不及时，短时间内可出现生命危险。

老人和小孩在不通风的闷热环境中，身体的耐受度低，若通风降温不及时，更易受热伤害，出现抽筋、昏厥，有心脑血管病的老年人还可能出现热中风、脑梗等并发病，应引起警惕。

三、高温天气学生的避暑常识

（一）注意伤身的行为

夏季天气炎热，是生活中的特殊时期，人往往不能很快适应，要想使身体不受到伤害，需要注意以下六种忌讳。

1. 忌贪凉而卧

夏季，一些人喜好晚间席地而睡，也有的人在室内睡觉时，两边门窗全部打开，睡"穿堂风"。凉风吹拂身体，当时觉得舒服痛快，也容易睡着，但醒后却常常感到不适，全身肌肉发紧，关节酸痛，精神倦怠，甚至会出现腹痛、腹泻等症状。

2. 忌坐着午睡

人们熟睡后，心率会变慢，血管也会扩张，流经各种脏器的血液速度相对减慢。若坐着睡觉，流入大脑的血液就会减少。特别是在午饭后，较多的血液要进入胃肠系统以促进消化，加之坐睡时弯着腰，两腿蜷缩着，呼吸沉闷，这便加重了脑组织的血液不足。长期坐着午睡，会对身心健康造成不可估量的危害。

3. 忌坐在木头上

俗话说："冬不坐石，夏不坐木。"夏天的气温高、湿度大，木头尤其是久置露天的木椅凳等，风吹雨淋后含水分较多，表面看上去是干的，可太阳一晒，它便向外散发热烘烘的潮气，如在其上坐久了，对身体有害，会诱发痔疮、皮肤疾病、风湿和关节炎等。

4. 忌凉水冲脚

脚部是血管分支的末梢部位，脂肪层较薄，保温性差，脚底皮肤温度是全身中最低的，极易受凉。如果夏天经常用凉水冲脚，使脚进一步受凉遇寒，就会通过血管传导而引起周身发生一系列的复杂病理反应，最终引发各种疾病。

5. 忌贪食冷饮

有些人在夏天喜欢大量吃冷食冷饮，甚至是冰过的食物、饮料。这些东西吃起来虽然凉爽可口，但其不仅会影响食欲、不利于消化，还会因过度刺激胃肠道黏膜而引起局部血管收缩，导致消化道缺血、缺氧，发生胃肠功能紊乱。

6. 忌贪吹风扇

炎热的夏日，可以适当吹电风扇纳凉，但吹得时间过长，会把皮肤吹得冰凉，导致体内水分大量耗损，次日醒来，头昏脑涨，精神萎靡，食欲不振。有时还可因鼻腔过于干燥而发生鼻出血或者引发感冒，甚至引起支气管炎、肺炎、肠胃炎等。

（二）高温天气保健方法

1. 多喝水

每天要喝七八杯白开水，可以在水中加入适量蜂蜜。夏天人的体能消耗特别快，蜂蜜可以快速补充人体所需的能量。水是人体不可缺少的重要组成部分，器官、肌肉、血液、头发、骨骼、牙齿都含有水分，夏季失水会比较多，若不及时补水就会严重影响健康，易使皮肤干燥，皱纹增多，加速人体衰老。像蜂蜜水、矿泉水、冷茶，牛奶，苹果汁都是理想的解渴饮料。

2. 补钾

暑天出汗多，随汗液流失的钾离子也比较多，由此造成的低血钾现象，会引起人体倦怠无力、头昏头痛、食欲不振等症候。热天防止缺钾最有效的方法是多吃含钾食物，新鲜蔬菜和水果中含有较多的钾，可多吃些草莓、杏子、荔枝、桃子、李子等；蔬菜中有大葱、芹菜、毛豆等也富含钾。

茶叶中亦含有较多的钾，热天多饮茶，既可消暑，又能补钾，可谓一举两得。

3. 补充盐分和维生素

人体夏季大量排汗，氯化钠损失比较多，故应在补充水分的同时，注意补充盐分。每天可饮用一些盐开水，以保持体内酸碱平衡和渗透压相对稳定。

营养学家还建议：高温季节最好每人每天能补充维生素 B_1、维生素 B_2 各 2 毫克，钙 1 克，这样可减少体内糖类和组织蛋白的消耗，有益于人体健康。故在夏日应多吃一些富含上述营养成分的食物，如西瓜、黄瓜、番茄、豆类及其制品、动物肝脏、虾皮等，亦可饮用一些水果汁。

4. 穿浅色衣服

深色衣服会吸收阳光，使人体温升高燥热；同时蚊子有趋暗的习性，深色容易吸引蚊子，特别是黑色。

5. 注意皮肤瘙痒

夏季出游，因日晒而导致皮肤瘙痒、干疼时，可涂少量氟轻松等软膏，不要用热水烫洗，也不宜用碱性大的肥皂清洗，以免刺激皮肤，加重症状。

四、高温天气易发的学校安全事故

溺亡和食物中毒是高温天气学校易发的安全事故。

（一）游泳的注意事项

（1）游泳前应做全身运动，充分活动关节，放松肌肉，以免下水后发生抽筋、扭伤等事故。如果发生抽筋，要镇静，不要慌乱，边呼喊边自救。常见的是小腿抽筋，这时应做仰泳姿势，用手扳住脚趾，小腿用力前蹬，奋力向浅水区或岸边靠近。

（2）游泳时间不宜过长，20～30 分钟应上岸休息一会儿，每次游泳时间不应超过 2 小时。不宜在太凉的水中游泳，如感觉水温与体温相差较大，应慢慢入水，渐渐适应，并尽量减少次数,减低冷水对身体的刺激。

(3) 游泳应在有安全保障区的游泳区内进行,严禁在非游泳区内游泳。在露天游泳时遇到暴雨是很危险的,因此应立刻上岸,到安全的地方躲避风雨。

(4) 参加游泳的人必须身体健康,患有下列疾病的同学不可游泳:心脏病、高血压、肺结核、肝炎、肾脏、疟疾、严重关节炎等。女同学月经期间不能游泳,患红眼病和中耳炎的同学也不能游泳。

(二) 自救与救护方法

1. 自救法

(1) 不会游泳者,落水后首先不要心慌意乱,一定要保持头脑清醒。可边呼救边采取仰卧位,头部向后,使鼻部可露出水面呼吸。呼气要浅,吸气要深。切记不要将手臂上举乱扑动,因为这样反而会使身体下沉更快。

(2) 会游泳者,一般是因小腿腓肠肌痉挛而致溺水。如果发生小腿抽筋,应心平静气,自己将身体抱成一团,浮上水面。同时深吸一口气,用手将抽筋的腿的脚趾向背侧弯曲,并持续用力,直到剧痛消失,抽筋自然也就停止。一次发作之后,同一部位可能再次抽筋,所以对疼痛处要充分按摩,慢慢向岸上游去,上岸后最好再按摩和热敷患处。如果手腕肌肉抽筋,自己可将手指上下屈伸,并采取仰面位,用两足游泳。

2. 互救法

看到同伴溺水,救护者应镇静,尽可能脱去衣裤,尤其要脱去鞋靴,应迅速游到溺水者附近,观察清楚位置,从其后方出手救援。对筋疲力尽的溺水者,救护者可从头部接近。对神志清醒的溺水者,救护者应从背后接近,用一只手从背后抱住溺水者的头颈,另一只手抓住溺水者的手臂游向岸边。

3. 救护法

救护法主要指救出水面后如何进行控水处理和尽快恢复溺者的呼吸。

(1) 将溺者抬出水面后,应立即清除其口、鼻腔内的水、泥及污物,用纱布(手帕)裹着手指将溺者舌头拉出口外,解开衣扣、领口,以保持呼吸道通畅,然后抱起溺者的腰腹部,使其背朝上、头下垂进行倒水。或者抱起溺者双腿,将其腹部放在急救者肩上,快步奔跑使积水倒出。或急救者取半跪位,将溺者的腹部放在急救者腿上,使其头部下垂,并用手平压背部进行倒水。

(2) 如果溺水者呼吸心跳未停止,立即进行口对口人工呼吸,同时进行胸外心脏按压。一般以口对口吹气为最佳。急救者位于伤员一侧,托起伤员下颌,捏住伤员鼻孔,深吸一口气后,往伤员嘴里缓缓吹气,待其胸廓稍有抬起时,放松其鼻孔,并用一手压其胸部以助呼气。反复并有节律地(每分钟吹 16～20 次)进行,直至恢复呼吸为止。

(3) 如溺者心跳已停止,应先进行胸外心脏按压。让伤员仰卧,背部垫一块硬板,头低稍后仰,急救者位于伤员一侧,面对伤员,右手掌平放在其胸骨下段,左手放在右手背上,借急救者身体重量缓缓用力,不能用力太猛,以防骨折,将胸骨压下 4 厘米左右,然后松手腕(手不离开胸骨)使胸骨复原,反复有节律地(每分钟 60～80 次)进行,直到心跳恢复为止。

作为救护者一定要记住：对所有溺水休克者，不管情况如何，都必须从发现开始持续进行心肺复苏抢救。

（三）预防食物中毒

(1) 在购买和挑选食品时，选择新鲜、无变质的食品，严把食品的采购关。禁止采购腐败变质、油脂酸败、霉变、生虫、污秽不洁、混有异物或者其他感官性状异常的食品，以及未经动物卫生检验或者检验不合格的肉类及其制品(包括病死牲畜肉)。

(2) 食物在食用前应充分清洗和浸泡。

(3) 挑选海鲜及水产品，最好选食鲜活产品。

(4) 做凉拌菜一定要洗净消毒，最好不要吃隔顿凉拌菜。加工食品的工具、容器等要做到生熟分开。

(5) 冰箱里存放的食物应尽快吃完，冷冻食品进食前要加热。

(6) 有些细菌产生的毒素不怕高温，剩饭、剩菜经加热后仍有引起食物中毒的危险，常温下保存时间最好不超过 2 小时。

(7) 坚持锻炼，提高机体抵抗疾病的能力。从业人员必须进行健康检查。

(8) 消灭苍蝇、蟑螂、老鼠、蚂蚁等细菌的传播媒介。注意食品的贮藏卫生，防止尘土、昆虫、鼠类等动物及其他不洁物污染食品。

五、学校预防措施

（一）加强防中暑常识教育

通过主题班会、校园网、校园广播等形式让学生了解中暑常识，教育学生多喝水、多吃蔬菜、水果。对出现头昏、胸闷、四肢无力、恶心等中暑症状，立即采取相应措施。备好必要药品，教育学生常备人丹、藿香正气水等防中暑药品，及时缓解轻度中暑引起的各种症状。

（二）减少室外活动量

调整上课时间，避免高温时段开展集体户外活动，避免学生在日光照射强烈的时段进行户外活动。如果遇到高温天气，学校可适时调整上课时间或短时停课。

（三）落实降温防暑日常措施

(1) 各单位开放所有学生活动场所(教室、实验室、自习室、资料室、图书馆等)的空调等制冷设备，并延长关闭时间。

(2) 后勤集团各食堂要配置高温期间合适可口的饭菜，严格保证食品安全和卫生。高温期间，各食堂要免费提供酸梅汤、绿豆汤等防暑降温等消暑饮料。

(3) 后勤集团要做好学生宿舍风扇等降温设施的检查维修、更换工作，确保所有设备能正常使用。

(4) 校医院要做好防暑保健工作。切实做好因高温气候可能引发的各种疾病的预防，配备足够的防暑降温药品，防止师生因高温中暑而发生意外。

（四）做好心理疏导，提高心理抗高温能力

针对持续的酷热天气会影响人的神经中枢，出现心烦意乱、头脑迷糊、情绪低落等。学校在高温期间除采取防暑降温措施外，还应重点加强学生作息时间管理，班级纪律管理，让学生保持平和的心态安全度暑。

（五）严防事故发生

各单位要切实做好各项安全隐患的排查和防范工作，保卫处、后勤集团、学生处要做好学生宿舍的防火防盗等安全防范工作。严防学生溺水事故。免费发放防溺水安全教育挂图和卡片，完善校内游泳池防护栏杆、警示标识等设施，通过告家长书、校讯通、QQ 群、与家长签订责任书等渠道进一步强化学生安全教育工作。

2013 年极端高温天气[①]

时间：2013 年 7 月

地点：江南、江淮、江汉及重庆等地的 19 个省(区、市)

事件：持续高温

2013 年 7 月以来，高温天气覆盖中国江南、江淮、江汉及重庆等地的 19 个省(区、市)。据中央气象台监测显示，截至 2013 年 7 月 29 日，南方共有 43 个县市日最高气温超过 40℃。其中，浙江奉化(42.7℃)、新昌(42.0℃)，重庆丰都(42.2℃)、万盛(42.1℃)最高气温都超过 42℃。上海、杭州气温也突破 40℃，刷新了有气象记录以来的历史极值。

在高温日数方面，2013 年 7 月以来，江南及重庆高温日数为 17.9 天，为 1951 年以来同期次多(2003 年为 18 天、1971 年为 17.9 天)，较常年同期偏多为 7.8 天。

其中，湖南、上海高温日数分别为 18.9 天和 18.5 天，均为 1951 年以来同期最多；浙江高温日数为 19.1 天，为 1951 年以来同期次多(2003 年为 20.2 天)；重庆高温日数为 17.6 天，为 1951 年以来同期第三多(2006 年为 19.3 天、2001 年为 18.1 天)。

讨论题

2013 年的夏天，浙江宁波极端高温天气持续不断，创下了当地近 60 年来的气象历史纪录。7 月 31 日，G15 甬台温高速奉化收费站附近一块 10 米高的广告牌发生了自燃，交警接到报警赶到现场后发现一块写有“南苑巴森特”字样的广告牌已经被烧得只剩下一半，之后消防赶到现场对这块广告牌进行扑救才控制住了火势。

另外，高速宁海收费站附近的中央护栏近 50 米的绿化带已经枯萎，用手轻轻一折就能将整棵树折断。

结合上述情况，谈谈极端高温天气，如何进行户外防护？

---

① 资料来源：《华兴时报》，《多媒体数字报刊》，2013.08.02。

第三章

事故灾难类突发事件的应对

学习目的

掌握事故灾难类突发事件的应对措施。

学习重点

火灾、空难、踩踏、电梯事故、危险化学品事故的基本知识点。

【引言】

事故灾难类突发事件主要包括工矿商贸等企业的各类安全事故、交通运输事故、公共设施和设备事故、环境污染和生态破坏事件等。近年来,我国安全生产形势严峻,煤矿、交通等特大事故频繁发生,给人民群众生命财产造成严重损失。

第一节 火灾的应对与安全教育

火灾是指在时间和空间上失去控制的燃烧所造成的灾害。在各种事故灾害中,火灾是最经常、最普遍地威胁公众安全和社会发展的主要灾害之一。

一、火灾的分类及危险等级

(一)火灾危险性分类

火灾危险性分类可分为生产、储存物品、可燃气体和可燃液体的火灾危险性四种,其中生产的火灾危险性分类分为甲、乙、丙、丁、戊级。储存物品的火灾危险性分类分为甲、乙、丙、丁、戊级。可燃气体的火灾危险性分类分为甲、乙级。可燃液体的火灾危险性分类分为甲、乙、丙级。

(二)火灾危险等级

火灾危险等级分为轻危险级、中危险级、严重危险级和仓库危险级。

轻危险级指建筑高度为 24 米以下的办公楼、旅馆等。中危险等级指高层民用建筑、公共建筑(含单、多高层)、文化遗产建筑、工业建筑等。严重危险级指印刷厂、酒精制品、可燃液体制品等工厂的备料与车间等。仓库危险级指食品、烟酒、木箱、纸箱包装的不燃难燃物品、仓储式商场的货架区等。

根据2007年6月26日，公安部下发的《关于调整火灾等级标准的通知》。新的火灾等级标准由原来的特大火灾、重大火灾、一般火灾三个等级调整为特别重大火灾、重大火灾、较大火灾和一般火灾四个等级。

(1) 特别重大火灾，指造成30人以上死亡，或者100人以上重伤，或者1亿元以上直接财产损失的火灾。

(2) 重大火灾，指造成10人以上30人以下死亡，或者50人以上100人以下重伤，或者5000万元以上1亿元以下直接财产损失的火灾。

(3) 较大火灾，指造成3人以上10人以下死亡，或者10人以上50人以下重伤，或者1000万元以上5000万元以下直接财产损失的火灾。

(4) 一般火灾，指造成3人以下死亡，或者10人以下重伤，或者1000万元以下直接财产损失的火灾。

二、火灾的预防知识

(一) 预防火灾常识

(1) 忌乱扔烟头。家里的可燃物多，特别要警惕吸烟引起火灾。随手扔烟头是很多烟民的不良习惯，要知道“一支香烟头，能毁万丈楼”。

(2) 忌家用电器、电线“带病工作”。家庭电器化已经普及，使用电炉、电热毯、电熨斗和取暖设备等，要做到用前检查，用后保养，避免因线路老化、年久失修或经常搬运、碰破电线而引发火灾事故。

(3) 忌随地、随意燃放烟花爆竹。

(4) 忌烤火取暖粗心大意。冬季烤火取暖严禁使用汽油、煤油、酒精等易燃物引火；火炉周围不得堆放可燃物品；蒸汽管道和取暖器材切勿烘烤衣物，以免发生火灾事故。另外，家庭不可用可燃材料搞装饰，避免给火势蔓延创造条件。

(5) 忌燃气泄漏。家庭使用液化气罐或煤气管道时，要具备良好的通风条件，并要经常检查，发现有漏气现象，切勿开灯、打电话，更不能动用明火，要匀速打开门窗通风，排除火灾隐患。

(二) 高楼防火注意事项

(1) 安全门或楼梯及通道应保持畅通，不得任意封闭，加锁或堵塞。

(2) 楼房窗户不应装置防窃铁栅或广告牌等阻塞逃生的路途，如装置应预留逃生口。

(3) 高楼楼顶平台，为临时避难场所，除蓄水池与隙望台外，不可加盖房屋或作其他设备，以免影响逃生。

(4) 缺水或消防车抢救困难地区，应配置灭火器材或自备充足的消防用水。

(三) 用电安全常识

(1) 保险丝熔断，是用电过量预告，不可越换越粗，以免短路时不能及时熔断，引起火灾。

(2) 电线陈旧,最易破损,应注意检查更换。

(3) 衣柜内不可装设电灯烘烤衣物。

(4) 电暖炉不可设置易燃物品或靠近衣服。

(5) 电热水器检查其自动调节装置是否损坏,以免发生过热,引起爆炸后火灾。

(6) 电气机房及配电所开关附近应备干粉灭火器以备防火。

(四) 正确的报警方法

《消防法》第 32 条明确规定: 任何人发现火灾时,都应该立即报警。任何单位、个人都应当无偿为报警提供便利,不得阻拦报警。严禁谎报火警。所以一旦失火,要立即报警,报警越早,损失越小。报警时要牢记以下几点。

(1) 要牢记火警电话"119",消防队救火不收费。

(2) 接通电话后要沉着冷静,向接警中心讲清失火单位的名称、地址、什么东西着火、火势大小以及着火的范围。同时还要注意听清对方提出的问题,以便正确回答。

(3) 把自己的电话号码和姓名告诉对方,以便联系。

(4) 打完电话后要立即到交叉路口等候消防车,以便引导消防车迅速赶到火灾现场。

(5) 迅速组织人员疏通消防车道,清除障碍物,使消防车到火场后能立即进入最佳位置灭火救援。

(6) 如果着火地区发生了新的变化,要及时报告消防队,使他们能及时改变灭火战术,取得最佳效果。

(7) 在没有电话或没有消防队的地方,如农村和边远地区,可采用敲锣、吹哨、喊话等方式向四周报警,动员乡邻来灭火。

(五) 灭火器的种类及使用方法

1. 泡沫灭火器

泡沫灭火器适用 AB 类火灾,分为化学泡沫和机械泡沫两种,其中化学泡沫使用时颠倒使用,现已淘汰,而机械泡沫使用方法同干粉灭火剂。其缺点是: 造成污染,不可使用于 C 类火灾,每四个月检查一次,药剂一年更换。

2. 二氧化碳灭火器

二氧化碳灭火器适 BC 类火灾,使用方法: ①拔出保险插销; ②握住喇叭喷嘴和阀门压把; ③压下压把即受内部高压喷出。每三个月检查,重量减二,需重新灌充。缺点: 使用人员极易冻伤。

3. 干粉灭火器

干粉灭火器分为 ABC 和 BC 干粉两种,其中适用 ABC 类火灾,使用方法: ①拔掉保险销; ②喷嘴管朝向火焰,压下阀门压把即可喷出。三个月检查压力表(1.2MPa)药剂有效时限三年。

4. 清水灭火器

它最适合灭 A 类火灾,不适合扑灭其他类火灾。采用拍击法: 先将清水灭火器直立放稳，摘下保护帽，用手掌拍击开启杠顶端的凸头，水流便会从喷嘴喷出。

（六）安全燃放烟花爆竹

春节燃放烟花爆竹的喜庆时，也应警惕安全隐患：

（1）切不可在建筑物室内、阳台、走廊等地燃放，更不能对着人和建筑物、可燃物燃放。

（2）特别不要在商场、市场、公共娱乐场所、人员密集场所、粮库、农村柴草垛、古建筑、电力设施下方。

（3）千万不能在加油站、油库、烟花爆竹销售摊点等地方燃放。

（4）烟花的燃放不可倒置，吐珠类烟花最好能用物体或器械固定在地面上，若确需手持，只能掐住筒体尾端，不要掌心托底。

（5）爆竹应在屋外空处吊挂燃放，点燃后切忌将爆竹放在手中，双响炮应直竖地面，不要横放。

（6）未成年人慎用烟花爆竹，燃放时一定要有家长陪同。

（七）家庭灭火常识

（1）炒菜油锅着火时，应迅速盖上锅盖灭火。如没有锅盖，可将切好的蔬菜倒入锅内灭火。切忌用水浇，以防燃着的油溅出来，引燃厨房中的其他可燃物。

（2）电器起火时，先切断电源，再用湿棉被或湿衣物将火压灭。电视机起火，灭火时要特别注意从侧面靠近电视机，以防显像管爆炸伤人。

（3）酒精火锅加添酒精时突然起火，千万不能用嘴吹，可用茶杯盖或小菜碟等盖在酒精罐上灭火。

（4）液化气罐着火，除可用浸湿的被褥、衣物等捂压外，还可将干粉或苏打粉用力撒向火焰根部，在火熄灭的同时关闭阀门。

三、火灾避险逃生知识

（一）家庭火灾逃生方法

当家中失火或者楼层邻近家起火浓烟和高温围困在家中时，上策是想尽办法，尽一切可能逃到屋外，远离火场，保全自己。

1. 普通家庭住宅火灾逃生方法

（1）开门之时，先用手背碰一下门把。如果门把烫手，或门隙有烟冒进来，切勿开门。用手背先碰是因金属门把传热比门框快，手背一感到热就会马上缩开。

（2）若门把不烫手，则可打开一道缝以观察可否出去。用脚抵住门下方，防止热气流把门冲开。如门外起火，开门会鼓起阵风，助长火势，打开门窗则形同用扇扇火，应尽可能把全部门窗关上。

（3）弯腰前行，浓烟从上往下扩散，在近地面 0.9 米左右，浓烟稀薄，呼吸较容易，视野也较清晰。

(4) 如果出口堵塞,就要试着打开窗或走到阳台上,走出阳台时随手关好阳台门。

(5) 如果居住在楼上,而该楼层离地不太高,落点又不是硬地,可抓住窗沿悬身窗外伸直双臂以缩短与地面之间的距离。这样做虽然可能造成肢体的扭伤和骨折,但这毕竟是主动求生。在跳下前,先松开一只手,用这只手及双脚撑一撑离开墙面跳下。在确实无其他办法时,才可从高处下跳。

(6) 如果要破窗逃生,可用顺手抓到的东西(较硬之物)砸碎玻璃,把窗口碎玻璃片弄干净,然后顺窗口逃生。如无计可施则关上房门,打开窗户,大声呼救。如果在阳台求救,应先关好后面的门窗。

(7) 如没有阳台,则一面等候援救,一面设法阻止火势蔓延。用湿布堵住门窗缝隙,以阻止浓烟和火焰进入房间,以免被活活烧死。

(8) 向木质家具及门窗泼水防止火势蔓延。邻室起火,不要开门,应从窗户、阳台转移出去。如贸然开门,热气浓烟可乘虚而入,使人窒息。睡眠中突然发现起火,不要惊慌,应趴在地上匍匐前进,因靠近地面处会有残留的新鲜空气,不要大口喘气,呼吸要细小。

(9) 失火时如携婴儿撤离,可用湿布蒙住婴儿的脸,用手挟着,快跑或爬行而出。

2. 高层建筑火灾逃生方法

高层建筑发生火灾后的特点是火势蔓延速度快,火灾扑救难度大,人员疏散困难。在高层建筑火灾中被困人员的逃生自救可以采用以下几种方法。

(1) 尽量利用建筑内部设施逃生。利用消防电梯、防烟楼梯、普通楼梯、封闭楼梯、观景楼梯进行逃生;利用阳台、通廊、避难层、室内设置的缓降器、救生袋、安全绳等进行逃生;利用墙边落水管进行逃生;将房间内的床单或窗帘等物品连接起来进行逃生。

(2) 根据火场广播逃生。高层建筑一般装有火场广播系统、当某一楼层或楼层某一部位起火且火势已经蔓延时,不可惊慌失措盲目行动,而应注意听火场广播和救援人员的疏导信号,从而选择合适的疏散路线和方法。

(3) 自救、互救逃生。利用各楼层存放的消防器材扑救初起火灾。充分运用身边物品自救逃生(如床单、窗帘等)。对老、弱、病残、孕妇、儿童及不熟悉环境的人要引导疏散,共同逃生。

3. 棚户区火灾逃生方法

棚户区也叫简易建筑区,是指用草、木、竹、油毡等可燃材料搭建的简易房屋群。起火后,火势蔓延快,烟雾扩散快,被困人员安全脱逃十分困难,可以采用以下几种逃离方法。

(1) 抓住时机逃离房间。棚户区房间面积小,发生火灾后要果断抓住时机逃离房间,退到较为安全地区,切不可因抢救财物而延误了时机。

(2) 逃离路线要选对。当火势蹿出屋顶,房屋出现倒塌迹象时,最好沿承重墙逃出房间,住在阁楼上的人在逃生时,应采取前脚虚后脚实的方法行走,避免因阁楼烧坏,脚踏空而坠楼摔伤。

(3) 身上着火会处理。当身上着火时,切不可带火奔跑,应设法把衣服脱掉,如果一时脱不掉,可把衣服撕破扔掉,也可卧倒在地上打滚,把身上的火苗压熄或想法淋湿衣服或就近跳入水池。

(4) 逃离火场要选择上风向。对于大面积燃烧的火场，虽然逃出了房间，但仍处在火势的包围之中，这时不要惊慌，退到较为安全的空地，选择上风方向奔跑逃生，尽量减少呼吸，并注意避免房屋倒塌砸伤自己。

(5) 保命要舍财。棚户区发生火灾，蔓延非常迅猛，逃生机会稍纵即逝，因此火场逃生时必须冷静、果断，以保全生命为原则，在此前提下方可抢救财物。

(二) 公共场所火灾逃生方法

1. 商场(集贸市场)火灾

商场(集贸市场)可燃物多，火灾荷载大，人员密度大，火灾危险性很大，一旦发生火灾，扑救难度大，人员疏散困难，易造成重大的人员伤亡，要想从商场(集贸市场)火灾中成功地逃生，就必须掌握正确的逃生方法。

(1) 熟悉所处环境。走进商场等不熟悉的环境，应留心看一看太平门、楼梯、安全出口的位置，以及灭火器、消火栓、报警器的位置，以便有火警时及时逃出危险区或将初起火灾及时扑灭，并在被围困的情况下及时向外报警求救。只有养成这样的好习惯，才能有备无患。

(2) 利用疏散通道逃生。主要是利用商场设定的室内楼梯、室外楼梯或消防电梯等，尤其是在初起火灾阶段，要及时利用这些通道逃生。

(3) 自制器材逃生。主要是利用一切可以利用物品用作自我保护、开辟疏散通道。

(4) 利用建筑物逃生。即利用落水管、室外突出部位，各类门、窗以及避雷网(线)，进行逃生或转移。

(5) 寻找避难处所逃生。如到室外阳台、楼层平台等待救援；选择火势、烟雾难以进入的房间，关好门窗，堵塞间隙，或浇湿可燃物，阻止或减缓火势和烟雾的蔓延。无论白天或夜晚，被困者应不断发出各种呼救信号，以引起救援人员注意而得救。

2. 影剧院、KTV火灾逃生方法

影剧院里，都设有消防疏散通道，并装有门灯、壁灯、脚灯等应急照明设备。用红底白字标有“太平门”、“出口处”或“非常出口”、“紧急出口”等指示标志。一旦发生火灾应根据不同起火部位，选择相应的逃生方法。

(1) 当舞台失火时，要远离舞台向放映厅一端靠近，把握时机逃生。

(2) 当观众厅失火时，可利用舞台、放映厅和观众厅的各个出口逃生。

(3) 不论何处起火，楼上的观众都要尽快从疏散门由楼梯向外疏散。

(4) 当放映厅失火时，可利用舞台和观众厅的各个出口逃生。

此外，影剧院起火还要注意以下几点：

(1) 疏散人员要听从影剧院工作人员的指挥，切忌互相拥挤、乱跑乱窜，堵塞疏散通道，影响疏散速度。

(2) 疏散时，人员要尽量靠近承重墙或承重构件部位行走，以防坠物砸伤。特别是在观众厅发生火灾时，人员不要在剧场中央停留。

(3) 有些影院安装了应急排风按钮，出现紧急情况时可按压按钮打开通风设备，排出室内有毒气体。

(4) 应急出口大门用力即可撞开。

(三) 乘坐交通工具时发生火灾的逃生方法

1. 地铁发生火灾时的逃生方法

随着城市的发展,地铁已经成为大城市不可缺少的交通工具,地铁发生灾害事故也在不断地增多,其中火灾占有不小的比例。在乘坐地铁的时候发生火灾时,以下有几种逃生的方法可以参考。

(1) 在地铁中发现车厢停电,并有异味、烟雾等异常情况,应立即按响车厢内紧急报警装置通知司机。

(2) 地铁失火时,不要惊慌应保持镇静,不要任意扒门,更不能跳下轨道,耐心地等待车站工作人员的到来。要会用车厢内的消防器材,奋力将小火控制、扑灭。

(3) 疏散时注意看指示灯标志。地铁站都会设有事故照明灯。

(4) 按照广播以及司机、车站工作人员的指引,做好个人防护(如毛巾捂鼻等),迅速有秩序地疏散到地面。

2. 火车火灾中的逃生方法

火车的火灾特点:一是易造成人员伤亡。二是易形成一条火龙。三是易造成前后左右迅速蔓延。四是易产生有毒气体。旅客利用车内的设施逃生方法有以下几种。

(1) 当列车发生火灾时,被困人员可以通过各车厢互连通道逃离火场。(相邻车厢间有自动或手动门)通道被阻时,可用安全锤或坚硬的物品将玻璃窗户砸破,逃离火场。

(2) 当列车发生火灾时,乘务员应迅速扳下紧急制动闸,使列车停下来,并组织人力迅速将车门和车窗全部打开,帮助未逃离火车厢的被困人员向外疏散。

(3) 摘挂钩疏散车厢。旅客列车在行驶途中或停车时发生火灾,威胁相邻车厢时,应采取摘钩的方法疏散未起火车厢,具体方法如下:

前部或中部车厢起火时,先停车摘掉起火车厢与后部未起火车厢之间的连接挂钩,机车牵引向前行驶一段距离后再停下,摘掉起火车厢与前面车厢之间的挂钩,再将其车厢牵引到安全地带。

后部车厢起火时,停车后先将起火车厢与未起火车厢之间连接的挂钩摘掉,然后用机车将未起火的车厢牵引到安全地带。

火车火灾逃生应注意的事项:

(1) 当起火车厢内的火势不大时,列车乘务人员应告诉乘客不要开启车厢门窗,以免大量的新鲜空气进入后,加速火势的扩大蔓延。

(2) 组织乘客利用列车上灭火器材扑救火灾,还要有秩序地引导被困人员从车厢的前后门疏散到相邻的车厢。

(3) 当车厢内浓烟弥漫时,要告诉被困人员采取低姿行走的方式逃离到车厢外或相邻的车厢。

(4) 当车厢内火势较大时,应尽量破窗逃生。

(5) 采用摘挂钩的方法疏散车厢时,应选择在平坦的路段进行。对有可能发生溜车的路段,可用硬物塞垫车轮,防止溜车。

3. 公交车发生火灾时的逃生方法

公交车是人们生活中不可缺少的交通工具，人员众多是其一个最大的特点，一旦发生火灾我们应采取以下几种自救的方法：

(1) 当发动机着火后，驾驶员应开启车门，令乘客从车门下车。然后，组织乘客用随车灭火器扑灭火焰。

(2) 如果着火部位在汽车中间，驾驶员打开车门，让乘客从两头车门有秩序地下车。在扑救火灾时，有重点保护驾驶室和油箱部位。

(3) 如果火焰小但封住了车门，乘客们可用衣物蒙住头部，从车门冲下。

(4) 如果车门线路被火烧坏，开启不了，乘客应砸开就近的车窗翻下车。

(5) 开展自救、互救方法逃生。在火灾中，如果乘车人员衣服被火烧着了，不要惊慌：如果来得及脱下衣服，可以迅速脱下，用脚将火踩灭；如果来不及脱下衣服，可以就地打滚，将火滚灭；如果发现他人身上的衣服着火时，可以脱下自己的衣服或用其他布物，将他人身上的火捂灭，着火人切忌乱跑，或他人用灭火器向着火人身上喷射。

四、学校的火灾危险源

(1) 普通教室课堂上进行实验和演示所需的用火、用电或化学危险品，存在很大的火灾隐患。

(2) 视听教室的演播室内所用的吸音材料不少是可燃材料，并且安装了碘钨灯和聚光灯照明设备；维修间用火用电多，同时还经常使用易燃液体；电影放映室放映机的灯箱温度较高，如发生卡片不能及时排除故障，有可能使影片着火，在修接胶片时所用的丙酮，遇明火也极易起火。

(3) 实验室内贮有一定量的易燃易爆化学危险品，如使用和保管不当，极易引发火灾。另外，在实验进程中常使用明火进行加热蒸馏、回流等实验操作，以及使用电热仪器时用电量过大等都可能出现危险。

(4) 学生集体宿舍生活用火、用电不慎极易引发火灾。

五、学校防火措施

(一) 建筑防火要求

(1) 作为教室的建筑，应符合《建筑设计防火规范》或《高层民用建筑设计防火规范》的要求。

(2) 教学楼距离甲、乙类的生产厂房、仓库以及具有火灾爆炸危险较大的独立实验室的防火间距不应小于 25 米。

(3) 容纳人数超过 50 人的教室，其安全出口不应少于两个，疏散门应向疏散方向开启，且不得设置门槛。

(4) 电化教室的建筑耐火等级不应低于一、二级，室内的装饰材料及吸音材料均应采用非燃或难燃材料。

(5) 化学实验室应为一、二级耐火等级的建筑，实验室的建筑面积在 30 米×2 以上的应有两个安全出口。

(6) 音像仓库应为一、二级耐火等级的建筑，磁带应存放于金属柜中。

(7) 学校内部的食堂、液化气储存间、杂品库房、烧水间应与学生活动场所、生活区、教学区分开设置；如毗邻建造时，应用耐火等级不低与1小时的非燃烧材料与其隔开。

(二) 安全疏散的要求

(1) 学校的安全疏散出口不得少于两个。

(2) 学校用于疏散的楼梯间内，不应附设烧水间、可燃材料储藏室、非封闭的电梯井、可燃气体管道等。

(3) 室外疏散楼梯和每层出口平台，均应采用非燃烧材料制作，并应保证通道的畅通。

(4) 疏散用门不应采用吊门或侧拉门，严禁使用转门，并应向疏散方向开启。

(三) 电气设备的防火要求

(1) 电化教室内的照明灯具与可燃物之间应保持一定的安全距离，聚光灯、碘钨灯前面使用的彩光纸必须是难燃型的，并在灯具下面加设金属网或石英玻璃、纤维玻璃等进行保护。

(2) 校内的电线要有套管，电源线在吊顶内通过时，应穿金属管敷设。

(3) 实验室内有变压器、电感线圈的设备必须设置在非燃的基座上，为实验室临时拉用的电气线路应符合安全要求，电加热器、电烤箱等设备应做到人走电断，电冰箱内禁止存放相互抵触的物品和低闪点的易燃液体。

(4) 教室内的电源开关、电闸、插座等距离地面不应小于1.3米，灯头距地面一般不应小于2米。

(5) 学生宿舍内禁止使用电炉、电熨斗等电气设备，不准随便乱拉电线。

(四) 消防设施

应按国家规范配置消防器材，并定期进行检查、更换、保养。规模较大的学校应安装火灾自动报警和自动喷水灭火系统。

(五) 消防知识教育、普及

学校应对学生进行消防知识的普及教育，适当组织消防演习，举行消防夏令营，以增强学生的消防意识。

(六) 消防安全管理要求

(1) 健全消防安全责任制，明确学校的消防安全责任人、消防安全管理人及其职责。

(2) 建立、健全消防安全组织，建立校内义务消防队、志愿消防队或保安联防队，明确职责，通过培训使其具备一定的防、灭火能力。

(3) 完善学校消防安全管理的各项制度，如消防安全例会制度，消防安全定期检查制度，消防教育培训制度，用电防火安全制度，用火、动火安全制度，重点部位消防管理制度，安全疏散设施管理制度，易燃易爆物品保管、使用制度，消防设施管理制度等。

(4) 建立学校消防安全管理档案，消防档案应当包括消防安全基本情况和消防安全管理情况。消防档案应当详实，全面反映场所消防工作的基本情况，并附有必要的图表，根据情况变化及时更新。场所应当对消防档案统一保管、备查。

(5) 按时开展消防安全检查，对学校的消防安全重点部位定期开展消防安全检查，及时发现并整改火灾隐患。

(6) 加强夜间防火巡查，学校应明令禁止学生集体宿舍使用明火，严禁学生在宿舍中私拉乱接电线，违规使用电气。同时应加强夜间对学生宿舍的防火巡查。

河南鲁山养老院火灾[①]

时间：2015 年 5 月 25 日晚 7 时 55 分

地点：河南省平顶山市鲁山县

事件：一家名为康乐园的老年公寓(民办)发生火灾

2015 年 5 月 25 日晚 7 时 55 分，河南省平顶山市鲁山县一家名为康乐园的老年公寓(民办)发生火灾，至少有 10 多间房子被烧毁，大火燃烧了 1 个多小时后被扑灭。火灾造成 39 人死亡，6 人受伤，过火面积 745.8 平方米，直接经济损失 2064.5 万元。

国务院河南平顶山“5·25”特别重大火灾事故调查组认定，该事故为生产安全责任事故。事故的直接原因是康乐园老年公寓不能自理区电器线路接触不良发热，高温引燃周围的电线绝缘层、聚苯乙烯泡沫、吊顶木龙骨等易燃可燃材料，造成火灾。调查组对事故原因认定和对 58 名责任人进行了处理。2016 年 4 月 21 日上午 9 时，河南省鲁山县康乐园老年公寓大火案在鲁山县人民法院首次开庭审理。鲁山县康乐园老年公寓法人代表范花枝等 6 人因重大责任事故罪被检察机关提起公诉。

小贴士

火灾逃生的四个要点

(1) 用湿毛巾捂住鼻子，防烟熏；

(2) 避开火势，果断迅速逃离火场；

(3) 寻找有效的逃生出路；

(4) 趴在地上等待救援；

发生火灾时要迅速地逃生，不要贪恋钱财身外之物。当自身受到火势威胁的时候，要马上披上浸湿的衣物、被褥等物品向安全出口方向逃出去。穿过浓烟逃生的时候，要尽量使身体贴近地面，并用湿毛巾捂住自己的口鼻。当身上着火，千万不要奔跑，可就地打滚

---

① 资料来源：http://www.chinacourt.org/article/detail/2016/04/id/1844064.shtml，中国法院网，2016.04.21。

或用厚重衣物压灭火苗。遇火灾不可乘坐电梯,要向安全出口方向逃生。

讨论题

上海"11·15"火灾亲历者周先生在火灾发生后,他和妻子从23楼墙外的脚手架下下爬自救。据周先生称,他们住在胶州教师公寓的23楼,火灾发生时,他和妻子正在家中睡午觉,后被浓烟熏醒,当时整个房间内都已经弥漫着浓烟。

周先生表示,他随后冲到楼道,打破消防栓的玻璃,取出了楼道内的灭火设备,将23楼窗外的火扑灭部分,然后和妻子顺着23楼外的脚手架逐渐往下爬。大概爬到十几楼时,他们遇到了前来救援的消防队员,消防队员先把其妻子救下,周先生随后也安全脱险。

结合周先生的亲身经历,谈谈火灾逃生的基本方法。

第二节 空难事故的应对与安全教育

航空交通事故是指发生在航空运输期间或在旅客上、下民用航空器过程中,造成旅客人身伤亡、行李和托运货物损失的事故;或因飞行中的民用航空器及其落下的人或物造成地面(含水面)上的人身伤亡或财产损失的事件。

一、机场紧急事件的分类及应急救援

民用运输机场突发事件(以下简称突发事件)是指在机场及其邻近区域内,航空器或者机场设施发生或者可能发生的严重损坏以及其他导致或者可能导致人员伤亡和财产严重损失的情况。机场紧急事件包括以下方面。

1. 航空器紧急事件

(1) 航空器失事;

(2) 航空器空中故障;

(3) 航空器受到非法干扰,包括劫持、爆炸物威胁;

(4) 航空器与航空器相撞;

(5) 航空器与障碍物相撞;

(6) 涉及航空器的其他紧急事件。

2. 航空器紧急事件的应急救援等级

(1) 紧急出动。已发生航空器坠毁、爆炸、起火、严重损坏等紧急事件,各救援单位应当按指令立即出动,以最快速度赶赴事故现场。

(2) 集结待命。航空器在空中发生故障,随时有可能发生航空器坠毁、爆炸、起火、严重损坏,或者航空器受到非法干扰等紧急事件,各救援单位应当按指令在指定地点集结。

(3) 原地待命。航空器空中发生故障等紧急事件,但其故障对航空器安全着陆可能造成困难,各救援单位应当做好紧急出动的准备。

3. 非航空器紧急事件

(1) 对机场设施的爆炸物威胁;

(2) 建筑物失火；

(3) 危险物品污染；

(4) 自然灾害；

(5) 医学紧急情况；

(6) 不涉及航空器的其他紧急事件。

4. 非航空器的紧急事件应急救援不分等级。

二、民用航空器飞行事故应急响应

（一）民用航空器飞行事故适用范围

(1) 民用航空器特别重大飞行事故。

(2) 民用航空器执行专机任务发生飞行事故。

(3) 民用航空器飞行事故死亡人员中有国际、国内重要旅客。

(4) 军用航空器与民用航空器发生空中相撞。

(5) 外国民用航空器在中华人民共和国境内发生飞行事故，并造成人员死亡。

(6) 由中国运营人使用的民用航空器在中华人民共和国境外发生飞行事故，并造成人员死亡。

(7) 民用航空器发生爆炸、空中解体、坠机等，造成重要地面设施巨大损失，并对设施使用、环境保护、公众安全、社会稳定等造成巨大影响。

（二）民用航空器飞行事故应急响应

1. 应急响应分级

按民用航空器飞行事故的可控性、严重程度和影响范围，应急响应分为四个等级。

(1) Ⅰ级应急响应

发生前面适用范围内的民用航空器飞行事故为Ⅰ级应急响应。

发生Ⅰ级应急响应事件时，启动本预案和国务院相关部门、省级人民政府应急预案。

(2) Ⅱ级应急响应

凡属下列情况之一者为Ⅱ级应急响应：民用航空器发生重大飞行事故；民用航空器在运行过程中发生严重的不正常紧急事件，可能导致重大以上飞行事故发生，或可能对重要地面设施、环境保护、公众安全、社会稳定等造成重大影响或损失。

发生Ⅱ级应急响应事件时，启动国务院民用航空主管部门应急预案和相关省级人民政府应急预案。

(3) Ⅲ级应急响应

凡属下列情况之一者为Ⅲ级应急响应：民用航空器发生较大飞行事故；民用航空器在运行过程中发生严重的不正常紧急事件，可能导致较大以上飞行事故发生，或可能对地面设施、环境保护、公众安全、社会稳定等造成较大影响或损失。

发生Ⅲ级应急响应事件时，启动民用航空地区管理机构应急预案和相关市（地）级人民政府应急预案。

(4) Ⅳ级应急响应

凡属下列情况之一者为Ⅳ级应急响应：民用航空器发生一般飞行事故；民用航空器在运行过程中发生严重的不正常紧急事件，可能导致一般以上飞行事故发生，或可能对地面设施、环境保护、公众安全、社会稳定等造成一定影响或损失。

发生Ⅳ级应急响应事件时，启动民用运输机场应急预案、民用航空相关企事业单位应急预案、民用航空地方安全监察办公室应急预案和相关市（地）级人民政府应急预案。

启动本级应急预案时，本级应急指挥机构应向上一级应急指挥机构报告，必要时申请启动上一级应急预案。

（三）应急响应程序

1. 启动本预案后，国家处置飞行事故指挥部办公室响应的程序和内容

(1) 开通与国务院相关部门、事故发生地省级应急指挥机构、事故现场应急指挥部、事故发生地所属民用航空地区管理机构应急指挥机构、民用航空器搜救中心等的通信联系，收集相关信息，随时掌握事故进展情况。

(2) 及时报告民用航空器飞行事故基本情况和应急救援的进展情况。

(3) 视情况通知有关成员组成国家处置飞行事故指挥部。

(4) 通知相关应急机构随时待命，为地方应急指挥机构提供技术建议，协调事故现场应急指挥部提出的支援请求。

(5) 组织有关人员、专家赶赴现场参加、指导现场应急救援。

(6) 召集专家咨询组成员，提出应急救援方案建议。

(7) 协调落实其他有关事项。

2. 相关部门应急指挥机构接到飞行事故信息后响应的程序和内容

(1) 启动并实施本部门应急预案，并向国家处置飞行事故指挥部报告。

(2) 协调组织应急救援力量开展应急救援工作。

(3) 需要其他部门应急力量支援时，向国家处置飞行事故指挥部提出请求。

3. 省级人民政府应急指挥机构接到飞行事故信息后响应的程序和内容

(1) 启动并实施省级及相关市（地）应急预案，及时向国家处置飞行事故指挥部报告。

(2) 组织应急救援力量开展先期现场应急救援工作。

(3) 需要其他应急力量支援时，向国家处置飞行事故指挥部提出请求。

三、自救方法

乘坐飞机旅行对现代人来说已是越来越平常的选择，但由于飞行在天空这块人无法掌控的区域，人们潜意识中不免认为飞机是一种很危险的交通工具。

事实如何呢？据国际民航的统计，飞机失事概率远小于其他交通工具，坐飞机比坐火车、汽车等更安全。但飞机失事常在瞬间，如果在高空，除非能顺利迫降，否则一旦坠毁往往同时引发爆炸，旅客生还的概率极小。从这个层面上来说，空难的后果又是最严重的。但不少对逃生常识一知半解的旅客怀有侥幸心理，对起飞前空姐的演示和机上的逃生手册视而不见，一些惯坐飞机的旅客对逃生设备的使用方法也不熟。

（一）乘机前的准备工作

能否在飞机失事的瞬间逃生，不仅仅取决于临场反应够不够快。几个未雨绸缪的选择能提高乘客的生还概率。

1. 不要与同伴分开

一家三口乘机旅行时，如果分开坐，一旦发生空难，彼此的第一反应可能是寻找同伴，这无疑减少了有限的逃命时间。如果不得以分开坐了，记得告诫孩子不要在原地等着父母来救，要积极逃生。

2. 认真听乘务员讲解，熟读安全手册

旅客往往认为每架飞机上的讲解都一样，没必要细听，但事实上不同机型的逃生口都不一样。

3. 数一数距离逃生口有多少排座位

旅客很难做到每次买机票时都特意买哪个具体的座位，那么记得数数你和最近的两个逃生口之间隔着多少排，以便能在一片黑暗和烟雾中迅速摸着椅背到达出口。

还有一些准备工作是你在上飞机前就能做的：尽量选择信用记录良好的大型客机，小飞机的安全系数一般比不上大飞机；选择直飞航班以减少起飞和降落的次数，因为从概率上来说，飞机失事基本是发生在这两个阶段；能穿长袖就别穿T恤，一旦起火，长衣可以给你提供更多的保护，选择鞋子和裤子也应如此。

（二）安全带的使用

民航客机旅客座椅上，摆放着两条交叉的宽带子，这就是安全带。首次乘坐飞机的旅客，需要尽快掌握其使用的方法。

进入客舱坐在旅客座椅上以后，用两手从两边拿起安全带，将没有金属扣件的一端，顺沟槽和孔穿过金属扣件，就像人们平时栓皮带一样。一只手按住金属扣件，一只手拉住织带，直到拉紧为止，不要留下间隙，可以动动上身和臀部，使其紧靠椅背，拉好安全带，使其系紧。

从感觉上来说，系上时既不可勒得太紧，也不宜太松。还应立刻学会麻利地解开，又熟练地系上。解开时，让腹部有些收缩，用一只手拿牢释放装置，另一只手推动释放扣，安全带就立刻松开了。

（三）事故瞬间反应要快

乘客首先要锻炼自己的是第一时间跳出大脑空白状态，冷静地做出选择。

如果飞机正在紧急迫降，要按乘务员的指示采取防冲击姿势：小腿向后收，头部前倾尽量贴近膝盖。这个姿势可以降低旅客被撞昏或者脊椎受伤的风险。有婴儿的父母不要把婴儿抱在怀中，因为婴儿可能在冲击下被抛离；且坠机时父母往往身体前倾，压住孩子。

飞机成功迫降后，旅客要立刻解开安全带，尽快离开飞机。如果有空乘人员组织疏散，一定要听从安排，一股脑儿地涌向出口极有可能堵死求生通道。

在利用紧急滑梯撤离的情况下，你所做的最好准备就是熟悉安全出口的位置，准备按照飞行和机组人员的指令，穿上有利于滑行的衣服，准备撤离。高跟鞋可能会使你在滑行过程中受伤，因此，如果你正好穿的是高跟鞋，在你离开座位前，要把它们脱下来。如果需要使用氧气罩，要确保自己把氧气罩戴好。

成功离开飞机后，不要留在飞机附近。飞机即使不爆炸，也会因为燃烧产生有毒气体，旅客应马上跑到飞机残骸的上风口。

（四）飞机坠落后火场逃生方法

飞机坠落后经常会起火。现代客机的机翼内，都装载着大量燃油，如果飞机坠毁时机翼断裂，那么大量的燃油就会流出。许多东西在碰撞时都有可能成为火种，点燃这些燃油，因此飞机坠落后起火是常事。紧急迫降如果比较成功，就会避免发生起火。

(1) 对乘客来说，最重要的是要知道最近的紧急出口的位置，乘客在登机以后应该数一数自己的座位与出口之间隔着几排。这样，如果机舱内充满了烟雾，乘客仍然可以摸着椅背找到出口。

(2) 在着陆时做好适当的准备。这时候，不应该坐靠在位置上，而是应该双手交叉放在前排座位上，然后把头部放在手上，并在飞机着陆之前一直保持这个姿势。

(3) 飞机停下之后，尽快走向出口，同时尽量保证安全。因为大火和有毒气体可能很快充满整个机舱。

(4) 乘飞机旅行时着装应该得体。尽量避免穿 T 恤和短裤，应该穿长袖衬衫和长裤，因为一旦起火长衣长裤可以提供更好的保护。最好不要穿凉鞋，以免脚部受到玻璃、金属等的伤害。

四、国内航空运输承运人的职责

（一）航空器营运人及其代理人在应急救援工作中的主要职责

(1) 提供有关资料，包括航班号、机型、航空器国籍登记号、机组组成人员情况，旅客人员名单及身份证号码、联系电话、机上座位号、国籍、性别、行李数量、航空器燃油量、航空器所载危险品及其他货物等情况；

(2) 在航空器起飞、降落机场设立接待机构，负责接待、查询；

(3) 负责通知伤亡人员的亲属；

(4) 在指挥中心或事故调查组负责人允许下，负责货物、邮件和行李的清点和处理；

(5) 航空器出入境过程中发生紧急事件时，负责将事故的基本情况告之海关、边防和检疫部门；

(6) 负责残损航空器的搬移工作；

(7) 负责死亡人员遗物的交接工作及伤亡人员的善后处理。

（二）赔偿责任限额规定

国内航空运输承运人应当在下列规定的赔偿责任限额内按照实际损害承担赔偿责任，但是《民用航空法》另有规定的除外：

（1）对每名旅客的赔偿责任限额为人民币 40 万元；

（2）对每名旅客随身携带物品的赔偿责任限额为人民币 3000 元；

（3）对旅客托运的行李和对运输的货物的赔偿责任限额，为每千克人民币 100 元。旅客自行向保险公司投保航空旅客人身意外保险的，此项保险金额的给付，不免除或者减少承运人应当承担的赔偿责任。

韩亚航空 214 航班事故[1]

时间：2013 年 7 月 6 日 11 时 30 分

地点：旧金山国际机场

事件：韩亚航空 214 号班机在机场降落过程中发生事故

2013 年 7 月 6 日，韩亚航空 214 号班机，在美国旧金山国际机场降落过程中发生事故，燃起大火。机上乘客和机组人员共 307 人，其中乘客 291 人，包括 141 名中国公民，有 3 名中国学生在本次空难中遇难。

该航班执飞的波音 777-200 型客机最初降落正常，后因起落架出现异常，机尾着地，一些飞机部件脱落，飞机偏离跑道，起火燃烧。初步判断飞机是在准备着陆时发生坠落，引发机尾碰撞，导致事故发生。美国国家运输安全委员会宣布驾驶客机的飞行员因手动驾驶降落感到“非常紧张”，操作出现失误，最终飞机撞到跑道尽头的防波堤，造成空难惨剧。

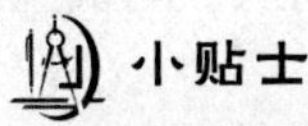
小贴士

飞机逃生时易犯的错误

1. 忘记下拉氧气面罩

旅客一般都知道在遇到紧急状况时要戴上氧气罩，但面罩并不是你戴上了就自动供氧。很多人恐怕都会忘记下拉面罩这个细节，事后还投诉面罩坏了憋坏人。

2. 砸窗户逃生

一些旅客试图像坐汽车一样，用手机等坚硬物体砸破窗户逃生。但飞机的窗户经特殊加工，即使用枪也难击碎，何况人的力气？砸窗只是浪费时间。

3. 直接从机舱断裂处跳下

飞机坠毁后机身变形，可能产生破口，一些旅客情急下企图直接跳下飞机求生。但机身离地好几米，直接跳下易致残，最好借助救生滑梯。

---

① 资料来源：《北京青年报》（国际新闻版），2014-02-27。

讨论题

在新疆和田劫机事件中，当时客舱中只有两位年轻专职安全员和四名女乘务人员，他们面对6名身强力壮的劫机男子和爆炸威胁物时，机智灵活地动员乘机旅客参与反劫机搏斗，改变了斗争的力量态势，制服了劫机犯罪分子。结合新疆和田劫机事件，谈谈面对劫机恐怖事件，应如何采取正确的自我保护措施？

第三节　铁路交通事故的应对与安全教育

铁路机车车辆在运行过程中发生冲突、脱轨、火灾、爆炸等影响铁路正常行车的事故，包括影响铁路正常行车的相关作业过程中发生的事故；或者铁路机车车辆在运行过程中与行人、机动车、非机动车、牲畜及其他障碍物相撞的事故，称为铁路交通事故。

一、铁路交通事故等级分类

铁路交通事故，作为一个法律概念，首先见诸《中华人民共和国铁路法》，但对于何为铁路交通事故，该法并未作具体的界定。

（一）铁路交通事故包含内容

按我国铁路交通事故统计惯例，铁路交通事故应包括“路外伤亡事故”、“铁路旅客伤亡事故”和“铁路职工责任伤亡事故”三大部分。其中，铁路旅客伤亡事故，系指铁路运营过程中，在铁路责任期间发生的致使持有有效乘车凭证者及其他法律、法规规定人员的人身伤亡和财产损失的交通事故。

铁路职工责任伤亡事故，系指由于铁路职工的责任所引发的人身伤亡，设施、设备毁损的事故。路外伤亡事故，系指铁路列车运行和调车作业中，发生火车撞轧行人。与其他车辆碰撞等情况，导致人员伤亡或其他车辆破损。

（二）事故等级

根据事故造成的人员伤亡、直接经济损失、列车脱轨辆数、中断铁路行车时间等情形，事故等级分为特别重大事故、重大事故、较大事故和一般事故四个等级。

1. 有下列情形之一的，为特别重大事故

（1）造成30人以上死亡，或者100人以上重伤(包括急性工业中毒，下同)，或者1亿元以上直接经济损失的；

（2）繁忙干线客运列车脱轨18辆以上并中断铁路行车48小时以上的；

（3）繁忙干线货运列车脱轨60辆以上并中断铁路行车48小时以上的。

2. 有下列情形之一的，为重大事故

（1）造成10人以上30人以下死亡，或者50人以上100人以下重伤，或者5000万元以上1亿元以下直接经济损失的；

（2）客运列车脱轨18辆以上的；

（3）货运列车脱轨60辆以上的；

（4）客运列车脱轨2辆以上18辆以下，并中断繁忙干线铁路行车24小时以上或者中断其他线路铁路行车48小时以上的；

（5）货运列车脱轨6辆以上60辆以下，并中断繁忙干线铁路行车24小时以上或者中断其他线路铁路行车48小时以上的。

3. 有下列情形之一的，为较大事故

（1）造成3人以上10人以下死亡，或者10人以上50人以下重伤，或者1000万元以上5000万元以下直接经济损失的；

（2）客运列车脱轨2辆以上18辆以下的；

（3）货运列车脱轨6辆以上60辆以下的；

（4）中断繁忙干线铁路行车6小时以上的；

（5）中断其他线路铁路行车10小时以上的。

4. 造成3人以下死亡，或者10人以下重伤，或者1000万元以下直接经济损失的，为一般事故。

二、乘坐火车需要注意的安全问题

（一）乘坐火车注意的消防安全问题

（1）不要携带易燃易爆品上车。指甲油、气体打火机、油漆、安全火柴等日常生活中并不危险的东西，在列车车厢拥挤的条件下，将可能变成“杀手”。

（2）要提高消防意识。如果发现自己所在车厢存在安全隐患，要积极向列车工作人员举报、说明。

（3）要有意识地学习和了解消防器材特别是灭火器的使用方法，了解发生火灾后的自救和逃生方法，做到心中有数。

（4）万一自己所乘坐的车厢发生火灾，千万不要惊慌，要积极配合列车工作人员做好让开车厢通道、传递灭火器等火灾处置工作。

（5）上车后要全面熟悉列车消防设施和通道，清楚自己所处位置、知晓与列车乘警的联系方式，做到意外发生时“求救有门”。

（6）要尽可能地选择硬件设施较好、不超员的列车乘坐，并且要按照规定使用列车上的各种设备。

（二）乘坐火车防盗忠告

（1）在车上，不论是白天还是晚上，尤其是在夜间，要切记不可与不相识的人轮流睡觉、看包，不然，犯罪分子会顺手牵羊，盗走你放在行李架上的行李。

（2）在列车靠站时，往往出现三多，即上下乘客多，找座位的人多，找行李架空地的多。此时要特别注意防范犯罪分子浑水摸鱼，留神看好自己的行李物品。不要佩戴金银首饰，很容易成为抢夺的对象。

(3) 在车上掏钱购物、买饭时，尤其是处在人挤人的情况下，不宜将自己的大把钞票露出来，如果钞票露出来被一些人看见，很容易被抢或被盗。

(4) 离开座位上厕所、就餐、去会朋友，或去排队打开水，或是在停车时下车买东西吃，千万不可产生麻痹大意的思想，要密切防止行李被盗。切不可随便接过他人递过的饮料，尤其是已经打开封口的饮料。近来利用麻醉饮料犯罪的行动相当猖獗。

(5) 上车用包占座位时，或下车在窗口请人递包交接时，因人离包有时间之差，此时，人多物多又忙乱，要特别留心行李包被人提走或调包。

(6) 在车上要对那些坐立不安的人，对爱东张西望、瞄来瞄去的人及装疯卖傻碰擦他人的人，都要注意严加防范，才可防盗。

三、乘坐动车必须掌握的逃生知识和技巧

2011 年“7·23”温州动车追尾坠桥特大事故的发生令人痛心，由于乘客慌忙、紧张、着急等多方面的原因，许多人因砸不开车窗玻璃而无法及时逃生。因此，乘坐火车时必须掌握的逃生知识和技巧，或许能够挽救更多生命。

火车发生事故通常有两类：与其他火车相撞或者火车出轨。当火车事故发生时，你在这种事故中几乎不可能完全不受伤，但是你可以做一些防护措施以尽量减少事故造成的伤害。出轨的征兆是紧急的刹车，剧烈的晃动，而且车厢向一边倾倒。

(一) 在判断火车失事的瞬间，应采取的措施

(1) 脸朝行车方向坐的人要马上抱头屈肘伏到前面的坐垫上，护住脸部，或者马上抱住头部朝侧面躺下。

(2) 背朝行车方向坐的人，应马上用双手护住后脑，同时屈身抬膝护住胸、腹部。

(3) 发生事故，如果座位不靠近门窗，应留在原位，抓住牢固的物体或者靠坐在座椅上。低下头，下巴紧贴胸前，以防头部受伤。若座位接近门窗，就应尽快离开，迅速抓住车内的牢固物体。

(4) 在通道上坐着或站着的人，应该面朝着行车方向，两手护住后脑部，屈身蹲下，以防冲撞和落物击伤头。如果车内不拥挤，应该双脚朝着行车方向，两手护住后脑部，屈身躺在地板上，用膝盖护住腹部，用脚蹬住椅子或车壁，同时提防被人踩到。

(5) 在厕所里，应背靠行车方向的车壁，坐到地板上，双手抱头，屈肘抬膝护住腹部。

(6) 事故发生后，如果无法打开车门，那就把窗户推上去或砸碎窗户的玻璃，然后脚朝外爬出来。但是你要时刻注意碎玻璃是非常危险的，一旦你确认不会被碎玻璃划伤，你也许会被电击的危险所困扰，铁轨可能会有电。如果车厢看起来也不会再倾斜或者翻滚，待在车厢里等待救援是最安全的。

(7) 确定火车停下需要跳车避险时，应注意对面来车并采取正确的跳车方法。跳下后，要迅速撤离，不可在火车周围徘徊，这样很容易发生其他危险。

(8) 离开火车后，应设法通知救援人员。如附近有一组信号灯，灯下通常有电话，可用来通知信号控制室，或者就近寻找电话报警。

(9) 在都市乘坐地铁或是城市轻轨时，不要倚靠在车门上，应尽量往车厢中部走。一

旦发生撞车事故，车厢两头和车门附近是很危险的。

(10) 发生事故后，一切行动听指挥，因为路轨通有电流，必须在乘务人员宣布已经切断电源后方可撤离。

（二）自救技巧

交通工具的救生常识要普及，乘客们要掌握，在危险时刻逃生时会多一份从容。

(1) 火车(动车)发生突发事故时，乘客首先要远离门窗，趴下，低头，下巴紧贴胸前，以防颈部受伤，抓住或紧靠牢固物体。

若座位远离门窗，就留在原位，保持不动；若接近门窗，应尽快离开，寻找最近的牢固物体。车停稳后，要先观察周围环境，然后自救。

(2) 破窗逃生。在动车上发生危险时，乘客要用锤尖敲击车窗 4 个角的任意一角近窗框位置；敲击钢化玻璃砸中间是没有用的。如果是带胶层的玻璃，一般情况下不会一次性砸破，在砸碎第一层玻璃后，再向下拉一下，将夹胶膜拉破才行；紧急时可用女孩高跟鞋的跟尖或钥匙尖砸；每节车厢中有 4 个紧急逃生窗(有红点的玻璃窗)，旁边配备了安全锤。

当出现意外的时候，乘客可以很快疏散。紧急使用时握住紧急破窗锤把手，敲击紧急逃生窗红色圆圈提示位置，出口的玻璃有特殊涂料，可以避免敲碎的时候四处溅射和尖角伤人，而且只会向车厢外侧方向倾倒碎裂。

(3) 火灾报警。如果火车车厢内发生火灾，乘客要冷静，不要惊慌失措，切勿盲目跳车，否则无异于自杀。

首先，应迅速通知列车员停车灭火避难，动车组内每节车厢两感应式内端上方各设有一个火灾报警按钮，一个紧急制动按钮。按下按钮，司机室和乘务员室的显示屏会立马显示报警信息，且蜂鸣器报警。在不涉及安全的情况下，旅客还是不要随意按动。

当然，列车一旦发生火灾时，旅客可手动操作门板侧面拉手把隔断门拉出，将相邻的两节车厢隔断。避免浓烟呛到其他车厢的旅客，也能集中区域扑灭火苗。当旅客在卫生间(包括残疾人专用卫生间)内发生突发情况时，可以按下 SOS 按钮求救。很多人错把 SOS 钮当冲水按钮。千万要记得看标识。

其次，拿起车厢内的灭火器努力将车厢内的明火扑灭，如果发现火势太大，用水或饮料将随身携带的手帕、餐巾纸、衣物等浸湿堵住口鼻、遮住裸露皮肤。

最后，必须顺列车运行方向撤离，因为在通常情况下，列车在行驶中，火势是向后部车厢蔓延的；还可用坚硬的物品将窗户的玻璃砸破，通过窗户逃离火灾现场。

“7 · 23”甬温线特别重大铁路交通事故[①]

时间：2011 年 7 月 23 日 20 时 30 分 05 秒

---

① 国务院“7 · 23”甬温线特别重大铁路交通事故调查组：《“7 · 23”甬温线特别重大铁路交通事故调查报告》，2011-12-25。

地点：上海铁路局管内永嘉站至温州南站间下行线583公里831米处

事件：D301次动车组列车与D3115次动车组列车发生追尾事故

2011年7月23日20时30分05秒，D301次列车在583公里831米处以99公里/小时的速度与以16公里/小时速度前行的D3115次列车发生追尾。事故造成D3115次列车第15、第16位车辆脱轨，D301次列车第1～5位车辆脱轨（其中第2、第3位车辆坠落瓯江特大桥下，第4位车辆悬空，第1位车辆除走行部之外车头及车体散落桥下；第1位车辆走行部压在D3115次列车第16位车辆前半部，第5位车辆部分压在D3115次列车第16位车辆后半部），动车组车辆报废7辆、大破2辆、中破5辆、轻微小破15辆，事故路段接触网塌网损坏、中断上下行线行车32小时35分，造成40人死亡、172人受伤。

经调查认定，"7·23"甬温线特别重大铁路交通事故是一起因列控中心设备存在严重设计缺陷、上道使用审查把关不严、雷击导致设备故障后应急处置不力等因素造成的责任事故。"7·23"事故遇难人员赔偿救助金主要包括死亡赔偿金、丧葬费及精神抚慰费和一次性救助金（含被抚养人生活费等），合计赔偿救助金额91.5万元。

讨论题

在"7·23"温州动车追尾坠桥特大事故中，王女士和母亲、儿子事发时在D3115次动车悬挂在高架桥边的4号车厢里。王女士和母亲、儿子都接受过应急训练，掌握一些基本求生常识。

在列车受到强烈撞击时，3人拼命抓紧窗台和门板，加之背对行车方向，以致车厢坠地后，3人都没有受伤。他们的幸存并不完全是因为他们的幸运，关键时刻迅速准确作出判断也是一个极为重要的因素。

谈谈紧急时刻，学习逃生知识的重要性？

第四节　大型活动安全事故的应对与安全教育

根据2007年8月29日国务院第190次常务会议通过的《大型群众性安全管理条例》，大型群众性活动是指法人或其他组织面向社会公众举办的每场次预计参加人数达到1000人以上的活动，包括体育比赛、演唱会、音乐会、展览、游园、灯会、庙会、花会、焰火晚会以及人才招聘会、现场开奖的彩票销售等活动。

踩踏事故是指在聚众集会中，特别是在整个队伍产生拥挤移动时，有人意外跌倒后，后面不明真相的人群依然在前行、对跌倒的人产生踩踏，从而产生惊慌、加剧的拥挤和新的跌倒人数，并恶性循环的群体伤害的意外事件。

一、大型活动安全事故的特点及原因

（一）踩踏事故特点

我国自1960年至2010年共发生66起人群拥挤踩踏事故，其中发生在体育场所的占1.51%，歌舞厅、音乐会等娱乐场所占1.51%，学校占66.67 %，公园、城市中心区等节庆活动场所占 9.09％，慈善或商业促销活动场所占 15.5％，其他场所占 6.06％。人群密度越来越高，大型活动日渐增多，人群拥挤踩踏事故风险也随之增加，但由于安全意识、硬件设施和安全管理水平的提高，事故造成的平均严重程度有所降低。

从事故案例来看，拥挤踩踏事故不仅发生在室内，在室外开放环境中也时有发生。但具体分析各事故案例中最初发生拥挤踩踏的具体部位，发现无论在室内还是室外，拥挤踩踏事故发生的初始具体部位总集中在楼梯、坡道、出入口（包括固定建筑物和车船等移动交通工具）、桥梁隧道等人群流动的瓶颈部位。

此外，活动开始前、活动结束后的入场和散场阶段是拥挤踩踏事故的高发时段。从事故的统计情况看，在入场时（包括入场前）发生的拥挤踩踏事故占 26.09％，在散场时发生的拥挤踩踏事故占 24.15％。

（二）导致踩踏事故的原因

（1）人群较为集中且超过额定数量时，前面有人摔倒，后面人未留意，没有止步。

（2）人群受到惊吓，产生恐慌，如听到爆炸声、枪声，出现惊慌失措的失控局面，在无组织无目的的逃生中，相互拥挤踩踏。

（3）人群因过于激动（兴奋、愤怒等）而出现骚乱，易发生踩踏。

（4）因好奇心驱使，专门找人多拥挤处去探索究竟，造成不必要的人员集中而踩踏。

二、避险常识

在一些现实的案例中，许多伤亡者都是在刚刚意识到危险就被拥挤的人群踩在脚下，因此如何判别危险，怎样离开危险境地，如何在险境中进行自我保护，就显得非常重要。

（一）遭遇拥挤的人群怎么办

（1）发觉拥挤的人群向着自己行走的方向拥来时，应该马上避到一旁，但是不要奔跑，以免摔倒。

（2）如果路边有商店、咖啡馆等可以暂时躲避的地方，可以暂避一时。切记不要逆着人流前进，那样非常容易被推倒在地。

（3）若身不由已陷入人群之中，一定要先稳住双脚。切记远离店铺的玻璃窗，以免因玻璃破碎而被扎伤。

（4）遭遇拥挤的人流时，一定不要采用体位前倾或者低重心的姿势，即便鞋子被踩掉，也不要贸然弯腰提鞋或系鞋带。

（5）如有可能，抓住一样坚固牢靠的东西，例如路灯柱之类，待人群过去后，迅速而镇静地离开现场。

（二）出现混乱局面后怎么办

（1）在拥挤的人群中，要时刻保持警惕，当发现有人情绪不对，或人群开始骚动时，就要做好准备保护自己和他人。

（2）此时脚下要敏感些，千万不能被绊倒，避免自己成为拥挤踩踏事件的诱发因素。

(3) 当发现自己前面有人突然摔倒了，马上要停下脚步，同时大声呼救，告知后面的人不要向前靠近。

(4) 当带着孩子遭遇拥挤的人群时，最好把孩子抱起来，避免其在混乱中被踩伤。

(5) 若被推倒，要设法靠近墙壁。面向墙壁，身体蜷成球状，双手在颈后紧扣，以保护身体最脆弱的部位。

(三) 事故已经发生该怎么办

(1) 拥挤踩踏事故发生后，一方面赶快报警，等待救援；另一方面在医务人员到达现场前，要抓紧时间用科学的方法开展自救和互救。

(2) 在救治中，要遵循先救重伤者、老人、儿童及妇女的原则。判断伤势的依据有：神志不清、呼之不应者伤势较重；脉搏急促而乏力者伤势较重；血压下降、瞳孔放大者伤势较重；有明显外伤，血流不止者伤势较重。

(3) 当发现伤者呼吸、心跳停止时，要赶快做人工呼吸，辅之以胸外按压。

(四) 开车时遇到拥挤人群怎么办

(1) 切忌驾车穿越人群，尤其是群众情绪愤怒、激动或满怀敌意时。因为如果人群发动袭击，打破窗门，翻转汽车，自己可能受重伤。

(2) 倘若自己的汽车正与人群同一方向前进，不要停车观看，应马上转入小路、倒车或掉头，迅速驶离现场。

(3) 倘若根本无法冲出重围，应将车停好，锁好车门，然后离开，躲入小巷、商店或民居。如果来不及找停车处，也要立刻停车，锁好车门，静静地留在车内，直至人群拥过。

三、预防大型活动踩踏事故的发生

(一) 普及安全常识，从身边小事做起

(1) 进入公共场所要留意地形与通道，以便发生人群骚动时及时撤离。但是记住，一定不要走楼梯，慌乱的人群挤上楼梯绝对是惨剧。

(2) 如果被迫进入楼梯间，顺着楼梯往上跑而不要往楼下跑。如果骚乱已经发生，就不要再去逃生通道了，那里会是慌乱人群最快涌入的地方，也是最容易出事的地点。

(3) 尽量避免到拥挤的人群中，不得已时，尽量走在人流的边缘。

(4) 应顺着人流走，切不可逆着人流前进，否则，很容易被人流推倒。

(5) 发觉拥挤的人群向自己行走的方向来时，应立即避到一旁，不要慌乱，不要奔跑，避免摔倒。

(6) 陷入拥挤的人流时，一定要先站稳，身体不要倾斜失去重心，即使鞋子被踩掉，也不要贸然弯腰提鞋或系鞋带。对于穿高跟鞋的女生(女生逛商场的时候尽量不要穿有跟的鞋子以及凉拖，一般商场试衣间都会预备搭衣服的高跟鞋)，只要脱鞋的动作本身不致导致失去平衡的危险，就应当毫不犹豫地脱掉高跟鞋。有可能的话，可先尽快抓住坚固可靠的东西慢慢走动或停住，待人群过去后，迅速离开现场。

(7) 若自己被人群拥倒后，要设法靠近墙角，身体蜷成球状，双手在颈后紧扣以保护身体最脆弱的部位。

(8) 在人群中走动，遇到台阶或楼梯时，尽量抓住扶手，防止摔倒。

（二）制定并执行应急措施

通过对人群拥挤踩踏事故特点和成因分析，从人群安全应急管理角度而言，拥挤踩踏事故的预防主要包括以下几个方面。

(1) 事先应进行风险评估，制定具体可行的应急预案。

应急管理者或活动组织方事先进行的风险评估内容应包括活动可能涉及的人群规模、活动场所的安全容量、活动组织模式的有效性和安全性、整个活动期间场所内的人流流动模式、场所内的关键部位、可能出现的诱发事件、所需配备的应急力量及装备等。

在活动开始前，利用一切可能的形式（广播、安全告知单），对参与活动的群众进行安全教育，提高其安全意识、识别和应对特定风险的能力、自我保护意识，避免紧急情况出现大规模恐慌情绪。还要在活动场所内有计划地布置安保或工作人员，以便能够及时发现和制止诱发事件，稳定控制人群情绪。

此外，组织方还要采取有效措施，确保入场和散场有序，尽可能地将进入场所的人群总量控制在场所的安全容量以内。

(2) 发生事故后，应迅速阻止事态发展，防止次生衍生事件。

在活动中，一旦出现突发情况，相关人员在履行自身职责开展先期处置的同时，应尽快报告指挥人员。指挥人员收到报告信息后，应尽快组织人员对事态进行评估，充分考虑事态发展走向及可能的连锁反应及后果，迅速确定有效的处置方案；确保所有安保人员和工作人员之间通信联系畅通。根据具体情况，将相关信息及时告知参加活动的人群，避免其因情况不明产生或听信谣言，造成人群恐慌。

(3) 事故后，要迅速查明公布事故真相，采取补偿和补救措施。

在事故查处过程中，调查组要及时公布查处进展，稳定社会情绪；对受害者及其家属尽快进行赔偿；惩处教育事故责任人；研究事故深层次的技术原因，制定或更新技术标准规范；加强日常安全管理，提高应急准备和响应能力。

四、校园踩踏事件的预防措施

（一）应该强化学校领导的安全意识和责任心

学校领导应该从讲政治，保稳定的高度，从立党为公，执政为民出发，按照构建和谐社会，打造平安校园的要求，本着对学生生命高度负责的精神，进一步提高认识，强化责任心，培养学生的生存能力，加强学校的管理，切实预防拥挤踩踏等事故的发生，为教育创造良好的发展环境。

（二）学校的安全设施要齐全

学校的安全设施是师生安全的重要保证。寄宿制学校的教学楼、公寓楼都应该在主要交通部位安装应急灯和警示标志，以保证在停电时让师生安全撤离，保证楼道楼梯照明、设施安全检查制度等，认真检查，切实保障师生的生命安全。

（三）学校要加强对学生的安全知识的教育和技能的训练

从某种意义上说，学生的行为意识决定着学生的生命安全。学生安全意识的提高，安全知识的丰富，行为习惯的养成，安全技能的素养是学生安全的保证。所以，学校应该经常对学生进行安全知识教育。

（四）严格按照国家的规定办学

人员的容量是有其科学依据的，如果超过某种因素的承载力，就有可能出现安全隐患。学校公共疏散通道，特别是楼梯容量较小，不能满足学生遇突发事件疏散需要的要增加辅助设施，确保疏散通道畅通。

（五）学校的安全管理要严格

遇到突发事件和恶劣天气，带班教师首先要带领学生安全撤离、科学疏散。放学和下晚自习时，每个楼梯口都要有执勤教师负责疏散，指挥学生按照规定路线行走。一层、二层、三层的放学时间应该错开，不能一窝蜂涌出。安全管理工作者要坚持严肃认真的原则，对学校的各项安全设施要定期检查，对学校的安全隐患要及时汇报和处理，定期组织安全学习和安全演练，发现问题及时整改。

上海外滩踩踏事件[①]

时间：2014 年 12 月 31 日 23 时 35 分

地点：上海外滩陈毅广场

事件：上海市外滩陈毅广场发生拥挤踩踏事件，造成 36 人死亡，49 人受伤。

2014 年 12 月 31 日 23 时 35 分，正值跨年夜活动，因很多游客市民聚集在上海外滩迎接新年，上海市黄浦区外滩陈毅广场东南角通往黄浦江观景平台的人行通道阶梯处底部有人失衡跌倒，继而引发多人摔倒、叠压，致使拥挤踩踏事件发生，造成 36 人死亡，49 人受伤。

2015 年 1 月 21 日，上海市公布“12 · 31”外滩拥挤踩踏事件调查报告，认定这是一起对群众性活动预防准备不足、现场管理不力、应对处置不当而引发的拥挤踩踏并造成重大伤亡和严重后果的公共安全责任事件。黄浦区政府和相关部门对这起事件负有不可推卸的责任。

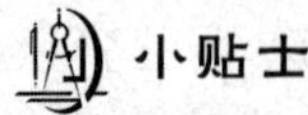

学生楼内行走安全须知

（1）明确要求学生在上下楼梯时要遵守上下楼秩序；

---

① “12 · 31”外滩陈毅广场拥挤踩踏事件联合调查组：《上海外滩拥挤踩踏事件调查报告》，2015-01-20。

(2) 不拥挤、不打闹、不凑热闹，特别是上下楼梯靠右行；

(3) 学生在上下楼梯鞋子带子松散时不系鞋带、不捡掉在地上的物品、不攀肩而行、不高声喧哗、不搞恶作剧如尖叫、乱喊、开玩笑等，不快跑、乱窜和不参与拥挤；

(4) 发现拥挤苗头及时撤离，提高自我防范踩踏事故的能力；

(5) 不论刮风下雨，暴雪浓雾，都要坚持按照学校的规划路线上下课。

讨论题

人意识到危险时，奔跑、逃生，是人类的本能。大多数都会因为恐惧而“慌不择路”，引发拥挤甚至踩踏。

谈谈面对踩踏事件，如何保持冷静？如何采取正确的方法降低伤害？

第五节　电梯事故的应对与安全教育

一、发生电梯“吞人”事件的原因

（一）电梯设计、制造原因

我国电梯业发展落后，现在社会上普遍使用的老式电梯都存在不少缺陷。而近年来生产的电梯造成电梯运转不正常，平层精度不够、夹人、冲顶、蹲底，甚至更严重的事故的主要原因是使用伪劣配件。

（二）安装原因

根据质量技术监督局关于加强特种设备安全管理工作的要求，电梯安装要由具有相应安装资质的电梯安装队伍承担。但由于种种原因，电梯安装工程并不能严格按要求作业，有些工程被一些资质不够的队伍承担，有些工程被层层转包，这些安装队伍，既无技术力量，又缺乏安装设备。

（三）使用与维护原因

相当一部分电梯使用单位的领导缺乏电梯使用安全意识以及管理知识。单位无管理制度，管理规范不健全，有些单位即使有制度，但执行的却不多。电梯无专人负责，司机无证操作，随意脱岗现象严重。

二、电梯故障的征兆预警及应对办法

（一）电梯出现故障的征兆预警

电梯数量伴随着楼层的高度越来越多，使用频率越来越高，磨损消耗越来越多，电梯事故也随着越来越多。除了正常的维护检修，其实，电梯数量多、使用频率高、磨损消耗肯定越来越多，电梯事故也随之越来越多。除了正常的维护检修，其实，在电梯出现事故前都会有征兆作为预警,那么电梯征兆预警都有哪些呢?

(1) 出现抖动现象(电梯左右晃动、上下垂直方向跳动、带有声音的共振等);

(2) 电梯滑层现象(从指定楼层降到指定楼层以下);

(3) 电梯冲顶现象(从指定楼层升到指定楼层以上,再到楼顶);

(4) 轿厢下沉现象(轿厢底部与所在楼层不在一个平面上,比楼层高度要低);

(5) 按钮失效现象(开关门按钮及楼层按钮失效)。

(二) 垂直电梯故障的应对办法

一般电梯在出现事故前都会有相应的现象出现作为征兆预警,我们只有在平时使用的时候多加留意,一经发现问题,应立即通知相关人员进行检修。

电梯困人事件看似简单,但暴露出很多市民缺乏自救常识。电梯故障较为常见,市民有必要掌握基本的自救知识。

(1) 保持镇定,电梯槽有防坠安全装置,会牢牢夹住电梯两旁的钢轨,安全装置也不会失灵。

(2) 利用警钟或对讲机求援,如无警钟或对讲机可拍门叫喊,也可脱下鞋子敲打,并请求立刻找人来营救。

(3) 如不能立刻找到电梯技工,可请外面的人打电话叫消防员。

(4) 如果外面没有受过训练的救援人员在场,不要自行爬出电梯。

(5) 千万不要尝试强行推开电梯内门,即使能打开,也未必够得着外门。想要打开外门安全脱身当然更不行。

(6) 电梯天花板若有紧急出口,也不要爬出去。出口板一打开,安全开关就使电梯刹住不动。但如果出口板意外关上,电梯就可能突然开动令人失去平衡,在漆黑的电梯槽里,可能被电梯的缆索绊倒,或因踩到油垢而滑倒,从电梯顶上掉下去。

(三) 扶梯事故的应对办法

1. 紧急时刻第一时间按紧停按钮

在每台扶梯的上部、下部都各有一个紧停按钮。一旦扶梯发生意外,靠近按钮的乘客应第一时间按下按钮,扶梯就会在2秒内缓冲30~40厘米自动停下。

2. 如果无法第一时间按下紧停按钮

万一没办法第一时间按下紧停按钮,乘用人要用双手紧紧抓住手扶电梯的扶手,然后把脚抬起,不要接触到手扶电梯,这样人就会随着手扶电梯的护栏移动,不会摔倒,但有一个前提是电梯上的人不能太多。

(四) 杂物电梯使用方法及注意事项

(1) 开关门时必须轻开轻关(以防止门绳出槽或砸坏门安全开关)。

(2) 装放货物时请往轿厢中间放置(距轿厢边≥5厘米),以防卡住轿厢。

(3) 取出货物后应将该层厅门随手关上并关好,直到呼梯面板上开门灯或占用灯灭为止,以保证其他层站的正常使用。

(4) 电梯在出现非卡梯或故障时,请勿触动急停开关,当触动急停开关时呼梯面板上的急停灯或占用灯点亮,这时应排除故障即将急停开关复位直到呼梯面板上急停灯或占用灯灭为止电梯方能正常使用。

(5) 电梯只有关好所有厅门时,呼梯面板上开门灯或占用灯灭方能正常使用,任一厅门未关好时电梯均不能正常运行。

(6) 电梯不停在该层时,厅门机械锁将自动锁闭。除维修外不允许以任何方式让厅门打开。严禁将厅门安全开关短接,开着厅门让电梯运行。如发现电梯开着厅门可以运行应立即停止使用,关闭该电梯总电源和所有厅门及时报修。

(7) 电梯严禁超载运行,货物的重量应≤呼梯面板上所规定的载重量。

(8) 电梯出现故障时应及时通知维修人员进行检修,不要让电梯带病运行,严禁在无人监督或非维修人员的情况下进行电梯检修。

三、学生安全乘坐电梯常识

(一) 乘坐垂直电梯注意事项

(1) 如果电梯门正在关闭,不要用手挡门、扒门;门无法关闭时,不要乘坐电梯。

(2) 在电梯门口逗留。

(3) 坐超载电梯。

(4) 按电梯按钮。

(5) 乘坐电梯时应该收好宠物链,不要让宠物在电梯内自由活动,最好把宠物抱在怀里。

(6) 发生火灾时,不能乘坐电梯,应当走消防通道和安全出口。

(二) 紧急情况下正确的自救姿势

(1) 固定自己的身体。发生坠落事故时,固定自己的身体就不会因为重心不稳而造成摔伤。

(2) 紧贴墙壁保护脊椎。要运用电梯墙壁,作为脊椎的防护,紧贴墙壁,可以起到一定的保护作用。

(3) 稍稍弯曲膝盖。韧带是人体唯一富含弹性的组织,比骨头更能承受压力。因此脚尖踮起膝盖稍微弯曲,这样可以借用膝盖弯曲来承受重击压力。

(4) 呼叫报警电话。被困电梯,在不知晓原因之前,任何自己设法逃离的行为都属冒险举动。首先看看电梯内没有报警电话,如果有要赶紧按下,没有可用鞋子敲门。如果长时间被困,最安全的做法是保持镇定,保存体力,等待救援。

(5) 按下每个楼层的按键。出现意外情况时,不论有几层楼,要把每层楼的按键都按下,当紧急电源启动时,电梯可以马上停止下坠。

(三) 乘坐自动扶梯注意事项

(1) 乘坐手扶梯不要反方向乘坐。不要踩在黄线上。

(2) 不要在楼梯口玩耍。

(3) 不要把尖锐物品插入扶梯缝隙内。不要把身体的任何一部分伸到扶梯外。

(4) 不要穿轮滑鞋乘梯,注意系紧携带,小心长裙裙边被卡。

(四) 乘电梯应避免的危险举动

(1) 重复按按钮。等待电梯时,经常有人重复按按钮,这样反复按按钮会造成电梯误停,既耽误时间还可能造成按钮失灵。

(2) 停留在厅门和轿门之间。电梯最容易出事的就是门,停留在厅门和轿门之间是最危险的动作,专家建议进出电梯最好是快进快出。

(3) 倚靠在门上。不少人在等电梯时喜欢靠在门上暂时休息,如果电梯打开时,轿厢不在本层,则很容易跌进井道,或者被轿厢和井道卡住。

(4) 用手、脚、棍棒等物品阻止关门。电梯门正在关闭时,外面的乘客会用手、脚、棍棒等物品阻止关门。专家建议最好等待下次或请电梯内部的乘客按动开门按钮。

(5) 下雨天将滴着水的雨具带入电梯。这样不仅会弄湿地板,而且水顺着缝隙进入井道还可能造成短路。

(6) 只要看到电梯门打开,就往里面冲。

(7) 硬币等物件掉进电梯自己用手或工具伸进缝隙里去掏。在电梯停靠过程中有时会有硬币、项链等物件落入了电梯门和井道的缝隙中,应立即告知电梯专业人员协助处理,不要自己把手或工具伸进缝隙去掏。

(8) 在运动的轿厢里蹦蹦跳跳,乱摁按钮。这种举动,多半发生在小朋友身上,有时会乘电梯玩,往上时,按下每层按钮,再往下时,又按下每层按钮。

(9) 重量超载。一般电梯的载重为 1000 千克,限 13 人。

(10) 用手扒开电梯。当运行的电梯突然停止,不少人因为恐慌而强行用手扒开电梯门或企图从安全窗爬出。

(五) 电梯最易伤人部位

1. 梯级与围裙板之间的缝隙

按照有关规范,围裙板与梯级、踏板间任何一侧的水平间隙不应大于 4 毫米,而学生手指有 7~8 毫米粗,手臂更粗,被夹进缝隙中是由于围裙板静止而梯级在运动,就会产生冲力将学生的手指甚至手臂带入缝隙。此外,有些学生乘扶梯时喜欢将脚靠在围裙板上,若不慎将鞋尖、鞋带或裤边卷入缝隙,就会将脚也带进去。

2. 踏板与末端梳齿板间缝隙

学生如果因为平衡性不好,一旦趴倒在扶梯上,易造成伤害。

3. 自动扶梯下面的扶手槽

扶手槽入口处包裹着十多条黑色橡胶带,而且和扶梯下面的按钮相连,当人手伸入橡胶带后,触动了相连的按钮,所以自动扶梯就会立即停止。自动扶梯都有自动保护功能,当遇到阻碍物时会自动停止。但遇到阻碍物的阻力有一个值,当达到这个值时保护功能才会响应。

4. 扶手与构筑物夹角

如果学生对眼前的危险预计不足，当上行过程中把头部伸出扶梯向下看时，易导致意外发生。

四、学校预防电梯事故的措施

（一）学校加强学生安全常识的培养

学校该如何加强学生安全常识的培养，要经常教学生们秩序"常识"，应该遵守公共秩序，不要争先恐后，注意安全。认真做好学生们安全教育，提高学生们的秩序意识，如果学生们拥有这些为人的基本能力，这些踩踏事件的悲剧就能从源头避免。

儿童搭乘自动扶梯应由成年人陪同，且陪同人员帮助儿童进入及离开自动扶梯，确保儿童站立在梯级黄色警示线内，帮助儿童扶好扶手带或牵好儿童的手，搭乘时不要让儿童在梯级上打闹嬉戏。

（二）学生集体活动要制定安全预案

开展学生集体活动之前，一定要制定安全预案，应对活动中出现的紧急情况。应该教会学生在乘坐扶手电梯时抓紧扶手，靠右站稳，有序通行。大量学生上下电梯时，出于安全起见，应该有老师在电梯上下两端安排人员维持秩序。学生集体活动前老师也应该对学生进行安全防范的指导和教育。

（三）加强电梯安全管理

北京市交通委曾经下发《关于进一步加强本市交通行业电梯安全工作的通知》。该通知还要求强化安全值守监控。各运营单位应积极引入视频监控装置对设备运行进行全过程监控；在客流高峰时段，要在电梯使用的关键部位安排专人值守，疏导客流，引导乘客安全乘梯。

（四）建立公共信息平台

以电梯物联网监控系统为基点，建立全新的社区公共信息平台，能提供多方面的应用服务，包括信息服务平台、电子商务等应用。平台由内容发布管理中心、多媒体发布服务器、多媒体终端、无线网络平台等多部分组成。通过此平台，能为政府、物业等部门发布电梯安全应急、公共服务类信息和其他相关服务内容，为政府及有关单位建立一个垂直管理的信息通道，更好地服务于大众。

"7·26"湖北荆州电梯事故[①]

时间：2015 年 7 月 26 日

① 资料来源：《荆州日报》第 1 版，2015-07-28。

地点：湖北荆州安良百货公司手扶电梯

事件：湖北省荆州市安良百货公司手扶电梯发生事故，一名30岁女子因踩到了松动的扶梯踏板，被卷入电梯内不幸遇难。

2015年7月26日上午，向某某和儿子童童乘电梯到七楼。在快到时，向某某提前提举起穿着短衣短裤的童童。10时10分11秒，电梯升到顶部，向某某从站立的梯级向前踏上电梯的迎宾踏板。突然，向某某脚下的踏板松动发生翻转，向某某的双腿落入电梯内。可电梯仍在运转，向某某双手奋力向前托举递出孩子，电梯口的女工作人员将孩子接过，放到身后。两秒钟的手足无措之后，两名女工作人员上前拉住了向某某的双手。向某某也全力向前使劲，试图自救，但已经于事无补。10时10分19秒，在踏上松动踏板短短8秒之后，向某某已经不见了踪影。当日下午2时左右，向某某被救出，但已无生命迹象。

荆州市安监、质监、公安等部门成立的事故调查小组认定，在事故发生5分钟前，商场工作人员发现电梯盖板有松动，但并未及时停机。本次事故属于安全责任生产事故。

讨论题

某高校与一家名为金色航向的公司共同组织有3000多名学生参加的毕业生晚会，在安保措施方面，实行的是学校、学生会、服务机构三方负责制。此次事故中，共有35名辅导员、33名学生会学生及20余名服务机构人员参与其中。

请结合案例描述，讨论：如何保证活动顺利有序进行？

第四章

公共卫生突发事件安全教育

学习目的

掌握公共卫生类突发事件的应对措施

学习重点

水污染、疫情、传染性疾病、食物中毒、心理疾病、网瘾伤害等突发事件基本知识点

【引言】

公共卫生类突发事件主要包括传染病疾病、群体性不明原因疾病、食品安全和职业危害、动物疫情以及其他严重影响公众健康和生命安全的事件，如鼠疫、霍乱、传染性非典型肺炎，食物中毒，重大动物疫情及外来有害生物入侵等。

近年来，我国人民医疗保障水平有了较大提高，但仍有多种传染病尚未得到有效遏制，公共卫生事件仍然威胁着群众的生命和健康。据统计，全球新发现的30余种传染病已有半数在我国发现，有些传染病尚未得到有效遏制，有些还造成了严重后果(特别是“非典”和高致病性禽流感疫情)。

重大传染病和慢性病流行仍比较严重，职业病危害呈上升趋势，生产、销售假冒伪劣食品药品违法犯罪活动尚未得到有效遏制，食品药品安全事故多发。

突发公共卫生事件是指已经发生或者可能发生的，对公众健康造成或者可能造成重大损失的传染病疫情和不明原因的群体性疫病，还有重大食物中毒和职业中毒，以及其他危害公共健康的突发公共事件。

第一节　传染性疾病的应对与安全教育

传染性疾病就是我们常说的传染病，是许多种疾病的总称，它是由病原体引起的，能在人与人、动物与动物或人与动物之间相互传染的疾病。最常见的如流行性感冒、乙肝、细菌性痢疾、流脑、结核病、急性出血性结膜炎(红眼病)等。

一、传染病的分类及特点

《传染病防治法》规定的传染病分为甲类、乙类和丙类。

（一）传染病的分类

（1）甲类传染病是指鼠疫、霍乱。

（2）乙类传染病是指传染性非典型肺炎、艾滋病、病毒性肝炎、脊髓灰质炎、人感染高致病性禽流感、麻疹、流行性出血热、狂犬病、流行性乙型脑炎、登革热、炭疽、细菌性和阿米巴性痢疾、肺结核、伤寒和副伤寒、流行性脑脊髓膜炎、百日咳、白喉、新生儿破伤风、猩红热、布鲁氏菌病、淋病、梅毒、钩端螺旋体病、血吸虫病、疟疾。

（3）丙类传染病是指流行性感冒、流行性腮腺炎、风疹、急性出血性结膜炎、麻风病、流行性和地方性斑疹伤寒、黑热病、包虫病、丝虫病，除霍乱、细菌性和阿米巴性痢疾、伤寒和副伤寒以外的感染性腹泻病。

上述规定以外的其他传染病，根据其暴发、流行情况和危害程度，需要列入乙类、丙类传染病的，由国务院卫生行政部门决定并予以公布。

（二）传染病的特点

1. 传染性

传染病的病原体可以从一个人经过一定的途径传染给另一个人。每种传染病都有比较固定的传染期，在这个期间病人会排出病原体，污染环境，传染他人。

2. 有免疫性

大多数患者在疾病痊愈后，都会产生不同的免疫力。

3. 可以预防

传染病在人群中流行，必须同时具备三个基本条件：传染源、传播途径和易感人群。缺少其中任何一个，传染病就流行不起来。通过控制传染源、切断传染途径、增强人的抵抗力等措施，可以预防传染病的发生和流行。

4. 有病原体

每一种传染病都有它特异的病原体，包括微生物和寄生虫。比如水痘的病原体是水痘病毒，猩红热的病原体是溶血性链球菌。病原体有细菌、病毒、真菌、原虫、蠕虫。

二、常见传染病的诊断与治疗

（一）流行性感冒

1. 病因

流行性感冒（流感）是由流感病毒通过呼吸道传播而引起的急性传染病。流感病毒存在于病人的口鼻等分泌物中，经飞沫传播。本病极易传播，可引起局部地区流行或世界性大流行。

2. 症状

(1) 发病大多数突然,全身症状明显而呼吸道症状较轻。

(2) 先有畏寒,继以高烧,可达 39℃～40℃同时有头痛,全身酸痛和软弱无力症状。

(3) 胃肠道症状:恶心、腹泻等。

(4) 重症者,一开始病情严重,表现明显高热、神志不清,颈强直,抽搐等;有些老年人、病弱者一开始发病就严重。

3. 防治

(1) 高热、头痛、全身酸痛较重者可用复方阿司匹林、克感敏等药物或加用物理降温。

(2) 较严重者,必须输液,应用抗生素治疗。

(3) 中药治疗:感冒退热冲剂(大青叶板蓝根、连翘)每天 2～4 次,每次一包冲服。

(4) 流行期减少集体活动;发现病人及早隔离和治疗;注意室内通风;提倡在公共场所戴口罩。

(二) 脊髓灰质炎

1. 病因

脊髓灰质炎(小儿麻痹)患者大多是小儿,是由脊髓灰质炎病毒引起的传染病。病人大便中有大量病毒,常由于接触病人的大便或污染的用具而传染。在生病最初 5 天内,也可由呼吸道分泌物传染。由于病毒侵犯不同部位的神经组织,病儿可发生不同部位瘫痪。

2. 症状

潜伏期约>14 天,症状轻重不一。多数小儿不发生症状,或仅有>2 天的发热、头痛、咽痛、呕吐、腹泻等,而不发生瘫痪。一部分病儿于热退后>6 天,再次发热,称“双峰热”,病儿多汗、全身不适、呕吐、周身肌肉疼痛。患儿不愿抬头,不愿让人抱,或坐不稳,患儿神志大多不清醒。

3. 防治

(1) 急性期患者,必须住院隔离治疗,卧床休息。

(2) 病情稳定时,及时进行针灸推拿治疗。

(3) 隔离病员,自发病日起隔离期间食具及排泄物进行消毒。夏天有脊髓灰质炎发病时,有发热、上感症状的患者不宜去游泳池。接触者,接触后 3 天内可注射胎盘球蛋白或丙种球蛋白。

(三) 流行性腮腺炎

1. 病因

病因是流行性腮腺炎病毒引起的急性传染病。病毒存在于病人唾液中,主要通过飞沫传染给他人。病毒侵入人体,引起腮腺或颌下腺肿胀。此病传染性很强。

2. 症状

潜伏期 8～30 天,平均 18 天。起病大多较急,无前驱症状。有发热、畏寒、头痛、肌痛、咽痛、食欲不佳、恶心、呕吐、全身不适等症状，数小时腮腺肿痛逐渐明显，体温可达39℃以上。

3. 治疗方法

(1) 应卧床休息，多饮开水，吃流质或半流质饮食。

(2) 腮腺肿痛严重时，可局部冷敷或中草药外敷(如意金黄散等)。

(3) 患者有脑膜炎症状，应立即送医院治疗。

(4) 最好的预防是隔离病人，直到腮腺肿胀完全消失为止。

(四) 猩红热

1. 病因

猩红热是由乙型溶血性球菌引起的急性呼吸道传染病，病原菌隐藏于病人的咽部，在发病前24小时至疾病高峰时期，传染性最强。

2. 症状

(1) 起病急骤，早期以发热、咽痛、头痛、呕吐为主要症状。

(2) 咽部发红，扁桃体红肿，表面有白色渗出物。舌面光滑呈肉红色，乳头隆起如同杨梅，故有杨梅舌之称。

(3) 皮疹出现在高热1～2日之后，首先从耳根及上胸部开始，数小时后蔓延至胸、背、上肢，24小时左右至下肢。

(4) 典型皮疹是在全身皮肤潮红的基础上布满针尖大小点状红疹，压之褪色。

3. 防治

(1) 接触病人者可口服磺胺药物及肌肉注射青霉素(可注射一周)。

(2) 如发生化脓性并发症时，必须大量青霉素静脉点滴，局部化脓可作切开引流。

(五) 流行性脑脊髓膜炎

1. 病因

病因是流行性脑膜炎双球菌引起的急性呼吸道传染病，是化脓性脑膜炎中的一种。脑膜炎双球菌存于病人的鼻咽部、血液、脑脊髓液、皮肤出血点和带菌者的鼻咽部。当病人或带菌者咳嗽时，通过含有病菌的飞沫传染他人。

2. 症状

(1) 潜伏期1～10天，起病很急，有时在发病前几小时或1～2天内。

(2) 有乏力、咽痛和头痛等上呼吸道症状，高热达39℃以上。

(3) 脑膜刺激症状：高热后头痛，反复喷射性呕吐、烦躁不安或嗜睡，颈部强直。

(4) 皮肤黏膜有散在的瘀点(出血点)，有些病人口唇可发生疱疹。

(5) 暴发型病人：除有高烧、精神极度萎靡外，皮肤迅速遍布瘀点或大片瘀点或大片瘀斑，很快便四肢发冷，唇指青紫，血压下降。如不及时治疗，病人多于24小时内死亡。

3. 防治

(1) 在流行季节(冬春两季2～3月)，遇有高烧、头痛、呕吐、皮肤有小出血点的人，应考虑本病,应立即去医院注射(主要磺胺类药物)。

(2) 在流行季节,尽量不到公共场所活动。另外应讲究卫生、勤晒被褥衣服,开窗通风及早预防接种。

(3) 吃大蒜有良好预防作用。

(六) 伤寒

1. 病因

病因是由伤寒杆菌引起的急性肠道传染病。病人和带菌者是传染源,细菌从传染源的大小便中排出,通过水以及被水、手、苍蝇等污染的食品由口进入人体。

2. 症状

(1) 本病潜伏期平均 7～14 天,起病多数缓慢。体温呈梯形上升,至一周可达 39℃～41℃,并有畏寒、头痛、食欲减退、腹胀、便秘等症状。

(2) 从第二周期开始,高热持续不退,一般持续 10～14 天,此时病情加重,可出现神态迟钝、表情淡漠、听觉减退,重者可有说胡话抓空症状(为无意识举动)或昏睡。

(3) 脉搏增快,但和体温升高不成比例,称相对缓慢,是本病的特点之一。约 2/3 病人有脾肿大;有 1/3 病人肝大;1/3 病人出现皮疹(为玫瑰色疹)。

(4) 如病人不及时治疗(饮食和照顾不好)在病程第 2～4 周时可发生肠出血、肠穿孔等并发症。

3. 防治

(1) 对伤寒病人护理是极为重要的,病人卧床休息到完全恢复为止。注意饮食、高热时予以米汤、藕粉、豆浆等流质饮食。

(2) 高热病人可用物理降温,便秘不可用泻药,宜用生理盐水低压灌肠。

4. 预防

(1) 隔离病人应彻底,对病人粪便、便器、饮食用具、痰杯。衣服、被褥等都应消毒。

(2) 对炊事员每年应做大便培养 3 次,如找到伤寒杆菌,就是带菌者,应调动工作。

(3) 个人卫生习惯应注意,养成饭前便后洗手、不吃不洁食物等良好卫生习惯。

(4) 应预防接种伤寒、副伤寒(甲、乙)菌苗。

(七) 细菌性痢疾

1. 病因

细菌性痢疾(简称菌痢)是由痢疾杆菌所致的一种常见肠道传染病。多发生在夏秋季。

2. 症状

(1) 主要症状有发热、腹痛、腹泻、里急后重(肛门坠痛,有排便感又排不出)和脓血便等。

(2) 病菌侵入人体后一般在 1～3 天出现全身症状,随后腹泻,开始大便为糊状或水样大便，次数每天多到几十次，量很少，常为脓血。

(3) 少数病人，中毒症状严重，起病甚急，发病极快(称为中毒性菌痢)。主要症状：病人突发高热(40℃或更高)精神萎靡、嗜睡或烦躁不安，有反复惊厥，神志昏迷，面色灰白，口唇发绀，四肢发冷脉搏微弱，血压下降，循环衰竭(休克)等症状，病人死亡很快，应立即抢救治疗。

3. 防治方法

(1) 治疗方法。

① 急性菌痢病人必须卧床休息、多喝水、饮食以容易消化的流质食物为主，如米汤、藕粉、稀粥、面条等。牛奶不宜多喝，以免增加腹胀。

② 病人有呕吐不能进食或失水、高热时，要静脉点滴生理盐水和5%葡萄糖液或加用氯霉素(一般立即住院治疗)。

③ 针灸治疗可改善症状，消灭细菌等。

(2) 一定注意在夏季不食腐烂或污染食物，注意饭前便后洗手，彻底消灭苍蝇。

(八) 流行性出血热

1. 病因

流行性出血热是病毒引起的急性传染病，主要症状有发热、出血和肾脏损害等。传染源主要是老鼠，通过老鼠的唾液、尿等污染的尘埃而得病。流行季节是10月至次年1月。这种病发病率较高，对人体危害较大，病死率也较高，早期发现，早期治疗可以缩短治疗病程，降低死亡率。

2. 症状

患者常具备典型的三大特征：发热、出血现象和肾脏损伤。五期病程：发热期、低血压期、少尿期、多尿期和恢复期。非典型及轻型病人症状多不典型，五期过程多不明显。重型病人症状严重，五期中的前三期可相重叠出现。来势凶猛，后果严重。

诊断流行性出血热主要依据是流行病学资料、早期症状、体征和化验检查，进行综合分析，而后确诊。在流行区和流行季节，要贯彻疑诊从宽、确诊从严的原则。在非流行地区和非流行季节，也应注意鉴别诊断，防止误诊和漏诊，延误病情。

3. 治疗

本病尚无特效疗法。在流行季节，对可疑病人，特别是类似感冒病人，平素身体健康，很少发病的青壮年患者，尤应重视。应密切注意病情变化，不随意给予发汗解热药物，如APC、阿司匹林，以免掩盖病情。

应绝对卧床休息，给予多种维生素，如B1、C、B6、路丁等，频饮热茶、糖盐水，补充水分。随病程进展应就地就近进行检查和必要的化验，避免远途求医，加重病情。目前，治疗出血热一般都采用对症治病和免疫治疗，没有突破性效果。

4. 预防

对流行性出血热的预防，主要是灭鼠。目前，已通过病毒分离证实，黑线姬鼠、褐琢鼠、大琢鼠等是本病的主要传染源。这种病全年各月均可发生，但有明显季节性，每年

4～7 月、10 月～次年 1 月是流行高峰，尤其以冬季严重。因此，高峰前进行灭鼠防鼠，发动群众、土洋结合、利用药物、器械等灭鼠是控制发病的有效措施。

与此同时，要避免与鼠类接触，更不要手接触或玩弄鼠类，加强个人防护，减少感染机会。流行性出血热疫苗也已研发成功，但末大量生产应用。对于流行性出血热，只要措施得当是完全可防可治的。

三、传染病的防治措施

传染性疾病的流行要同时具备多种条件，其中任何一个条件被破坏，传染病就不能流行。预防时要做到以下几点。

（一）及早发现传染源

对病人和疑似病人要早发现、早报告、早隔离。

（二）切断传播途径

平时注意隔离、消毒、杀虫、灭鼠，要消除带菌媒介，搞好食品及环境卫生。个人养成饭前便后洗手的良好习惯。

（三）保护易感人群

在传染病流行期对易感染的人要预防接种疫苗，加强个人防护。只要做到以下几点，一般不会得传染病。

（1）注意日常用品的消毒灭菌，经常保持室内及个人卫生。

（2）保持室内空气流通，应每天开窗换气至少 2 次。如有空调设备，应经常清洗防尘网。

（3）打喷嚏或咳嗽应掩着口鼻。用过的纸巾应放在有盖的垃圾桶内，每天清理一次。

（4）如果自己患流感或其他上呼吸道疾病，最好在家休息，这样做有利于自身恢复，也避免传染他人。

四、学校传染病应急处置预案

（一）建立管理宣传制度

（1）学校分管领导要加大管理力度，建立学校安全工作领导小组和报告制度，健全传染病预防和控制工作的管理制度，掌握、检查学校疾病预防控制措施的落实情况，并提供必要的卫生资源及设施。

（2）学校应建立各项卫生工作责任制，完善考核制度，明确各部门工作职责，并指定卫生教师每天做好晨检工作，认真填写学生日检统计表，保证学校预防疾病控制工作的顺利开展。

（3）学校应普及卫生知识，利用黑板报、橱窗等各种形式做好预防传染性疾病的宣传，正确认识，做好防范。定期召开班主任例会，加强有关季节性预防传染病的知识培训，保证每周20分钟的健康教育，教会师生防病知识，培养良好的个人健康生活习惯。

（二）传染病预防操作程序

（1）日检：班主任每天应密切关心学生的健康状况，统计学生的出勤人数。

（2）报告：一旦发现师生有传染病症状的疑似病人，有关教师应立即告知卫生老师和学校领导，学校应按规定报教育局突发事件处理小组办公室，同时报区疾控中心。

（3）劝说：发现学生身体不舒服或有38℃以上高热学生必须迅速隔离，及时通知其监护人带其去医院看病，并在家休养。

（4）记录：卫生教师应及时统计好患病学生的具体情况（班级、人数、症状、就医情况、上课情况、目前康复情况）并记录在册。

（5）跟踪：每天关心患病学生的身体状况，并主动对学生进行补课。

（6）家访：积极做好患病学生的家访、家长的思想工作，经常保持联系。

（7）消毒：根据有关规定做好（包括发病及相关班级、食堂、厕所、公共场所、共用教室等）消毒工作，学校领导要听从卫生部门的专业指导，积极采取有效措施，停止一切集体性活动。

（8）观察：加强宣传，正确认识，做好防范，确保稳定，每天加强巡视，对痊愈后的学生必须经卫生老师认可后方可进教室，对班级其他同学的加强观察了解。

（9）新生报到，学校必须要求其监护人如实填写《在校学生健康情况登记表》。校卫生老师应当分类建立在校学生健康档案。

甲型H1N1流感的防控①

时间：2009年5月

地点：四川、山东、北京、广东等地

事件：发现甲型H1N1疑似病人。

甲型H1N1流感是一种因甲型流感病毒引起的人畜共患的呼吸系统疾病，早期又被称为“猪流感”。最明显症状是，体温突然超过39℃，肌肉酸痛感明显增强，伴随有眩晕、头疼、腹泻、呕吐等症状或其中部分症状。如果个体身体素质较差，自身免疫力低，患者一旦感染，会直接引发很多并发症，甚至于危及生命。但该流感可防、可控。

一、甲型H1N1流感的传染源及传染途径

（一）传染源

传染源主要为病猪和携带病毒的猪，感染甲型H1N1流感病毒的人也被证实可以传播病毒。感染这种病毒的动物均可传播。

（二）传染途径

传播途径主要为呼吸道传播，也可通过接触感染的猪或其粪便、周围污染的环境或气溶胶等途径传播。某些毒株如H1N1可在人与人之间传播，其传染途径与流感类似，通常

① 资料来源：百度百科：甲型流感病毒。

是通过感染者咳嗽或打喷嚏等。

在人群密集的环境中更容易发生感染，而越来越多证据显示，微量病毒可留存在桌面、电话机或其他平面上，再通过手指与眼、鼻、口的接触来传播。因此，尽量不要与他人身体接触，包括握手、亲吻、共餐等。如果接触带有甲型 H1N1 流感病毒的物品，而后又触碰自己的鼻子和口腔，也会受到感染。感染者有可能在出现症状前感染其他人。小孩的传染性会久一些。

二、甲型 H1N1 流感的预防

（一）保护自己远离甲型 H1N1 流感，要怎么办

(1) 对于那些表现出身体不适、出现发烧和咳嗽症状的人，要避免与其密切接触；

(2) 勤洗手，要使用香皂彻底洗净双手；

(3) 保持良好的健康习惯，包括睡眠充足、吃有营养的食物、多锻炼身体，如多吃水果、蔬菜，多锻炼，多饮水。

(4) 不随地吐痰，打喷嚏时用纸巾捂住鼻口，擦鼻涕的纸巾要弃置于有盖垃圾箱内。

(5) 居室要多开窗通风，尽量少去人流聚集的地方。

(6) 避免用手接触眼睛，鼻子和嘴，避免人与人之间身体的直接接触，包括握手、亲吻、共餐等。

(7) 要避免接触流感样症状(发热、咳嗽、流涕等)或肺炎等呼吸道病人；避免前往人流拥挤的地方，避免接触生猪或前往屠宰场的人。如出现流感样症状，应立即就医，就医时应佩戴口罩。

（二）家中有人出现流感症状，要怎么办

(1) 将病人与家中其他人隔离开来，至少保持 1 米距离；

(2) 照料病人时应用口罩等遮盖物遮掩住嘴和鼻子；

(3) 不管是从商店购买还是家中自制的遮盖物，都应在每次使用后丢弃或用适当方法彻底清洁；

(4) 每次与病人接触后，都应该用肥皂彻底洗净双手；病人所居住的空间应保持空气流通，经常打开门窗保持通风；

(5) 如果你所在的国家已经出现甲型 H1N1 流感病例，应按照国家或地方卫生部门的要求处理表现出流感症状的家人。

（三）感觉自己感染了流感，要怎么办

(1) 如果感觉不适，出现高烧、咳嗽或喉咙痛，应该待在家中，不要去上班、上学或者去其他人员密集的地方；

(2) 多休息，喝大量的水；

(3) 咳嗽或打喷嚏时，用一次性纸巾遮掩住嘴和鼻子，用完后的纸巾应处理妥当；

(4) 勤洗手，每次洗手都应用肥皂彻底清洗，尤其咳嗽或打喷嚏后更应如此；

(5) 将自己的症状告诉家人和朋友，并尽量避免与他人接触。

（四）如果自己认为需要医学治疗，要怎么办

(1) 去医疗机构之前，应该首先与医护人员进行联系，报告自己的症状，解释为何会认为自己感染了甲型 H1N1 流感，例如自己最近去过暴发这种流感的某个国家，然后听从

医护人员的建议；

(2) 如果没法提前与医护人员联系，那么当抵达医院寻求诊断时，一定尽快把怀疑自己感染甲型 H1N1 流感的想法告知医生；

(3) 去医院途中，用口罩或其他东西遮盖住嘴和鼻子。

五、学校预防传染病的具体措施

由于学校是人员高度聚集的场所，室内活动较多，为进一步预防传染病，学校应采取以下具体措施：

(一) 保持工作、学习、生活环境通风换气，教学和生活用房应每天开窗通风不少于 2 次；

(二) 尽量不要组织师生到人群集中的地方去活动；

(三) 注意个人卫生，经常用肥皂和流动水洗手，特别在打喷嚏、咳嗽和清洁鼻子后要洗手，不要共用茶具及餐具；

(四) 注意增减衣物和均衡营养，加强户外锻炼，保证足够休息，增强体质；

(五) 学生若发现有发热、咳嗽、乏力、肌肉酸痛等症状应马上告诉老师或家长，及时就医，教师发现上述症状应及时就医。

(六) 学校卫生室应按规定定期消毒。

小贴士

用洗手液洗手的程序

(1) 开水龙头冲洗双手。

(2) 加入洗手液，用手擦出泡沫。

(3) 最少用 20 秒时间揉擦手掌、手背、指隙、指背、拇指、指尖及手腕，揉擦时切勿冲水。

(4) 洗擦后才用流动的清水将双手彻底冲洗干净。

(5) 用干净毛巾或抹手纸彻底抹干双手，或用干手机将双手吹干。

(6) 双手洗干净后，不要直接触摸水龙头，可用抹手纸包裹着水龙头，才把水龙头关上；或泼水将水龙头冲洗干净。

讨论题

保持手部卫生是预防传染病的首要条件。用洗手液彻底洗手或用酒精搓手液消毒双手均可保持手部卫生。传统的"饭前便后要洗手"的说法完全正确吗？请大家讨论一下：什么时候应洗手呢？

第二节　心理疾病的应对与安全教育

心理疾病(Mental illness)，是一种病，是指一个人由于精神上的紧张、干扰，而使自己思维上、情感上和行为上，发生了偏离社会生活规范轨道的现象。心理和行为上偏离社会生活规范程度越厉害，心理疾病也就越严重。

一、大学生常见心理疾病

（一）抑郁症

抑郁症又称抑郁障碍，以显著而持久的心境低落为主要临床特征，是心境障碍的主要类型。临床可见心境低落与其处境不相称，情绪的消沉可以从闷闷不乐到悲痛欲绝，自卑抑郁，甚至悲观厌世，可有自杀企图或行为；甚至发生木僵；部分病例有明显的焦虑和运动性激越；严重者可出现幻觉、妄想等精神病性症状。

每次发作持续至少 2 周以上，长者甚或数年，多数病例有反复发作的倾向，每次发作大多数可以缓解，部分可有残留症状或转为慢性。

抑郁症可以表现为单次或反复多次的抑郁发作，以下是抑郁发作的主要表现。

1. 心境低落

主要表现为显著而持久的情感低落，抑郁悲观。轻者闷闷不乐、无愉快感、兴趣减退，重者痛不欲生、悲观绝望、度日如年、生不如死。典型患者的抑郁心境有晨重夜轻的节律变化。在心境低落的基础上，患者会出现自我评价降低，产生无用感、无望感、无助感和无价值感，常伴有自责自罪，严重者出现罪恶妄想和疑病妄想，部分患者可出现幻觉。

2. 思维迟缓

患者思维联想速度缓慢，反应迟钝，思路闭塞，自觉“脑子好像是生了锈的机器”，“脑子像涂了一层糨糊一样”。临床上可见主动言语减少，语速明显减慢，声音低沉，对答困难，严重者交流无法顺利进行。

3. 意志活动减退

患者意志活动呈显著持久的抑制。临床表现为行为缓慢，生活被动、疏懒，不想做事，不愿和周围人接触交往，常独坐一旁，或整日卧床，闭门独居、疏远亲友、回避社交。严重时连吃、喝等生理需要和个人卫生都不顾，蓬头垢面、不修边幅，甚至发展为不语、不动、不食，称为“抑郁性木僵”，但仔细精神检查，患者仍流露痛苦抑郁情绪。

伴有焦虑的患者，可有坐立不安、手指抓握、搓手顿足或踱来踱去等症状。严重的患者常伴有消极自杀的观念或行为。消极悲观的思想及自责自罪、缺乏自信心可萌发绝望的念头，认为“结束自己的生命是一种解脱”，“自己活在世上是多余的人”，并会使自杀企图发展成自杀行为。这是抑郁症最危险的症状，应提高警惕。

4. 认知功能损害

研究认为抑郁症患者存在认知功能损害。主要表现为近事记忆力下降、注意力障碍、反应时间延长、警觉性增高、抽象思维能力差、学习困难、语言流畅性差、空间知觉、眼手协调及思维灵活性等能力减退。认知功能损害导致患者社会功能障碍，而且影响患者远期预后效果。

5. 躯体症状

主要有睡眠障碍、乏力、食欲减退、体重下降、便秘、身体任何部位的疼痛、性欲减退、阳痿、闭经等。躯体不适的体诉可涉及各脏器，如恶心、呕吐、心慌、胸闷、出汗等。自主神经功能失调的症状也较常见。病前躯体疾病的主诉通常加重。

睡眠障碍主要表现为早醒，一般比平时早醒2～3小时，醒后不能再入睡，这对抑郁发作具有特征性意义。有的表现为入睡困难，睡眠不深；少数患者表现为睡眠过多。体重减轻与食欲减退不一定成比例，少数患者可出现食欲增强、体重增加。

（二）神经衰弱

神经衰弱是指由于长期处于紧张和压力下，出现精神易兴奋和脑力易疲乏现象，常伴有情绪烦恼、易激惹、睡眠障碍、肌肉紧张性疼痛等；这些症状不能归于脑、躯体疾病及其他精神疾病。症状时轻时重，波动与心理社会因素有关，病程多迁延。

目前大多数学者认为精神因素是造成神经衰弱的主因。凡是能引起持续的紧张心情和长期的内心矛盾的一些因素，使神经活动过程强烈而持久的处于紧张状态，超过神经系统张力的耐受限度，即可发生神经衰弱。

如过度疲劳而又得不到休息是兴奋过程过度紧张；对现在状况不满意则是抑制过程过度紧张；经常改变生活环境而又不适应，中枢神经系统的活动在机体各项活动中起主导作用。而大脑皮质的神经细胞具有相当高的耐受性，一般情况下并不容易引起神经衰弱或衰竭。在紧张的脑力劳动之后，虽然产生了疲劳，但稍事休憩或睡眠后就可以恢复，但是，强烈紧张状态的神经活动，一旦超越耐受极限，就可能产生神经衰弱。

（三）重性精神病

重性精神病指那些表现为严重的精神障碍的精神疾病，临床表现为精神功能受损的程度已经达到自知力严重缺失，日常生活功能严重受损，不能保持对于现实生活的适当接触，并且出现严重的幻觉、妄想、行为离奇、思维怪异等症状。

常见的重性精神病包括情感性精神病中的严重抑郁症，精神分裂症，反应性精神病中的反应性木僵，器质性精神病中的感染性精神病、躯体疾病所致精神病、中毒性精神病、老年性痴呆、酒精中毒性精神病、脑外伤性精神病等。大多重性精神病患者都需要住院治疗。

重性精神病诊断标准：

（1）症状持续至少1个月。

（2）符合症状学诊断标准：

① 联想障碍；

② 妄想；

③ 幻觉；

④ 情感障碍；

⑤ 行为障碍；

⑥ 被动体验；

⑦ 意志减退。

（3）严重程序标准：自知力丧失或不全，或社会功能明显受损，或现实检验能力受损，或无法进行有效交谈。

（4）排除脑器质性精神障碍，躯体疾病所致精神障碍以及精神活性物质，非依赖性物质所致精神障碍，并排除心境障碍。

二、大学生心理疾病的成因分析

（一）就业的压力

大学扩大招生是“双刃剑”，在促进社会的发展、提升国民整体素质的同时，也导致了社会就业岗位与巨大的就业需求不成比例，大学生找工作或找到比较理想的工作越来越困难，这给众多大学生带来很大的精神负担和心理压力，一些大学生因之而焦虑、自卑、失去安全感，各种各样的心理问题随之产生。显然，就业环境的压力成为当今大学生最主要的困扰。

（二）学业压力

高校大学生都是经过几年寒窗苦读选拔出的优秀人才，其中竞争的激烈可想而知。他们不仅要承担繁重的课业压力，还要多方面提高素质，花费大量的时间考证、考级、考研。可以想象他们的学业竞争是多么激烈，他们所感受的压力多么沉重。当压力超过一个人的正常承受力时，自然会导致种种如焦虑、忧郁等心理问题。

（三）人际关系压力

大学生进入校园，脱离了家庭和中小学老师的悉心呵护，在新环境中他们得学会独立自主地生活，处理和同学的关系。大学相当于一个小社会，人际关系的处理需要良好的“外交手腕”和丰富的经验，一旦处理不当，很有可能被复杂的人际关系所产生的种种问题所困扰。

他们会感到郁闷、无助，甚至转变成行为畏缩，面对问题害怕逃避，甚至恐惧与人交往，内心压抑，渐渐在拒绝与人沟通中产生敌视、多疑、幻觉被人跟踪等心理问题。

（四）情感问题

大学生的性取向、恋爱观、道德观念等都不太成熟，属于过渡期，对情感问题的认识与处理往往不太正确，而由此引发的问题将严重影响大学生的心理健康。

青春期对性的困惑和强烈渴望与自我道德规范的冲突以及因恋爱所造成的情感危机，都是诱发大学生心理问题的重要因素。失恋会导致大学生心理变异，会引起一系列的心理反应，如痛苦、绝望等。如果不及时转移注意力，就容易导致忧郁、自卑，严重者甚至采取报复和自残行为。

大学生抑郁现象的分析[①]

小林以当地第一名的成绩考入北京某重点高校，第一学期期末，本来踌躇满志准备获

---

① 资料来源：http://wenku.baidu.com/，百度文库：大学生心理健康。

取奖学金的她未能如愿。她的情绪从此一落千丈,变得郁郁寡欢,无心学习,也无法处理好与同学的人际关系,还整夜失眠。最后不得不去医院精神科检查,结果诊断她是患了抑郁症。

在大学生中有抑郁现象的比较多,究其主要原因,是由于自我价值没有得到很好的体现,对自己进行了一些否定。一般这样的学生情绪都比较低落、不稳定,不爱搭理人,做事情没有兴致,时间长了,容易造成心理情绪积聚,对学习、生活肯定会造成影响,严重的则会患上抑郁症。如果没有找到正常渠道发泄,可能会沉迷于一些自己觉得是正确的事物上面,比如网络。这就需要周围的人群关注他们,给他们温暖,生活中有这种情绪的大学生也要多和身边的朋友谈心、交流,释放出自己的压力,以缓解这些症状,从而恢复正常状态。

(五)自身承受力弱

如今的大学生都是“90后”,从小以自我为中心,在溺爱与过度关注中长大,养成任性、自私、娇纵的习性,不善与人交流。父母包办一切事情,一旦独立面对学习与生活中的问题便往往不擅长处理,由此导致的挫败感又是脆弱的心灵所难于承受的,一旦累积过度就会诱发心理疾病,产生抑郁、暴力思想倾向和行为。

在应试教育机制下,传统的学校教育只是着重于灌输知识和技能,而对学生情感、态度、价值观的形成等关注不够,导致学生对生命和幸福没有正确理念,容易产生种种心理困惑与情感迷茫,从而削弱了心理承受力。

(六)生活环境的变迁

对于许多大一学生来说,他们刚刚踏进大学校门,所面对的是一个非常新奇而又陌生的环境,虽然这是他们早已期待和向往的,但是真正面对大学生活时还是需要有一个适应和心理调整的过程。

比如,在大学阶段学习习惯和作息时间大部分由自己掌握,更强调自学和独立思考的能力,老师的直接指导与所学内容有着巨大的差异,这就增强了学习上的困难,生活环境的变换也很大,尤其很多学生远离家乡和亲人,要自己独立生活,面对一切生活琐事,这时他们迫切需要老师和同学的帮助和指导。

(七)面对冲突的选择压力

大学生面临的冲突主要有以下几个方面,即所学专业与喜好专业的冲突、学习安排与培养个人兴趣的冲突、选择考研还是直接就业的冲突等。好多大学生面临这些问题总是反复衡量,举棋不定,不知道哪个更适合自己。

还有个别同学自控能力比较差,沉迷于网络,虽然明知不好,影响学习,对不起家人,可就是控制不了自己。各种各样的冲突对大学生的影响是不同的,特别当他们面对的选择对他们的影响比较大时,要做出选择就更加困难。这些问题解决不好直接影响到大学生的心理健康状况。

（八）不良家庭环境的影响

在接受咨询的大学生中，有相当一部分学生的问题（比如人际关系障碍、神经性障碍，抑郁心境、强迫症等）都与不良的家庭环境（如家庭暴力、慢性争吵、离婚、父母酗酒、犯罪入狱等）及父母对子女的态度和教养方式（如冷漠型、严厉型、过分保护型、个体偏爱型等）有很大关系，直接影响大学生个体的心理健康。

这种家庭关系造成的心理创伤，在大学生成年后也很难抹去，会经常浮现在眼前，压抑、退缩或攻击的情绪可能长期存在。在这样的家庭环境中成长起来的孩子，其人格特征是不健全的，心理是阴暗的甚至是仇视的，当面对复杂的社会环境时，会出现各种各样的适应障碍。诸如人际关系问题、社会恐惧，甚至神经症的反应等，都与早期的经历有直接的关系。

三、大学生心理疾病的预防措施

近几年来，高校学生心理健康问题已成为全社会关注的议题，要解决这个问题，教育部门、学校、社会社区、家庭应当共同合作，形成一个育人的良好氛围。高校教育更要为经济和社会服务，肩负起引导学生走向健康的发展轨道的重任，如何预防学生的心理疾病将成为高校的重要课题。

（一）构建健康活泼的人文环境

如今是一个交流互动的时代，高校要定期组织丰富有趣的活动，如舞会，讲座，文娱活动，去农村、公司实习锻炼，支持学生社团活动等，架起沟通社会、集体和他人感情的桥梁。

教师、学生干部和学生社团要有针对性地鼓励和发动同学，尤其是性格内向、不善于交际的学生积极投入广阔的校园和社会生活中，充分地与他人沟通，实现自己的价值，让自己融入集体和社会生活中，使他们意识到自己是社会生活中的一分子，消除孤独感、自卑感，激发对学习、生活的热爱。

（二）完善心理辅导机制

英国剑桥大学副校长伊安·莱斯利说："大学对学生的心理健康不能袖手旁观，而要像耐心的牧羊人一样进行引导。"这所有着八百多年历史的世界名校非常重视心理辅导，在各个学院都设有心理辅导机构。

我国各高等学校在心理辅导方面还处于新兴阶段，普遍存在师资力量薄弱、教师专业性不强、学历偏低、数量不足等问题。在西方发达国家，心理健康教育的从业人员都拥有硕士或博士学位。而在我国，心理健康工作者往往由心理学教师、辅导员和德育工作者担任，有些还是兼职人员，而且没有形成一个学校多方面配合辅导、人人关心学生心理健康的氛围，导致心理咨询效果不尽如人意。

应当注意的是，有一部分心理健康从业教师没有经过心理辅导的专业训练，心理学知识贫乏，掌握的心理测试技术和心理辅导方法都有待提高；有些未受过专业培训的德育工作人员在分析心理问题时形成德育思维模式的惯性，把心理问题和思想问题混合起来，无法达到有效的引导作用，甚至对来寻求帮助的学生的心理问题产生反作用。

另外，有些心理学专业毕业的人员没有实践经验，只具备基本的理论知识。要解决这一问题，我国的高校必须完善心理辅导机制，组建一个专业化的心理健康工作者队伍。

（三）重视生命教育

据有关部门调查显示，45.7%的大学生认为目前高校生命教育普遍缺失。现在是信息爆炸的社会，各种思潮横流，经济环境在美国次贷危机影响下不容乐观，大学生面临着极为复杂的外部环境，面临着非常大的压力，而高校传统教育理念和教育机制仍然专注于学生知识的吸收，强调学生英语过级比例、学生考上研究生比例、学生是否违反行政命令，甚至把思想政治教育等同于生命教育。

专家观点认为："生命教育是教学生要懂得'何以为生''为何而生'，让他们不仅有知识、有理性，还要有爱心、有情感、有人性。生命教育是一种人文教育、情感教育，要让他们能够感触到自己周围的感情，感到自己活在一个充满人情、爱和责任的空间里，然后让他们感觉到自己也是这个空间不可缺少的一部分。"

这是北京师范大学教育学院副教授苏立增的论述，具有专家的视角和学者的高度，足以引起人们的深思和注意。目前高校的生命教育没有得到重视，导致学生出现压力时迷茫无助，弥补生命教育这一断层能够帮助大学生有效地找到指导方向，避免陷入心理问题的旋涡中。

（四）多与学生交流，及早发现问题

辅导员和班主任应当经常与学生接触交流，了解学生的心理动态和需求，取得学生的信任，要特别关怀外表孤僻、自卑感强、自我封闭，不擅长与人交流的弱势群体，做到对问题早发现、早解决。

用真情使学生自觉改变

张金学从1987年来，连续27年扎根在中南大学大学生思想政治工作一线。

"上班在岗、下班在职"是张金学老师27年工作的常态，他坚持"对自己拥有一颗平常心、对工作拥有一颗事业心、对学生拥有一颗责任心"的工作理念，做一个可以影响学生一辈子的好老师。

在教育管理学生过程中，张金学老师尊重学生的意见，给予学生充分的信任。一次走访学生寝室时，他发现某寝室四名学生晚上10:30了还在玩游戏。见此情景，他没有立马制止，而是询问学生是从什么时间开始的。他们都异口同声回答："刚刚开始"。第二天，他提前了半个小时去查看，他们依旧回答："刚刚开始"。在以后的五天里，他每天都提前半个小时去，直到有天晚上7:30他再去时，他们主动递交了一份不再无节制玩游戏的保证书。

目前高校班主任都是教师兼职，有些辅导员把学生工作当作暂时的跳板，不安于岗位；而高校竞争压力加大，高校教师不但要考博充电，要完成学校规定的高额科研任务，还

要成为“上课机器”，很多辅导员和班主任为了自身的发展，无暇抽身与学生交流，建立良好的师生互动关系，使学生面对心理难题时不愿意与老师交流。

为了解决这一矛盾，高校应当建立健全的辅导员和班主任监督机制，增强他们的责任感，同时减少学生工作人员的科研学术负担，并且增加一定数量的专职学生工作人员，以便他们把主要精力投入学生工作和学生生活中。

（五）提高自我调适的能力

大学生在生活中感受的压力是多方面的：就业、学业、情感和复杂的人际关系等。重重压力包围着他们，随时可能冲破他们的心理防线。面对生活中出现的难题和困境，大学生在寻求心理支援的同时，更应当提高自我心理的调适能力，让自己对心理疾病具备“免疫力”。

高校可以通过多种途径和形式，如举办讲座、建立网页、张贴宣传画报和横幅等加大宣传力度，让大学生在潜移默化中重视心理卫生知识，并进一步掌握自我心理保健的方法，从而提高大学生发挥自身心理调适的能力。

因此，大学生在自我心理的调节中，一定要学会把自己的苦闷、烦恼、生活中碰到的难题向周围的亲朋好友倾诉，在关爱、理解和疏导中渐渐获得宽容、和谐的心态，以轻松、豁达、幽默的眼光看待周围的人和事情。而且要学会适当发泄不良情绪，要通过各种方式，如哭、喊、打、运动、逛街、阅读、参加各种活动把积累在心中的不快逐步宣泄出去，让阳光和快乐渐渐占据心灵。

（六）加强大学生社会化素质的培养

据某媒体对将近 3000 名参与者展开调查，56.8%的人认为现今的大学生“社会化不足，仍然单纯幼稚，对实际工作不适应”，“人际交往”和“团队协作”超过了“学习科研”，被视为当代大学生在大学期间最应该注重培养的能力。

专家认为，大学是人生的重要阶段，是社会化过程中的一个里程碑。大学四年是走入社会前的最后准备，社会化的成功与否，直接关系到跨入社会后的成败。而不少学生在校期间与社会接触少，走上工作岗位后处理不好各种复杂的关系，容易脱离实际，一旦碰壁就一蹶不振。阅历浅加上自控能力差，使得他们容易出现心理疾病。

高校应当在灌输给大学生文化知识的同时，加强对他们社会化素质的培养，让他们成长为一个成熟的社会人，具有健康的心理素质。高校要通过各种途径，架起与社会沟通、实践的桥梁，将大学生文化知识储备结合实践经验以便发挥出知识的最大能量；在社会化进程中，努力提高大学生面临逆境的耐受力和心理调适能力；并且帮助拓展大学生的交际网络，开阔文化和人文视野，尽量培养大学生的社会交往能力，使他们在不断的磨炼中提高识别和判断是非的能力，帮助他们较快具备融入社会的心理素质。

四、高校学校心理疾病预防及危机干预制度的建立

（一）心理疾病预防与危机干预重点关注 12 类学生

据北京青年报报道，调查显示，约有 17%的大学生承认自己有中度以上心理困惑。

为避免和减少校园突发事件对大学生的危害，北京市教工委、市教委、市卫生局、团市委联合出台《北京高校学生心理素质教育疾病预防与危机干预大纲》，目前大纲已经下发到各高校。高校在每年新生入学时，要对新生心理状况进行测查，排查出有心理疾病苗头的学生并建立相关档案。

市教委有关人士表示，该干预大纲的颁布，目的就是促使各高校制定相应措施，可以有效地对大学生心理疾病与危机进行干预，避免或减少校园突发事件对大学生的危害。心理疾病干预对象是心理素质教育工作与心理测评中发现以及筛查出来的有心理障碍、心理疾病或自杀倾向的学生。根据该干预大纲，这些学生包括以下 12 类。

(1) 遭遇突发事件而出现心理或行为异常的学生，如家庭发生重大变故、遭遇性危机、受到自然或社会意外刺激的学生。

(2) 患有严重心理疾病，如患有抑郁症、恐惧症、强迫症、癔症、焦虑症、精神分裂症、情感性精神病等疾病的学生。

(3) 既往有自杀未遂史或家族中有自杀者的学生。

(4) 身体患有严重疾病、个人很痛苦、治疗周期长的学生。

(5) 学习压力过大、学习困难而出现心理异常的学生。

(6) 个人感情受挫后出现心理或行为异常的学生。

(7) 人际关系失调后出现心理或行为异常的学生。

(8) 性格过于内向、孤僻、缺乏社会支持的学生。

(9) 严重环境适应不良导致心理或行为异常的学生。

(10) 家境贫困、经济负担重、深感自卑的学生。

(11) 由于身边的同学出现个体危机状况而受到影响，产生恐慌、担心、焦虑、困扰的学生。

(12) 其他有情绪困扰、行为异常的学生。尤其要关注上述多种特征并存的学生，其危险程度更大，应成为重点干预的对象。

(二) 高校大学生常见心理咨询内容

(1) 适应与发展咨询。

(2) 学业与发展咨询。

(3) 择业与发展咨询。

(4) 心理健康与发展咨询。

(5) 危机干预。

(三) 高校大学生常见心理咨询方式

(1) 个别咨询。

(2) 团体咨询。

(3) 电话咨询。

(4) 网络咨询。

五、了解大学生心理问题的方法

（一）行为观察法

观察法是有计划地用自己的器官或借助科学的观察仪器与装置，对所要研究的对象进行系统的观察和考察，以取得研究所需资料的方法。观察内容包括：外表、行为、语言特点、思维内容、认知功能、情绪、灵感与判断等。

在一段时间内持续地、尽可能详尽地记录被观察者所有的行为动作表现，包括：被观察者自身的全部行为，以及被观察者与他人的相互作用和交往；完整、客观、可永久保留地对所发生行为作描述性记录；持续进行直至规定时限（如一小时）；行为和环境有关的一切东西。现场详细持续记录全部行为或事件，也可采用录音、录像记录。

（二）面谈诊断法

谈话法是通过以问题为中心的会谈，从而获得求诊者的背景资料、求诊目的和对求诊的期望的谈话方法。

其操作步骤分为确定谈话主题、确定提问形式、认真仔细倾听、控制谈话方向、谈话内容分类、规范结束谈话及注意事项。

（三）心理测验法

心理测验法是根据已标准化的实验工具如量表，引发和刺激被测试者的反应，所引发的反应结果由被测试者自己或他人记录，然后通过一定的方法进行处理，予以量化，描绘行为的轨迹，并对其结果进行分析。

这种方法的最大特点是对被测试者的心理现象或心理品质进行定量分析，具有很强的科学性。而且随着计算机技术的发展和广泛应用，心理测验领域已出现了明显的计算机化的趋势，如在机上施测、自动计分、测试结果分析和解释等。

（四）心理健康普查

心理健康普查是指对某一群体的每一对象进行统一的心理健康测查，以便了解每一个体的心理健康状况和该群体的心理健康状况，为心理辅导和心理治疗提供参照信息。其根本目的是帮助学生提高自己的心理健康水平和心理综合素质。教育部2004年制定了《中国大学生心理健康测评系统》，建立适合中国大学生心理健康的测评系统。

小贴士

能有效用于心理健康诊断的心理测验主要有：《明尼苏达多相个性问卷》(MMPI)、罗夏的《罗夏墨迹测验》、默里的《主题统觉测验》(TAT)、埃森克的《情绪稳定性测验》、马斯洛的《安全感不安全感问卷》。[①]

---

① http://baike.baidu.com，百度百科：心理测验法。

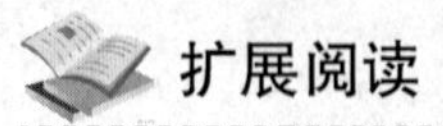

大学生心理健康的标准[①]

(1) 有适度的安全感,有自尊心,对自我的成就有价值感。

(2) 适度地自我批评,不过分夸耀自己也不过分苛责自己。

(3) 在日常生活中,具有适度的主动性,不为环境所左右。

(4) 理智、现实、客观,与现实有良好的接触,能容忍生活中挫折的打击,无过度的幻想。

(5) 适度地接受个人的需要,并具有满足此种需要的能力。

(6) 有自知之明,了解自己的动机和目的,能对自己的能力作客观的估计。

(7) 能保持人格的完整与和谐,个人的价值观能适应社会的标准,对自己的工作能集中注意力。

(8) 有切合实际的生活目标。

(9) 具有从经验中学习的能力,能适应环境的需要改变自己。

(10) 有良好的人际关系,有爱人的能力和被爱的能力。在不违背社会标准的前提下,能保持自己的个性,既不过分阿谀,也不过分寻求社会赞许,有个人独立的意见,有判断是非的标准。

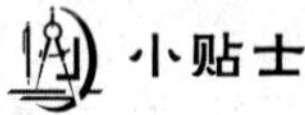

情绪管理小方法

如何让自己快乐:

(1)奋斗求乐;(2)化有为乐;(3)化苦为乐;(4)知足常乐;(5)助人为乐;(6)自得其乐。

另外,当陷于苦恼、生气等负性情绪,出现行为冲动时,使用4AS技术来自我管理情绪,以便改变情绪;A: ASK,即反问、反思,S: STEP,即步骤。

(1)值得吗? 自我控制!(2)为什么? 自我澄清!(3)合理吗? 自我修正!(4)该怎样? 自我调适!

讨论题

(1) 如果你喜欢的男(女)同学不喜欢你,你该怎么办? 分组讨论如何尊重别人的选择权和自己的生命价值。

(2) 学生们分成13人一组开始一个名叫“泰坦尼克号”的活动。情景设计了13个人坐在“泰坦尼克号”上,每个人安排一个角色:孕妇、运动员、船长、导演、演员等。遇上冰山后,只有5个人能坐上救生小船。大家讨论,谁能坐上小船? 学生在参与和讨论过程中,对生命价值进行严肃判断。

---

① 资料来源:http://www.cndzys.com/renqun/teshu/398861.html,大众养生网,2015.04.01。

(3) 让每个学生在4张纸上写出自己最亲最重要的人，折好，相互交换。随意撕掉一张，再还给对方。被撕的那张纸，代表这位亲人已经离你而去。拿回自己的纸条后，大家开始讨论：你心目重要的亲人离开你了，你的生活会怎样，你是怎么想的？学生在讨论中，应该明白，如果是你离开了亲人，家人也会和你同样心情。

第三节　网瘾伤害事故的应对与安全教育

根据我国《网络成瘾临床诊断标准》，网络成瘾(IAD)是指个体反复过度使用网络导致的一种精神行为障碍，表现对网络的再度使用产生强烈的欲望，停止或减少网络使用时出现戒断反应，同时伴有精神及躯体症状。

国际卫生组织把网络成瘾定义为，重复过度使用网络所导致的一种慢性或周期性的着迷状态，并产生难以抗拒的再次使用的欲望。

一、网络成瘾的判断标准及特点

(一) 网络成瘾的判断标准

(1) 是否觉得上网已经占据你的身心？

(2) 是否觉得只有不断增加上网时间才能感到满足，从而使上网时间经常比预定时间长？

(3) 是否无法控制自己上网的冲动？

(4) 如果因事不能上网，是否会感到烦躁不安或情绪低落？

(5) 是否将上网作为解脱痛苦的唯一方法？

(6) 是否对家人或亲友隐瞒迷恋上网的程度？

(7) 是否因为上网而面临失学或失去朋友的危险？

(8) 是否在支付高额上网费用时有所后悔，但第二天却仍然忍不住还要上网？

(9) 减少或停止上网时会出现周身不适、烦躁、易激惹、注意力不集中、睡眠障碍等戒断反应。

以上9条符合半数以上即被视为网络综合征患者。

以下5条至少符合1条即被视为网络综合征患者。

(1) 为达到满足感而不断增加使用网络的时间和投入程度。

(2) 使用网络的开始、结束及持续时间难以控制，经多次努力后均未成功。

(3) 固执地使用网络而不顾其明显的危害性后果，即使知道网络使用的危害性仍难以停止。

(4) 因使用网络而减少或放弃了其他兴趣、娱乐或社交活动。

(5) 将使用网络作为逃避问题或缓解不良情绪途径。

此外，还提出以下标准：

(1) 行为和心理上的依赖感。

(2) 行为的自我约束和自我控制能力基本丧失。

(3) 学习和生活的正常秩序被打乱。

(4) 身心的健康受到较严重的损害。

(二) 大学生网络成瘾的特点

(1) 求知欲望强烈,追求时尚。

(2) 强烈的自我实现欲望。

(3) 青春期性心理尚不成熟。

(4) 大学生还未学会正确地应对现实中的困难挫折。

(5) 部分大学生缺乏学习与生活的目标,因而在受到同学、朋友的邀请或偶尔上网后便沉迷于网络,虚度光阴。

二、网络成瘾对大学生危害的主要表现

(一) 严重影响身体健康

据研究,网络游戏的画面是上下左右跳跃式的,变化十分迅速,玩游戏的人长时间盯着屏幕就会使眼睛过度疲劳,网络成瘾的大学生极易患眼科疾病,轻者引起近视,重者导致视网膜脱落;同时,不断地操作键盘和鼠标,也会给手带来患肌腱炎的可能;而久坐于计算机前,重复、机械的运动和操作可引起腰酸、背疼及全身不适,并可引起以肩关节、肘关节、腕关节等多发部位的关节无菌性炎症。可见,网络成瘾对大学生身体健康极为不利。

(二) 严重影响大学生学习

部分大学生由于长期沉溺于网络,不仅浪费了大量的时间和精力,而且受网络中不良信息的影响,他们常常丧失学习目标,学习兴趣下降,频繁迟到、早退、逃课,因而学习成绩下降,多门课程不及格,毕业时拿不到学位证,甚至无法毕业的学生比比皆是。

据统计,在考试科目数门不及格的大学生中,因沉迷于网络而导致成绩急速下降的几乎占 80%,网络成瘾已经成为摧残大学生的罪魁祸首。

(三) 大学生人际关系严重恶化

现在的大学生大多是独生子女,他们本来就不善于与人沟通,如果整天沉迷于网络游戏、不与人交流就会更加缺乏人际交往能力。网络成瘾的学生一般都会产生与老师、同学的交往障碍,与家长产生较深的“代沟”问题。

另外,这部分大学生的个性特征在人际互动中常表现为不尊重他人、以自我为中心、过于功利、过于依赖、妒忌心强、自卑、有敌意、偏激、退缩、不合群等,甚至产生自闭倾向,并有可能埋下人生悲剧的种子。

(四) 严重影响心理健康,导致人格异化

长期迷恋网络游戏的大学生在心理上会受到很大的影响。其主要表现是:

首先,长时间玩游戏之后会产生幻觉,注意力下降,反应能力变差,影响智力发展,影

响学习，如果过不了某一关，在心理上还会产生焦虑情绪；

其次，大学生玩网络游戏成瘾后，一旦停止网络游戏活动，便无心做其他事情，情绪低落，思维迟缓，记忆减退，食欲不振，形成精神依赖和相应的生理反应；

最后，网络游戏成瘾还会使大学生变得自私、怯懦、自卑，失去朋友和家长的信任，人格发生明显改变。

（五）不良网络信息诱发大学生犯罪活动

网络是个信息宝库，但也充斥很多黄色信息、暴力信息等垃圾信息。据有关专家调查，网上的非学术信息中有47%与色情有关，而接触过黄色信息的大学生90%以上有性犯罪动机或行为。

这些不良信息严重污染了大学生的思想，导致大学生社会责任感缺失、道德感弱化，甚至扭曲了大学生的心灵，诱发了大学生网络犯罪。另外，一些大学生受游戏的影响，误认为通过伤害他人而达到自己目的的方式合情合理。一旦形成了这种错误观点，就会不择手段，欺诈、偷盗甚至对他人施暴。

目前，因为网络成瘾而引发的道德失范、行为越轨甚至违法犯罪的问题正逐渐增多。

三、网络成瘾原因分析

（一）内部原因

有网瘾的大学生中有80%是独生子女，现实生活中的交往、交流存在缺陷，往往想要借助虚拟网络宣泄自己的情感。再者，大学生活是社会观，人生观，价值观的过渡阶段，自控和认识能力较薄弱，求知欲望却极其强烈，对外界的各种新鲜事物都充满好奇，因此五彩缤纷的互联网对他们的吸引力是难以控制的一旦陷入其中就难以脱身。

另外，大学生刚从忙碌的高中生活中解脱出来，人际关系淡薄，有着较丰富的课余时间，他们对于学习生活漫无目标，对专业不感兴趣，因此把大量的时间用在互联网上，宣泄心中的苦闷，逃避不愿面对的现实。

(1) 大学生活认识误区

新生从拿到录取通知到报到的这段时间比较空闲，家长通常也认为“高考结束了，让孩子放松放松”。于是，这段时间成为一个空当，学生玩网络游戏不节制，很容易成瘾，进了大学也无法戒除。再加上对大学生活的误解，让学生有了放松的情绪，更难戒除网瘾。多数大学生把网络当成娱乐的平台，不少网瘾者舍不得下线仅仅是为了将游戏中的某个角色练到更高等级或为了某件高级装备。

(2) 寻求精神慰藉

进入大学后压力的骤然减轻，就业压力的加重，生活目标的迷茫，人际关系的淡薄，让不少大学生进入网吧打发时间，宣泄心中的苦闷，不愿面对现实。不少大学生在网络虚拟世界找到心理上的满足，对网络的依赖性越来越强，沉溺于虚拟世界，与现实生活产生隔阂。网络成为了他们的精神支柱，久而久之，影响了正常的认知、情感和心理定位，进而影响健康的性格。

(3) 自我意识强烈

大学生是人生中自我意识最强烈的时期,急于确立自我价值,网络具备平等性、匿名性等大学生追求的理想生活特性,切合现在社会表达感情方式。网络自由平等的特性,为大学生创造了"海阔凭鱼跃,天高任鸟飞"的天地。

(4) 娱乐心理影响

网络媒体把文字阅读、画面浏览和声音聆听融为一体,让人体验到心跳、体温、眩晕、紧张等微妙的心理变化,从而获得某种程度的精神上的满足和愉悦。网络媒体具有的这些特征和功能正好与大学生具有的好奇、喜欢惊险刺激、对新事物反应迅速、强烈的求知探索欲的心理特征相匹配。因此在网上聊天、游戏、听音乐、看电影、读文章等成为大学生娱乐的重要方式,大学生必然渐渐对网络产生依赖性。

(5) 求知心理影响

互联网相比其他媒介,其信息丰富直观,并且易于理解和接受,而大学生正处于求知欲极为旺盛的阶段,因而容易成为天然的网民。但如果对这些海量信息不加分析地接受,大学生就容易在网络虚拟社会中迷失方向。

(6) 性好奇心理影响

大学生正处在青春期,性意识逐渐觉醒,且时常被性意识和性冲动所困扰,性好奇心理较为强烈。互联网上充斥着的各种与黄色、暴力有关的内容容易诱导大学生误入歧途。

(7) 不满现实心理影响

学生在高中时代对大学生活充满憧憬,步入大学校门后发现现实中的大学生活与他们所勾勒的美景相去甚远,因此不可避免地会产生心理落差。网络所提供的虚拟生活环境很容易补充现实中的缺憾与不足。随着对网络的依赖与日俱增,大学生性格孤僻、精神恍惚的现象就日益严重。

(二) 外部原因

1. 家庭因素

由于现在生活质量的提高,大多数家庭都有电脑,这给大学生提供了网络成瘾的"平台",有些父母因忙于工作而忽略了跟孩子的交流沟通,这就提供了孩子在网上交往的"动力",家庭关系不好也是大学生网络成瘾的一个重要原因,他们孩子往往通过网络避开不愉快的关系,有些家长在得知孩子已有成瘾的趋势后仍没能加以管教,这更使他们觉得家庭冷漠而网友温馨。

2. 学校因素

高校里有良好的电脑设备设施,学生可自带电脑在宿舍上网等,在给学生带来方便的同时,也为上网成瘾提供了有利条件;在使用电脑时缺乏有效的指导,很多学生把网络当成娱乐工具;当学生在学习上遭受挫折时,得不到老师、同学的理解,为了宣泄苦闷,借助网络释放压抑。

3. 社会

大量网吧遍布学校周边,给大学生随便出入提供条件;网吧老板唯利是图,提出很多优惠吸引大学生上网；执法机关没能有效对网吧进行管理，打击网络犯罪以及限制网吧数量。

4. 网络本身的原因

网络具有虚拟性、隐匿性、互动性、平等性和自由性等特点，大学生很容易被吸引入超时空、超现实的网络世界塑造一个虚拟的"自我"。网络游戏的互动性让他们得以自由交流，自由选择喜欢的角色。在角色的不断变化中弥补现实中的遗憾，网络成为他们的避风港。当他们重新回到现实而不能有效解决问题时，他们就会不自觉地回到虚拟世界中去。

5. 应试教育的根深蒂固素质教育仍然是纸上谈兵

课堂的重教轻育以及课堂外缺乏引导、缺乏心理上应有的关怀和培养，是造成大学生网络成瘾的一个重要因素。

四、网络成瘾防治措施

（一）加强对大学生的教育引导，构建心灵"防火墙"

1. 加强世界观、人生观、价值观教育

加强对大学生的世界观、人生观、价值观的教育，提高他们的自律能力、自控能力和明辨是非的能力，帮助他们建立起心灵"防火墙"，完善其人格。教育引导大学生正确认识互联网，更好地利用网络便利的功能，抵御网络的各种不良信息的侵害。

2. 加强网络安全及案例教育

加强网络安全及案例教育，把沉迷于网络游戏、无节制上网聊天所带来的危害，通过一件件活生生的事例展现给他们，特别是对有网络成瘾倾向及已有网络成瘾的学生，要让他们从思想深处认识到网络成瘾的严重后果，尽早改变这一不良行为，把更多的时间和精力投入自己的专业学习中去。

3. 加强网络道德教育

加强网络道德教育，对刚进入大学的大一新生，要及时进行网络知识教育和网络道德规范教育，帮助学生树立正确、合理使用网络的意识，使他们正确区分虚拟空间和现实空间，能够在发生心理冲突时做出合理的判断和选择。平时利用报刊、网站等宣传阵地提醒学生要规范上网行为，通过邀请专家作主题讲座、举办漫画展、张贴警示语、播放教育影片等活动，使学生意识到过度上网的危害，时刻提醒学生要合理安排上网时间。

（二）重视对网络成瘾大学生的心理健康教育，积极开展心理调适和咨询活动

1. 开展心理健康教育

积极开展心理健康教育，加强对大学生上网心理、网络人际交往的心理特征、网络性心理障碍等网络心理问题的研究，培养大学生正确认识自己和评价自我的能力、人际交往能力以及角色适应和扮演能力，学会正确地处理网络世界和现实社会的各种关系。

2. 开展心理咨询辅导

在学校里全面开展各种形式的心理咨询和辅导，进一步做好大学生心理咨询室和心

理档案的建设工作，在充分利用传统的门诊、电话、信函、现场等咨询方式的同时，要大力开展网上心理咨询，引导大学生学会调整不良交际情感，提升大学生的情感境界，维护其心理健康。

3. 加强学生心理辅导帮助

学校心理健康中心应加强对网络成瘾问题学生的心理辅导和帮助，对个别陷入网络太深的同学，应注意采用个别辅导的方式对其进行循序渐进的心理疏导、治疗。在对学生进行心理疏导前必须充分了解原因，对症下药。

辅导员要认真倾听学生的诉说，通过谈话交流了解学生的心理活动情况，当学生能够把自己沉迷于网络的原因诉说出来的时候，他也会对自己上网的行为有所醒悟。学生倾诉的过程也是自我醒悟、自我教育的过程。对已经产生网络成瘾综合征、情感冷漠症等严重问题的大学生，则应该请专家做行为治疗，必要时配合适当的药物控制，避免产生更大的生理和心理上的伤害。

（三）加强对自控能力较差的大学生的教育引导

网络成瘾的大学生往往自制力差，学习基础薄弱，性格内向，不善于和别人进行交流沟通。辅导员、班主任、学生干部和学生家长要配合起来主动干预，加强对网络成瘾者的教育引导。

1. 建立家长陪读制度

对于自制力差的网络成瘾者，学校要和学生家长保持经常性的联系沟通，条件允许的情况下，建议家长在校陪读。家长要帮助网络成瘾的学生合理安排课余时间，帮助其制订学习计划，监督其学习过程，使其学习生活逐渐转变到正常轨道上来。

2. 充分发挥党、团组织的作用

针对经常出入网吧的学生，学院可以安排党员、入党积极分子、班干部对他进行监督，以“一帮一”或“多帮一”的形式，进行帮带。如陪同他自习，给他做必要的辅导，同时可督促其按时休息、按时上课，在学生中尽量营造一种团结互助的氛围，做到以情动人。另一方面，班干部可在班级活动中有意识地给其安排一些任务，积极带动其参加班级活动，使其增强与人沟通交往的能力，逐渐融于班集体。

3. 开展丰富多彩的校园文化活动

利用校园文化活动吸引大学生的注意力，增强大学生的兴趣和参与意识，鼓励他们积极地参加社会实践活动，创造条件让学生展示才能，把学生的兴趣吸引到健康向上的活动中来。

通过第一课堂和第二课堂的教育和引导，教会他们正确认识处理学习和生活中遇到的各种困难，同时，也让他们感受到集体的温暖，感受人际交往的乐趣，增强人际交往能力，帮助他们克服压力，正确面对挫折和挑战，更好地适应大学生活。

（四）加强网络的法制化管理，建立网上监察机制

1. 完善网络立法

通过加大网络立法力度、完善法规来治理网吧经营秩序混乱的问题。提高网站主持

人、软件生产商、网页制作人的社会责任感，净化网络环境。对违反法规、提供不良信息网站和网页的，要依法严惩。

要逐步建立网上信用制度，增强大学生网上交际的责任感、安全感。有关技术部门应承担起保护青少年的重大职责，要利用技术力量，加强对网上不良信息的过滤，对网上不良交际渠道进行封堵，为大学生输送科学、正确、健康的信息，规范网络市场，为大学生提供一个健康的网络环境。

2. 规范网络游戏企业行为

健全网络游戏行业的协会组织，规范网络游戏企业行为，使网络游戏企业依法经营。按照国家有关标准，对可能诱发网络游戏成瘾的游戏规则进行技术改造。同时，开发网络游戏产品身份认证和识别系统软件，对其中依靠 PK 来提高级别的游戏应当通过身份认证登录，实行实名游戏制度。

3. 加强校园网络的监督与管理

随着计算机和网络的普及，大学生进行网络活动的地点逐渐由校外网吧转向学生宿舍。加强校园网络监督和管理，是干预大学生网络成瘾的有效措施。

一方面，利用技术手段，在网关处对非法数据包（如游戏网站、色情网站、暴力网站以及反动网站发送的数据包或者从这些网站接收的数据包）进行屏蔽，不断净化网络环境，将 IP 地址和网卡 MAC 地址绑定，对访问非法网站的计算机进行准确定位，加强对大学生浏览网络信息的监管，对浏览、观看、传播不健康信息的学生进行警告，视情节严重程度给予相应的纪律处分。

另一方面，学校要出台校园网络管理相关规定，倡议低年级学生在学习基础课阶段不要购买电脑，引导高年级学生合理、文明使用网络，增强大学生上网的法制意识、责任意识和安全意识，规范网络秩序，严肃网络纪律。

高考 647 分名校大学生吃住网吧四年[①]

时间：2013 年 3 月 27 日

地点：吉林大学附近网吧

事件：吉林大学计算机专业学生网络游戏成瘾

在吉林大学附近的一家网吧，有一位“80 后”就住在这里的 77 号座位，因而他被称为“7 哥”。宽大的座位里蜷缩着一个头发长长的男生：棕色的外衣，样式老旧；黑色的裤子，看不出条纹的颜色；一个行李箱靠墙放着，挨着暖气还有一个行李袋，上面的小袋子里放着卫生纸；电脑旁一瓶水，地面一双拖鞋，旁边的电源线插着手机充电器。这些是他全部的家当。这是一个以网吧为家生活了 4 年半的大学生，一个没有勇气走出这个屋子不再回来的男生。

---

① 资料来源：http://www.cnhuadong.net/system/2013-3-27/content_202983.shtml，华东在线，2013.03.27。

小贴士

10种极端网瘾要立即寻医

当出现以下10种极端情况时，表明你就已经染上了网瘾，需要立即寻求心理医生的帮助：

1. 离家出走：通常是愤世嫉俗，得不到父母理解，自行离家，到外地网友处游玩。

2. 偷盗：因为没有钱买装备和点卡，实施偷盗，数额大小不等。

3. 抢劫抢夺：一个是经济原因，再有可能是就为了网络虚拟货币或购买装备。

4. 自伤自杀：在网络或家庭互动中，造成情绪抑郁，无法解脱而实施。

5. 精神失常：无故发笑、自言自语、嬉笑怒骂等。

6. 打架斗殴：多因与网友冲突、误解而引起。

7. 网上诈骗：为了达到自己的目的，有计划地设计图谋网友的拥有物。

8. 休克：没日没夜上网，忘记吃饭睡觉，导致低血糖休克、昏迷。

9. 癫痫发作：过度无节制上网，可能会诱发癫痫。

10. 自闭于室内：拒绝与家人说话、沟通，把自己反锁于卧室，拒绝家人进入，不与家人共同进餐等。

讨论题

在大学校园里，男生玩游戏，女生追影视，集体上网成瘾，这已经形成大学宿舍文化的一个怪圈。男生玩网络游戏上瘾，这是普遍存在的网瘾现象，那么女生抱着电脑追各种影视剧集，过分依赖网络，是网瘾吗？请大家讨论一下，如何预防和远离网络成瘾的伤害？

第四节　食物中毒突发事件的应对与安全教育

食源性疾病（foodborne illness 或 foodborne disease），俗称食物中毒（food poisoning），泛指所有因为进食了受污染食物、致病细菌、病毒，又或被寄生虫、化学品或天然毒素（例如有毒蘑菇）感染了的食物。

一、食物中毒的症状及诊断依据

（一）食物中毒症状

虽然食物中毒的原因不同，症状各异，但一般都具有如下流行病学和临床特征。

（1）潜伏期短，一般由几分钟到几小时，食入“有毒食物”后于短时间内几乎同时出现一批病人，来势凶猛，很快形成高峰，呈爆发流行；

（2）病人临床表现相似，且多以急性胃肠道症状为主；

（3）发病与食入某种食物有关，病人在近期同一段时间内都食用过同一种“有毒食物”，发病范围与食物分布呈一致性，不食者不发病，停止食用该种食物后很快不再有新病例；

(4) 一般人与人之间不传染,发病曲线呈骤升骤降的趋势,没有传染病流行时发病曲线的余波;

(5) 有明显的季节性,夏秋季多发生细菌性和有毒动植物食物中毒;冬春季多发生肉毒中毒和亚硝酸盐中毒等。

(二) 食物中毒诊断机构

《食物中毒诊断标准及技术处理总则》明确规定食物中毒患者的诊断由食品卫生医师以上(含食品卫生医师)诊断确定;食物中毒事件的确定由食品卫生监督检验机构根据食物中毒诊断标准及技术处理总则确定。

二、常见易中毒食物及应对方法

(一) 鲜木耳

常见问题:鲜木耳与市场上销售的干木耳不同,含有叫作“卟啉”的光感物质,如果被人体吸收,经阳光照射,能引起皮肤瘙痒、水肿,严重可致皮肤坏死。若水肿出现在咽喉黏膜,还能导致呼吸困难。

应对方法:新鲜木耳应晒干后再食用。暴晒过程会分解大部分“卟啉”。市面上销售的干木耳,也需经水浸泡,使可能残余的毒素溶于水中。

(二) 鲜海蜇

常见问题:新鲜海蜇皮体较厚,水分较多。研究发现,海蜇含有四氨络物、5-羟色胺及多肽类物质,有较强的组胺反应,引起“海蜇中毒”,出现腹泻、呕吐等症状。

应对方法:只有经过食盐加明矾盐渍 3 次(俗称三矾),使鲜海蜇脱水,才能将毒素排尽,方可食用。“三矾”海蜇呈浅红或浅黄色,厚薄均匀且有韧性,用力挤也挤不出水。

海蜇有时会附着一种叫“副溶血性弧菌”的细菌,对酸性环境比较敏感。因此凉拌海蜇时,应放在淡水里浸泡两天,食用前加工好,再用醋浸泡 5 分钟以上,就能消灭全部“弧菌”。这时候,就可以放心大胆地吃凉拌海蜇了。

(三) 鲜黄花菜

常见问题:含有毒成分“秋水仙碱”,如果未经水焯、浸泡,且急火快炒后食用,可能导致头痛头晕、恶心呕吐、腹胀腹泻,甚至体温改变、四肢麻木。秋水仙碱在体内氧化为氧化二秋水仙碱,食用后 0.5~4 小时出现恶心、呕吐、腹痛、腹泻、头昏、头疼、口渴、喉干症状。

应对方法:干制黄花菜无毒。想尝尝新鲜黄花菜的滋味,应去其条柄,开水焯过,然后用清水充分浸泡、冲洗,使“秋水仙碱”最大限度溶于水中。建议将新鲜黄花菜蒸熟后晒干,若需要食用,取一部分加水泡开,再进一步烹调。

如果出现中毒症状,不妨喝一些凉盐水、绿豆汤或葡萄糖溶液,以稀释毒素,加快排泄。症状较重者,立刻去医院救治。

（四）变质蔬菜

常见问题：在冬季，蔬菜特别是绿叶蔬菜储存一天后，其含有的硝酸盐成分会逐渐增加。人吃了不新鲜的蔬菜，肠道会将硝酸盐还原成亚硝酸盐。亚硝酸盐会使血液丧失携氧能力，导致头晕头痛、恶心腹胀、肢端青紫等，严重时还可能发生抽搐、四肢强直或屈曲，进而昏迷。

应对方法：如果病情严重，一定要送院治疗。而轻微中毒的情况下，可食用富含维生素C或茶多酚等抗氧化物质的食品加以缓解。大蒜能阻断有毒物的合成进程，所以民间说大蒜可杀菌是有道理的。需要提醒的是，蔬菜当天买当天吃完最好。有些市民习惯将大白菜、青椒等用报纸包裹着放在冰箱里，这也是不可取的。

（五）变质生姜

常见问题：生姜适宜放在温暖、湿润的地方，存贮温度以12℃～15℃为宜。如果存贮温度过高，腐烂也很严重。变质生姜含毒性很强的物质“黄樟素”，一旦被人体吸收，即使量很少，也可能引起肝细胞中毒变性，因此不能食用。

应对办法：要存放的鲜姜应选购外皮无伤、茎块肥厚的大块姜，掰掉小芽后可以埋在潮而不湿的细砂土或黄土中保存。保存生姜鲜嫩的较好方法是将生姜洗净后埋入盛食盐的罐内，可使生姜较长时间不干，保持浓郁的姜香。

（六）霉变甘蔗

常见问题：霉变的甘蔗“毒性十足”。霉变甘蔗的外观无正常光泽、质地变软，肉质变成浅黄或暗红、灰黑色，有时还发现霉斑。如果闻到酒味或霉酸味，则表明严重变质。甘蔗阜孢霉、串珠镰刀菌等产生的霉菌毒素后10分钟～48小时内引起头痛、头晕、恶心、呕吐、腹痛、腹泻、视力障碍；重者剧吐、阵发性痉挛性抽搐、神志不清、昏迷，幻视、哭闹。误食后，可引起中枢神经系统受损，轻者出现头晕头痛、恶心呕吐、腹痛腹泻、视力障碍等。严重者可能抽搐、四肢强直或屈曲，进而昏迷。

应对方法：观其色、闻其味之后，如果发现有可疑，请一定不要食用。因为霉变甘蔗中含有神经毒素，而且还没有特效的解毒药。儿童的抵抗力较弱，要特别注意。

（七）长斑红薯

常见问题：红薯表面出现黑褐色斑块，表明受到黑斑病菌（一种霉菌）污染，排出的毒素有剧毒，不仅使红薯变硬、发苦，而且对人体肝脏影响很大。这种毒素，无论使用煮、蒸或烤的方法都不能使之破坏。因此，有黑斑病的红薯，不论生吃或熟吃，均可引起中毒。

应对方法：放红薯的地窖要选择地势高、通风好、不渗水的地方；放红薯的底层要垫上干燥、清洁的草；被水淹过的红薯不要再贮存；碰破皮或有镐伤的红薯，保存时间不要过长；经常检查，及时挑出有褐色或黑色斑点的红薯。

（八）生豆浆

常见问题：未煮熟的豆浆含有皂素等物质，不仅难以消化，还会诱发恶心、呕吐、腹泻等症状。

应对方法：一定将豆浆彻底煮开再喝。当豆浆煮至85℃～90℃时，皂素容易受热膨胀，产生大量泡沫，让人误以为已经煮熟。家庭自制豆浆或煮黄豆时，应在100℃的条件下，加热约10分钟，才能放心饮用。

还需注意，别往豆浆里加红糖。否则红糖所含醋酸、乳酸等有机酸，与豆浆中的钙结合，产生醋酸钙、乳酸钙等块状物，不仅降低豆浆的营养价值，而且影响营养素吸收。此外，豆浆中的嘌呤含量较高，痛风病人不宜饮用。

（九）生四季豆

常见问题：四季豆又名刀豆、芸豆、扁豆等，是人们普遍食用的蔬菜。生的四季豆中含皂甙和血球凝集素，由于皂甙对人体消化道具有强烈的刺激性，可引起出血性炎症，并对红细胞有溶解作用。

此外，豆粒中还含红细胞凝集素，具有红细胞凝集作用。如果烹调时加热不彻底，豆类的毒素成分未被破坏，食用后会引起中毒。

四季豆中毒的发病潜伏期为数十分钟至数小时，一般不超过5小时。主要有恶心、呕吐、腹痛、腹泻等胃肠炎症状，同时伴有头痛、头晕、出冷汗等神经系统症状。有时四肢麻木、胃烧灼感、心慌和背痛等。病程一般为数小时或1～2天，愈后良好。若中毒较深，则需送医院治疗。

应对方法：家庭预防四季豆中毒的方法非常简单，只要把全部四季豆煮熟焖透就可以了。每一锅的量不应超过锅容量的一半，用油炒过后，加适量的水，加上锅盖焖10分钟左右，并用铲子不断地翻动四季豆，使它受热均匀。

另外，还要注意不买、不吃老四季豆，把四季豆两头和豆荚摘掉，因为这些部位含毒素较多。使四季豆外观失去原有的生绿色，吃起来没有豆腥味，就不会中毒。

（十）青番茄

常见问题：青番茄含有与发芽土豆相同的有毒物质——龙葵碱。人体吸收后会造成头晕恶心、流涎呕吐等症状，严重者发生抽搐，对生命威胁很大。

应对方法：关键要选熟番茄。首先，外观要彻底红透，不带青斑。其次，熟番茄酸味正常，无涩味。最后，熟番茄蒂部自然脱落，外形平展。有时青番茄因存放时间久，外观虽然变红，但茄肉仍保持青色，此种番茄同样对人体有害，需仔细分辨。购买时，应看一看其根蒂，若采摘时为青番茄，蒂部常被强行拔下，皱缩不平。

三、校园食物中毒事件高发的原因

分析多起校园食物中毒事件，不难发现，导致当前校园食物中毒事件高发频发的主要原因有以下几点。

（一）餐饮企业准入门槛低导致行业整体素质不高

学校后勤实行社会化改革，社会餐饮企业可通过招标、承包等形式进入学校食堂，但对社会餐饮企业的准入标准却无国家层面上的统一规定。根据现行规定，企业只要具有餐饮经营资质即可进入学校经营，对餐饮企业的诚信经营、不良记录等均没有考察评审。这就导致部分学校食堂引进的社会餐饮企业良莠不齐。

（二）校园食堂“以包代管”难以有效监管

根据《食品安全法》规定，学校作为校园食品安全第一责任人，学校在对外承包食堂时只对企业承包经营权，食堂管理权由学校负责。部分学校将食堂转包给个人管理，个人再转包现象目前都不同程度存在。

许多学校食堂承包方并不都具有食堂承包资质，学校食堂无证经营现象严重。在学校管理缺位的情况下，餐饮企业出于成本考虑，易出现采购不合格原材料，在餐饮具消毒、工作人员健康培训等关键环节偷工减料等违规行为。

（三）原材料采购源头把控不严，监管流于形式

多名受访的学校负责人以及专家指出，校园食品安全最关键的环节在于原材料采购源头控制，但在实际操作中部分学校食堂在原材料采购过程中并未严格执行索票索证台账管理制度，采购没有正规检验单、非正规厂家生产的原材料，进货查验和采购记录制度也难以落到实处。

四、学校预防食物中毒的措施

（一）食品采购关

购买肉菜瓜果，都要注意新鲜干净。要买经工商管理部门检验合格允许上市的“放心肉”、“放心菜”。

（二）食品保管关

暂时不吃的肉菜，经及时加工后，放入冰箱，生熟食要分开容器存放。不食超过保质期的食品。米面、干菜、水果等要妥善保存，严防发霉、腐烂、变质，防止老鼠、苍蝇、蟑螂等咬食污染。要妥善保管有毒、有害物品如消毒剂、灭鼠药等，要远离食品存放处，防止误食误用。

（三）个人卫生关

炊事员要体检合格后才能上岗，凡患有消化道、呼吸道传染病（如乙肝、痢疾、肺结核等）及皮肤病者均暂不能做炊事员工作。炊事员上班时，要穿工作服，戴口罩。要认真做到做饭前后、开饭前、大小便前后洗好双手。

（四）烹调制作关

做饭菜定要充分加热煮熟。做生熟食的刀砧板、容器要分开，隔夜食品及豆类食品要加热煮熟，方可食用。买回的蔬菜要充分浸泡后，再反复清洗三遍，才能烹调食用。凡发

现有腐烂、发霉、变质等可疑食品，均不要食用。

（五）餐具消毒关

锅、碗、盆、碟、筷、勺等用前要烫洗或煮沸消毒后再用。集体进餐要实行分菜制或用公筷。要定期清洗消毒碗柜、冰箱、冰柜、微波炉等与食具有关的容器。

（六）进食用餐关

用餐者都要养成吃饭前后、大小便前后彻底洗好双手的习惯。进餐时若发现有腐败变质，发霉有馊味或夹生食物，或有被蝇叮爬过的食品，均不可食用。

（七）食前留验关

凡集体用餐饭前均要将要吃的每种饭、菜，各留一小份样品，以备万一食后有可疑中毒时，作毒物化验用。

（八）食后观察关

凡进食一天内突然出现恶心呕吐、腹痛、腹泻、头晕、发烧等症，或在短期内在同一食堂进餐的多名人员发生相同症状，就应怀疑为食物中毒。此时应急呼 120，同时向上级报告，组织检查救治。并对病人的进食、呕吐物、大便、尿、血进行有关检毒化验，另要保护好现场。食物中毒者要多加休息，以免造成不必要的后果。

新会尚雅双语实验学校学生食物中毒[①]

时间：2016 年 3 月 16 日晚

地点：广东省江门市新会尚雅双语实验学校

事件：陆续有同学出现呕吐、腹泻等症状，有 27 名学生疑似食源性疾病

2016 年 3 月 16 日晚，广东省江门市新会尚雅双语实验学校发生疑似食物中毒事件。新会尚雅双语实验学校部分学生相继出现呕吐、腹痛等不适症状，个别伴有低热、腹泻。有 57 名学生到医院就诊。经初步排查，有 27 名学生疑似食源性疾病，其中 7 名学生留院观察，无危重病例。事件发生后，新会区立即启动应急预案，积极组织区食品药品监管局、教育局、卫生计生局和区疾病预防控制中心等部门派员迅速处置。

讨论题

一些高校门口都能看到流动小吃摊，有油炸食品、烤肠、炒饭、汤面等小吃，很多人纷纷购买。但这些小吃摊大都属于无证经营，卫生条件较差，让学校校方、家长忧心不已。讨论一下，学校如何引导学生杜绝劣质食品的危害，以及如何应对食物中毒？

---

① 资料来源：http://news.ifeng.com/a/20160318/47937858_0.shtml，凤凰资讯，2016.03.18。

第五节 校园投毒事件的应对与安全教育

一、盘点高校投毒事件

清华大学曾发生 1992 级化学系女生朱令在 1994 年 11 月底出现铊中毒症状，最后得助于互联网才得到确诊和救治的事件。

北京大学化学系 1994 级的男生王某与江某同班不同寝室，与陆某同寝室不同班。由于王某发现他与林某的关系不如以前好了，所以向林某投毒。为实验投毒量，他把陆某当作实验对象，也投了毒。王某交代了投毒的一些情况后，医院对两名受害人及时用了解药，方转危为安。

2007 年 5 月 31 日晚中国矿业大学某学生与另外 3 名同学在学校食堂就餐，6 月 1 日与其中 2 名同学同时出现胸闷、胃疼、恶心、呕吐等症状，在当地多家医院求治，均未能诊断出病因，后 3 人症状加重、情况危急，患者返回医院求治。医院迅速召集神经内科和脉管科临床经验丰富的主任医师会诊，初步诊断为重金属铊中毒，并制定了相应的救治方案。

2013 年 4 月上海复旦大学上海医学院研究生黄洋遭他人投毒后死亡的案件。犯罪嫌疑人林森浩是受害人黄洋的室友，投毒药品为剧毒化学品 N－二甲基亚硝胺。2015 年 1 月 8 日，上海市高级人民法院终审维持原判：因故意杀人罪被判死刑。

二、大学生投毒案原因分析

（一）大学生投毒案折射心理问题

研究生遭投毒，警方基本认定其室友存在嫌疑，这样的悲剧让人扼腕叹息，甚至脊背发凉。我们无法想象，该是什么样的“深仇大恨”，才会导致原本亲密无间的室友，竟然采取饮水机投毒这种惨绝的杀人手段。我们更无法想象，作为高智商的研究生，怎么会沦落到漠视生命、无视法律底线的地步，谁该为他们低下的情商买单？

另外，无论投毒嫌疑人的动机如何，大学生心理问题已经是明确无误地摆在了整个社会面前，成为一种社会不可承受之重。在传统的中国社会里，人们一直将教育视作向更高社会阶层流通的重要通道。因此，通常一个家庭，都是倾其财力培养一个孩子，他们殷切地期望着子女能够有出息，通过高考、上大学然后找到一个好工作，进而光宗耀祖。这是一种社会的普遍现象，然而投射在每一个年轻人的心理上，就有可能变成一种实实在在的压力。自杀、因为考不上公务员而疯掉、投毒等，可能都是这种压力的不同表现而已。人性的脆弱，情商的匮乏，造就了一起起可悲的事故。

（二）高学历人才犯罪逐渐增多

中国心理卫生协会的一项调查表明，近 40％的大学新生和 50％以上的毕业生存有不同的心理问题，其中“人际交往、学习压力、就业压力、情感困境”是最为突出的四大“心病”。“复旦投毒”，两个风华正茂的知识精英，就这样枯萎在春天里，让人错愕。

不少人信奉走自己的路让别人无路可走这种价值观，为达到目的不择手段，有些学生就把同学视为学习或者是感情与未来生活的对手，甚至敌手，为了战胜对方在学校里几乎什么事情都有可能发生，连对法制的畏惧都置之脑后。而盯着功利性十足的个人目标，这其实很容易造成一些高学历人才的精神偏陋或心理失常，在原本只属于常识、常规的人际关系或行事挫折面前，缺少包容心与应对能力，意外折了羽翼。如此事例，并不在少数。

（三）人文精神缺失和校园关系存在问题

针对这一事件，不少网友、学生家长都呼吁要建立师生之间、学生之间的和谐关系，但和谐的校园关系仅靠几声呼吁是换不来的，还需要我们从根本上端正对高等教育的认识。高等教育不能成为单纯的知识教育，还应该以正确的人生观、价值观培育学生的人文情怀，使他们学会悲悯、关爱和同情。

北大教授钱理群曾表示，我们的一些大学，正在培养一些“精致的利己主义者”，他们高智商、世俗、善于表演、懂得配合，更善于利用体制达到自己的目的。如果这股风气不能得到扭转，学生就很难正确地面对成功与失败，也不会懂得人生价值所在。

教育问题涉及千家万户，学校教育、家庭教育、社会教育、自我教育，须臾不可缺少。教育在教学知识、追求升学率的同时，还须加强品德教育、心理教育、成功教育、生命教育等人文精神教育。多起校园投毒案，说明我们的社会在人文精神教育方面的培育依然任重而道远。

三、投毒事故应急处理方案和措施

（一）学校投毒事故应急处理工作预案

(1) 一旦发生食物中毒事件，必须在第一时间汇报学校有关领导，并按规定立即向卫生监督部门、教育局汇报。如疑似人为投毒还必须及时向公安机关报告，控制人员流动，配合调查取证。

(2) 及时组织人员护送或联系急救中心，对食物中毒的师生进行就近抢救，跟踪了解中毒原因及时向主要领导汇报，并迅速通知相关学生家长。

(3) 配合卫生部门调查取证，对可疑食品控制处理，对现场采取消毒处理，及时采样检测。保护现场以及 48 小时留样食品。

(4) 领导小组、工作小组根据本预案要求，统一指挥，积极稳妥地采取相关的应急处理控制措施。做好全校师生和家长的稳定工作，维护学校正常的教育教学秩序，控制事态发展，做好善后工作。对未能尽责而发生责任事故的有关人员，学校将给予批评教育和给予相应的处罚，责任重大的，依法追究法律责任。

（二）学校防投毒事故的措施

1. 学校要着力提高大学生的思想道德素质和法律意识

要用社会道德去规范、用法律去强制约束大学生的行为。当前，学校不能完全依赖禁用“桶装水”显奇效，而是要在大学生们的教学大纲、教学课程上多增加思想道德和法律法规方面的知识教育，杜绝大学生成为思想道德上的矮人，法律知识方面的盲人。

2. 学校要着力学生的人性化管理和人文关怀

学校管理工作并不简单地局限在大一开学的时候给学生们分分班、分分宿舍和安排老师上上课那么简单。学校要安排专人（班主任）着力学生宿舍的和谐关系建设，对宿舍存在的各种矛盾要及时解决，从而全面构建大学生之间的和谐关系。解决学生之间的矛盾远远高于禁用“桶装水”的功效。

3. 学校要加强管理

对实验室的药品管理首当其冲。对学生的管理也应该及时跟上。学校要组建专门的班子，要及时调查研究学生们的动态，针对学生们存在的问题及时进行解决，以做到防患于未然。

发现学生出现一些不好的苗头，要及时规劝化解，强化学生的思想教育管理。

复旦大学投毒事件[①]

时间：2013 年 4 月 1 日

地点：上海复旦大学医学院

事件：一医科在读研究生遭室友饮水机投毒，肝硬化不治身亡。

2013 年 4 月 1 日，复旦大学一名 2010 级在读医科研究生黄洋出现身体不适。当晚，被送至该校附属某医院就诊。入院后，病情加重，先后出现昏迷、肝功能衰竭等症状。医院组织了多次全市专家会诊，并经病因学检查，未发现病因。学校要求医院全力救治，并请上海警方介入调查。

4 月 11 日，上海警方通报，在该学生的寝室饮水机残留水中检测出含有毒化合物成分 N-二甲基亚硝胺。4 月 12 日，嫌疑人林某某被上海警方刑事拘留，18 日下午 3 点 23 分，受害人黄洋在上海中山医院不治身亡。4 月 19 日，嫌疑人林某某被提请逮捕。2014 年 2 月 11 日被上海市二中院执行死刑。

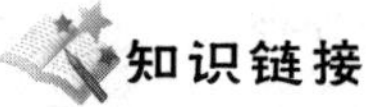

危险化学品对人体的危害

危险化学品对人体的危害主要是中毒，包括急性中毒和慢性中毒。其表现为：

影响呼吸系统，引起呼吸道炎症或发生化学性肺炎或肺水肿。

对神经系统的危害，引起神经衰弱，运动障碍，肌肉萎缩、头痛、头晕、视力模糊等症状。

对血液系统的危害，引起溶血，再生性障碍贫血，白血病等。

---

① 资料来源：《神秘短信帮助锁定毒源》，《城市晚报》第五版，2013.04.17。

对消化系统的危害，引起出血性胃肠炎，中毒性肝病等。

对循环系统的危害，表现为心慌、胸闷、心前区不适等。

对泌尿系统的危害，如会引起尿结石等。

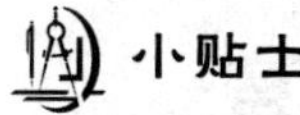

小贴士

学校食堂防投毒措施

(1) 食堂操作间闲杂人员一律不得进入，张贴明显标志。

(2) 食堂钥匙不得转交非工作人员，如需维修等，必须报总务处批准并由专人在现场。

(3) 食堂工作人员上班时应检查门锁是否有撬过的痕迹，以及调味罐等是否原样，发现异常立即上报校领导。

(4) 食堂里禁止摆放无关的化学物质及药品。

(5) 建立领导巡查制度，重视食堂卫生与安全，每次巡查均要有记录。

(6) 一旦发现有投毒迹象或已发生，应立即进行抢救和向上级领导汇报，并及时向公安机关报案。

讨论题

2013 年 4 月 1 日，复旦大学研究生黄洋出现身体不适。当晚，被送至该校附属某医院就诊。入院后，病情加重，先后出现昏迷、肝功能衰竭等症状。18 日下午 3 点 23 分，受害人黄洋在上海中山医院不治身亡。4 月 19 日，嫌疑人同宿舍同学林某某被提请逮捕。2014 年 2 月 11 日被上海市二中院执行死刑。

请结合案例描述，分析投毒事件发生的深层次原因是什么？

第五章

社会安全突发事件安全教育

学习目的

掌握社会安全类突发事件的应对知识。

学习重点

人质劫持、公交车爆炸、群体性事件的基本知识点。

【引言】

社会安全突发事件主要包括恐怖袭击事件、经济安全事件和涉外突发事件、重大刑事案件、大规模群体性事件等。

尽管我国长期政治稳定，人民安居乐业，但影响国家安全和社会稳定的因素依然存在。在一些地方，群死群伤的爆炸、投毒等恶性案件时有发生，杀人、绑架等暴力犯罪多发。尤其是随着时代发展，新的犯罪形式和手段不断出现，违法犯罪活动日趋组织化、职业化、国际化。境内外敌对势力加紧勾结，国内外极端势力制造的各种恐怖事件危及国家安宁，涉外突发事件增多，恐怖活动、恐怖主义的现实危害上升。

此外，由人民内部矛盾引发的群体性事件不断，有些还呈现出参与人数增多、持续时间长、处置难度大、连锁反应增强的特点。

第一节　暴恐事件的应对与安全教育

暴力恐怖主义是通过暴力手段制造恐怖气氛以实现某种政治诉求的一种犯罪活动。恐怖主义是实施者对非武装人员有组织地使用暴力或以暴力相威胁，通过将一定的对象置于恐怖之中，来达到某种政治目的的行为。

国际社会中某些组织或个人采取绑架、暗杀、爆炸、空中劫持、扣押人质等恐怖手段，企求实现其政治目标或某项具体要求的主张和行动。恐怖主义事件主要是由极左翼和极右翼的恐怖主义团体，以及极端的民族主义、种族主义的组织和派别所组织策划的。

一、近年我国发生的典型暴恐案件

2014 年 3 月 1 日 21 时 20 分左右在中华人民共和国云南省昆明市昆明火车站发生的一起由新疆分裂势力组织策划的无差别砍杀事件。事件发生初期时媒体称为“昆明火车站砍杀”，截至 3 月 2 日 18 时 00 分，已造成 29 死 143 伤。

2014 年 5 月 22 日 7 时 50 分许，乌鲁木齐市沙依巴克区公园北街早市发生一起爆炸案，造成多人伤亡。截至 5 月 22 日 13 点 19 分，该事件已造成 31 人死亡，90 余人受伤。

2013 年 10 月 28 日 12 时许，乌斯曼・艾山、其姆库完汗・热依木及其妻古力克孜・艾尼 3 人驾乘吉普车闯入长安街便道，由东向西行驶撞向天安门金水桥护栏后起火，行驶过程中造成多名游客及执勤民警受伤。事件造成 5 人死亡，40 人受伤。

2012 年 6 月 29 日，由新疆和田飞往乌鲁木齐的 GS7554 航班于 12 时 25 分起飞。12 时 35 分，飞机上有 6 名歹徒暴力劫持飞机，被机组人员和乘客制服。飞机随即返航和田机场并安全着陆，6 名歹徒被公安机关抓获。在制服歹徒过程中，有机组人员和乘客受轻伤。

二、近期暴恐事件的特点

（一）宗教极端势力和民族分裂势力插手其中

从暴恐案件的发生地点、参与人员的服饰、语言等方面可以看到明显的身份元素。这一方面是暴恐分子在表明身份；另一方面也暗藏了其以宗教、民族为旗号挑起更大范围矛盾冲突的险恶用心。

（二）追求暴力效果，以造成民众的大量伤亡为目标

暴恐案件中，无论是使用刀具等冷兵器还是放置爆炸装置，暴恐分子都选择在人群密集的公共场所实施袭击，力图制造浓重的血腥气氛，达到所谓的“既要更多的人看，也要更多的人死”的效果。

（三）家族成员共同参与，“独狼”式分散实施

恐怖分子为了增大实施恐怖活动成功的概率，尽一切力量使自己的犯罪活动更加隐蔽，家族成员或者夫妻成为他们主要拉拢的对象，更有甚者直接采取“独狼”式的恐怖活动。目前的恐怖组织发展成员逐渐呈现出家族式和夫妻式的特点，暴恐分子的活动更加隐蔽，给公安机关的发现与查处带来极大的难度。

（四）使用电子设备、互联网传播恐怖音频、视频。

随着互联网的不断普及，其作为信息传播的载体被越来越多的人重视。境外的恐怖分子运用互联网向境内传播带有极端宗教思想的音频、视频，并通过视频教授境内暴恐分子实施犯罪的方法和手段。随着手机的普及，手机中各种 聊天软件成为暴恐分子传播极端宗教思想的工具和成员之间进行联络的工具，将手机作为移动存储介质被越来越多的

人使用，这些都大大增加了干警的工作难度，成为打击和防范恐怖活动的难点。

三、各国应对暴恐事件的措施

（一）强化立法

1. 赋予反恐怖机关以更多的权力

立法便于其在侦查恐怖活动时能够通过窃听、跟踪、秘密讯问等特殊方式及时获取线索，发现和制止恐怖袭击。如美国前总统布什就曾经签署秘密命令授权国家安全局对境内人员的通信进行窃听。

2. 完善法律，加大惩治恐怖分子的力度

包括美国在内的许多西方国家法律都规定可以对恐怖分子处以死刑，英国的北爱尔兰还曾制定了无须陪审员即可对恐怖分子进行审判的法律制度。

（二）完善机构

1. 积极健全各级反恐怖指挥协调机构

如美国设有反恐怖主义联邦委员会，在中央情报局内设有反恐怖主义中心，联邦调查局内设有国内反恐怖联合行动中心和反恐怖主义处，2002 年 11 月又在合并 20 多个联邦政府机构的基础上建立起国土安全部，专司国内安全及防止恐怖活动。俄罗斯也在国家安全部内设有反恐怖主义活动局，全面协调国内反恐行动。

2. 组建训练有素、精干内行的快速反应部队

以特种作战方式应对恐怖活动。其中，一些特种部队人们已耳熟能详。如美国的“海豹”特战队，曾于 2011 年 5 月成功击毙了本・拉登；俄罗斯的“阿尔法”特种部队，参与处置了 2004 年 9 月的别斯兰人质事件；德国的边防军第九大队，曾在不到 5 分钟的时间内击毙恐怖分子，解救了一架被劫持的波音客机上的全部人员。

（三）重点防范

1. 重点场所、人物的保护

恐怖活动是一种以小搏大的不对称攻击，尽管恐怖分子势单力孤，但因其袭击的目标往往处于毫无防范的状态且多具有象征意义，所以一时间能够造成很大的破坏后果和影响力。“9・11”事件就是一个典型的例证。因此，世界各国在应对恐怖袭击时首先加强的就是对重点目标的防范。

2. 加强对重点物品的监控管制

如爆炸物、枪、化学制剂等。有的国家要求对一切爆炸物品实行标识管理，生产、销售以及进出口的一切爆炸物品（特别是塑性炸药）都要加入可探测物质，以便对恐怖爆炸案件进行防范和侦破。

（四）国际合作

1. 反劫机、反爆炸、反洗钱等领域已形成的国际公约

许多国家之间还签署了地区性和双边性的反恐条约、协定，从而为全球追捕恐怖分子提供了有利条件。除了这些普遍性的措施外，一些国家还根据自身的主要恐怖袭击来源而采取更有针对性的措施。比如，爱尔兰共和军发动恐怖袭击的惯用手法是放置炸弹，因此在 20 世纪 60 年代的英国，人们经常可以在公共交通工具上看到“小心炸弹”的警示标语。

2. 政府还明确要求人们一旦发现无人看管的包裹就应立即报告

20 世纪 70 年代，德国的“红军派”以恐怖暗杀活动而臭名昭著。为此，德国政府制定了反恐怖线报奖励制度，对提供有利于逮捕恐怖分子的情报线索的人给予 5 千至 1 万马克的奖金，重要的可给予高达 5 万马克的奖励，由此加速了一些重要恐怖案件的侦破工作。

（五）普通民众应加强自我保护

就国内当前暴恐案件的态势来看，威胁的来源、实施的手法和攻击的目标是比较明确的。所以，各地公安机关都全面加强了交通站场、商贸中心、学校、医院等人流密集地区的警力部署，提高了快速处置突发事件的能力。这对于压制暴恐分子的气焰，稳定社会情绪是有积极作用的。

但是要在短期内控制形势，还必须通过各种渠道积极获取并利用已有的相关情报信息，以先发制人的方式，精确打击主要头目，切断恐怖分子在交通、通信、资金以及爆炸物制作等方面的连接链条，使其丧失再次行动的能力，从而尽快稳定局面。

在这一点上，以色列的反恐怖谍报机构摩萨德在发展、招募情报人员，获取重要情报和定点清除首恶分子方面效果非常明显，有许多值得我们学习借鉴之处。

（六）在法律上，要尽快出台专门的反恐怖法

(1) 切实解决反恐怖斗争中遇到的法律问题和实际困难。目前国内反恐怖斗争面临的主要法律问题有：对恐怖活动、恐怖活动组织、恐怖活动人员缺乏明确的定义；未规定恐怖活动组织、恐怖活动人员由何种政府机关认定，通过什么程序认定，如何对外公布；金融机构及时冻结涉恐资产的法律依据是什么等。在思想文化方面，要继续坚持民族平等、民族团结和民族融合的政策，增进不同民族之间的理解与合作。

(2) 从社会的角度来看，还存在一个社会组织和普通民众积极配合政府部门，同时不断加强自我保护意识和防范能力的要求。恐怖主义的滋生蔓延是有其历史与现实条件的，面对频繁的暴恐袭击，我们既要以高压的态势严厉打击，同时也要认识到反恐怖斗争的长期性，在心理上和思想意识上做好充分准备。因为随着反恐怖的常态化，各种安检措施的实施会在一定程度上给普通群众的日常生活造成不便，这需要我们有一个调适的过程。

(3) 同时，暴恐事件频发也提示我们需要加强自我保护意识和防范能力。比如，在重大节假日里尽量减少在人群密集场所的逗留时间，发觉某件放在公共场合中的物品有异

样时，应尽量远离并报警等。另外，媒体在报道恐怖事件时也要讲究方法和策略，注意与警方的协调。因为在恐怖事件现场，媒体工作者既要履行工作职责，满足公众了解事态发展的需求，同时又要防范恐怖分子利用新闻报道的内容应对警方的部署，从而造成不利于处置工作的后果。

四、暴恐事件的应急处置方案

（一）成立暴力恐怖事件处置应急领导小组及工作小组

1. 成立暴力恐怖事件处置领导小组

(1) 牵头各类暴力恐怖事件的处理，现场决策；

(2) 指导相关部门及工作小组开展现场处置，防止事态扩大、避免不良影响。

2. 成立暴力恐怖事件处置工作小组

(1) 及时获取各类应急突发事件的信息，并迅速上报；

(2) 根据突发情况，及时报警，并协助公安机关工作及调查；

(3) 根据领导小组要求，组织现场暴力恐怖事件应急处理、警戒及人员疏散工作；

(4) 牵头各类暴力恐怖事件的善后处理工作；

(5) 配备必要的防暴器材，对应急分队执勤人员进行专业培训，迅速、有效处理应急突发事件。

（二）暴力恐怖事件处置的基本原则

(1) 处置暴力恐怖事件要以平息事态、控制局面、防止扩散、减少损失为主要原则；

(2) 针对不同性质的事件采用的制止、宣传、保护、求援、疏散等方法；

(3) 以保护职工(包括参加应急处置、抢险人员)生命安全为中心，有条不紊地开展应急工作，最大限度地减少人员、财产损失，避免不良影响。

（三）具体事件的处理办法

1. 暴力、威胁

(1) 如果发生以武力方式挟持、逼迫单位职工的事件，应立即向领导小组、工作小组汇报，同时立即向公安机关报警，要求迅速进行增援。

(2) 应急分队立即持应急处理器械赶赴现场，依据现场最高领导要求采取应急处理措施，保护职工和领导安全；采取强制措施时，注意保护自身安全。

(3) 在犯罪嫌疑人没有伤及人员的情况下，应以宣传教育为主，根据其提出的要求，进行劝说，尽量拖延时间，劝说其放弃伤害他人及破坏正常秩序的行为，不能激化犯罪嫌疑人情绪。

(4) 如犯罪嫌疑人已伤及他人，应立即予以制止，以抢救伤员为主，如情况继续恶化应以必要的强制措施制止。

(5) 注意观察暴力组织者的行为、特征，条件许可的话，当即擒获；不具备条件，也要想办法接近、控制并尽量劝说放弃武力，等待公安、武警或其他队员到达时再擒获。

（6）处理暴力事件时，要随时注意收集证据、保护证人。

2. 爆炸物品

（1）如发现不明爆炸物，立即向工作小组汇报，同时采取隔离措施，疏散人员集中至安全地带并保护好相关人员，立即报告公安机关进行现场处理，在公安机关到达之前，不得采取其他行动，防止出现误爆，造成人员伤亡或财产损失。

（2）控制出入通道，对进出人员进行排查，发现可疑人员立即采取措施进行控制、看守，报公安机关进行调查。

（3）如接到不明电话或相关信息通知在某区域有爆炸物品，安保事业部应立即派人进行现场查看，确有不明物品的，立即向领导小组汇报，并同时报告公安机关进行现场排查，同时采取隔离措施，公安机关到达之前，禁止采取其他行动，防止出现误爆，造成人员伤亡或财产损失；疏散人员集中至安全地带并保护好相关人员。

（4）组织各单位紧急集合，对有不明爆炸物品的区域进行隔离、警戒，严禁人员进出放有可疑物品区域。

（5）协助公安部门开展工作。

3. 抢夺、抢劫

（1）案发时要尽力反抗。只要具备反抗的能力或时机有利，就应发动进攻，制服或使作案人丧失继续作案的心理和能力。

（2）与作案人尽量纠缠。可利用有利地形和利用身边的砖头、木棒等足以自卫的武器与作案形成僵持局面，使作案人短时间内无法近身，以便引来援助者并对作案人造成心理上的压力。

（3）实在无法与作案人抗衡时，可以看准时机向有人、有灯光的地方奔跑。

（4）巧妙麻痹作案人。当自己处于作案人的控制之下而无法反抗时，可按作案人的需求交出部分财物，并采用语言反抗法理直气壮地对作案人进行说服教育、晓以利害，从而造成作案人心理上的恐慌。应当尽力保持镇定，采取幽默方式表明自己已交出全部财物并无反抗的意图，使作案人放松警惕，以便自己看准时机进行反抗或逃脱其控制。

（5）注意观察作案人，尽量准确记下其特征，如身高、年龄、体态、发型、衣着、胡须、语言、行为等特征。

（6）及时报案。及时报案和准确描述作案人特征，有利于有关部门及时组织力量布控、抓获作案人。

4. 投毒

（1）如发现是邮寄毒品，应立即报告工作小组，同时，集中所有可能接触到毒品的人在某特定区域，加以保护，等待公安等有关部门前来检查、检验，同时提供相应的证据。

（2）如发现是放置的毒品，应立即保护好现场，严禁他人进出，同时报告工作小组，请求公安等相关部门前来解决。

（3）查明毒源并切断毒源，保护好现场，严禁他人进出。如是煤气泄漏，应戴上防毒面具进入，关闭阀门，打开窗户通风。

（4）如毒源蔓延，立即疏散人员至安全地点集中。

5. 谋杀、行凶

(1) 如犯罪嫌疑人没有离开事发现场,在第一时间向工作小组汇报,立即用对讲机通知关闭所有进出通道,各单位安保人员紧急集合,组织围捕,并立即报告公安机关。同时采取正面宣传政策,劝说嫌疑人争取政府宽大处理。

(2) 如犯罪嫌疑人已离开现场,立即保护好现场,保护好证人;立即报警,请公安部门前来侦破,同时提供相应的人证、物证等。

(3) 如犯罪嫌疑人在可视范围内,立即组织抓捕,各参加抓捕人员应携带相应器械,保护自身安全;如犯罪嫌疑人携带爆炸物品、枪械等危险作案工具,抓捕人员应进行控制跟踪掌握犯罪嫌疑人的主要特征,由公安机关采取强制措施。

6. 纵火

(1) 立即启动加油站灭火预案进行扑救灭火,同时拨打 119 报警电话,拨打 110 报告公安机关。

(2) 保护好现场,引导消防车进入火情区域,严禁无关人员进出。

(3) 如犯罪嫌疑人在现场,立即组织围捕。

(4) 灭火后,保护好现场,统计损失。

五、昆明暴恐事件对校园安全的启示

(一) 学校要配备足额、精干的安保人员并认真开展培训

在一般较大规模的学校配备法制副校长和安保人员,对于校园专(兼)职安保人员的配备,虽然各地都出台有基本的规范要求,学校应该定期组织安保人员的培训工作,提供充足的资金支持,以备不时之需。

此次昆明暴恐事件发生时,距事发地约 200 米有一中国邮政网点,当晚,网点共有 5 名保安值班。面对手拿凶器的暴徒,他们能做的,也只是"镇定地接纳了数十名在混乱中寻求躲避的路人"。有鉴于此,各地务必进一步加强门卫保卫力量配备,认真开展门卫人员专业知识教育培训,以提升技能,提高素质。

(二) 学校要科学制定、完善处置预案并切实加强演练

高校,是学生求知的港湾。总体来说,近年来校园的安全形势基本保持了持续稳定好转的发展态势。但一旦发生了类似昆明暴恐事件这样突发性的、难以控制的天灾人祸之时,那些针对校园袭击等突发安全事件的处置预案,此时就该发挥作用了。

"写在纸上"的预案一定明确组织领导、目标任务、方法措施,更重要的是通过适时开展演练,让预案"深入人心",让广大师生提高应对和处置突发事件的能力。

(三) 学校要加强对校园周边环境的全面整治并构筑防范网络

学校一定要加强与公安、城管、综治、文化、工商、食监等部门的联系与协调,排摸各类治安、安全隐患,争取各有关部门大力协助学校开展好校园周边环境整治工作,构筑全天候、高效率的防范网络。当务之急是安装与 110 联网的报警系统,加强对进出车辆、物品

和人员的24小时监控，严防可疑车辆、可疑人员、可疑物品进入校园。

昆明火车站暴恐事件[①]

时间：2014年3月1日晚9时20分

地点：昆明火车站

事件：2014年3月1日21时20分左右，在昆明火车站发生的一起严重暴力恐怖事件。8名暴徒打出暴恐旗帜，肆意砍杀无辜群众，致31人死亡，141人受伤，其中40人系重伤。特警现场击毙4名、击伤抓获1名(女)，其余3名落网。2015年3月24日，经最高人民法院批准，云南省昆明市中级人民法院依法对昆明火车站严重暴力恐怖案中犯有组织、领导恐怖组织罪、故意杀人罪的被告人依斯坎达尔·艾海提、吐尔洪·托合尼亚孜、玉山·买买提3名罪犯依法执行了死刑。

小贴士

为了增强学生自我安全保护的意识、普及突发暴恐事件的应对方法，保卫人员提出以下建议：

(1) 一旦发现有如暴恐事件发生，不要围观，马上撤离到安全地带并拨打110报警。

(2) 晚上尽可能早回寝室，以保障个人生命财产的安全。

(3) 学生要尽量避免到人员密集的地方。

(4) 学校安装红外线监控设备，确保做好监控防护措施；

(5) 学校增加安保人员的数量，充实保卫力量；

(6) 学校增加保卫器材、升级保卫装备，如钢叉、辣椒水以及防身木棍等必要的近身防卫武器，并为每个安保人员配备甩棍；

(7) 学校完善应急体系，以便于短时间内做出决策；

(8) 加强校园内的巡逻、增加值班人员、延长值班时间，同时也加强对校园动态的收集，及时掌握校园安保情况。

讨论题

2016年5月16日晚20时40分许，广饶一中二校区高一15班正在上晚自习的同学们突然听到一声类似爆炸的声音，教室里弥漫着一股烧焦的味道，随后全体同学在老师指挥下被疏散到学校操场。结合上述案例，谈谈如何应对校园暴恐事件？

第二节 人质劫持事件的应对与安全教育

20世纪90年代以后，在经济高速发展、国家综合实力不断增强、人民群众生活水平

① 资料来源：http://news.china.com/history/11066805/20150228/19331906.html，中华网，2015.02.28。

日益提高的同时，受国内外各种社会消极因素的影响，各地劫持人质犯罪事件相继发生，且劫持人质犯罪发生的频繁度以及恶劣程度前所未有，其行径令人震惊、愤慨。

在这种严峻情况下，分析和评断当前劫持人质犯罪活动的日趋严重的客观现实，准确预测未来劫持人质犯罪的发展趋势，就显得尤为重要。

一、我国近期发生的人质劫持事件

2013 年 8 月 3 日下午，一男子在无锡惠山玉祁持刀劫持一女子，在警方数小时劝解无效后，犯罪嫌疑人被当场击毙，人质安全获救。2013 年 8 月 8 日下午 2:00 左右，山东省卫生厅办公楼三楼的一间办公室发生劫持事件，一名 20 多岁的男性用一把刀劫持一名 30 岁左右的女性，在僵持了近三个小时后，人质被成功解救。

2014 年 11 月 28 日 17 时 10 分，在荔湾区东塱新爵桥附近 1 名男子持刀挟持 1 名女子后逃离现场。警方接报后，迅速组织警力展开搜索工作。18 时民警在广州荔湾区西塱村内发现嫌疑人并将其制服，成功解救被挟持女子。

2015 年 4 月 4 日上午 9:30 左右，安徽工业大学东校区研究生宿舍一房间内一名男子手持菜刀将一名女学生劫持。警方已经成功解救被劫持人质，现场无人员伤亡。

2015 年 7 月 20 日上午 11:15 中山大学法医鉴定中心疑发生一起疑似劫持事件。早晨一位到法医鉴定中心做鉴定的人，因为鉴定结果不符合他的理想预期，涉嫌劫持一位鉴定中心工作人员。人质已经被警方解救。

2015 年 7 月 28 日 15 时，广西柳州市区一民房内发生劫持人质事件，一男子劫持一名女子并扬言点燃罐装煤气阻止警方进入屋内。警方封锁现场并出动狙击手埋伏在附近。僵持近 5 个小时后特警强行进入，现场起火并冒起黑烟，消防人员随后将火势控制。警方将人质救出。

二、人质劫持的法律定性

人质劫持应定性为绑架罪，是指利用被绑架人的近亲或者其他人对被绑架人安危的忧虑，以勒索财物或满足其他不法要求为目的，使用暴力、胁迫或者麻醉方法劫持或以实力控制他人的行为。

（一）构成要件

（1）主体为一般主体，凡达到刑事责任年龄并具有刑事责任能力的自然人均能构成本罪，即已满 16 周岁的人犯罪，应当负刑事责任；

（2）主观方面表现为直接故意，且以勒索他人财物为目的或者以他人作为人质为目的；

（3）客体是他人的身体健康权、生命权、人身自由权；

（4）客观方面表现为以暴力、胁迫、麻醉或其他方法劫持他人的行为。

（二）处罚

以勒索财物为目的绑架他人的，或者绑架他人作为人质的，处 10 年以上有期徒刑或者无期徒刑,并处罚金或者没收财产;致使被绑架人死亡或者杀害被绑架人的,处死刑,并处没收财产。

三、人质劫持事件的应对常识

尽管我国社会稳定,经济发展,但对劫持件的防范不能松懈,普通市民也应掌握一些应对常识。劫持人质案件往往都是经过精心策划和充分准备的,而且为了他们的目的往往会孤注一掷、铤而走险,因此,一旦被恐怖分子劫为人质,一定沉着应对,不要轻举妄动。

(一)应对劫持一定保持沉着冷静的心理状态

(1) 在被劫持现场一旦发生个别爆炸事故,最好在原地趴下,不能惊慌失措地乱跑。

(2) 在被劫持现场,一旦发生毒气泄漏事故,尽量用湿的毛巾、手帕或者衣服捂住鼻子和嘴,先进行自救。同时利用肢体语言,比如挥动衣服、手臂等呼唤营救人员来搭救自己。这个时候切记不要呼喊,因为这样只会吸入更多的毒气。另外,疏散之后还要到特定地方进行毒气洗消。

(3) 当劫持发生在剧场之时,由于剧场空间较大,人员较多也比较拥挤,这个时候被劫持人质可能会在剧场里面待上一段时间,这时人质应该对自己的行为给予约束,以免给前去营救的营救队员造成行动上的障碍。

(4) 孤身一人被恐怖分子劫持,内心难免惊慌失措,这个时候最重要的是尽量保持镇定,不要做无谓的抗争,更要坚定自己能被营救的信心。

(5) 当恐怖分子人数较少的时候,这个时候切记不要存在侥幸心理,不要因为恐怖分子的数量较少就去做抗争,这个时候可能会引来伤亡。

(二)应对劫持的注意事项

(1) 遭到劫持后,节省精力和体力至关重要。这是因为劫持事件对人质的心理素质和身体状况都是一种极端考验。因为从国外发生的劫持人质事件来看,事件解决起来都需要经过长时间较量,事件的进展也难预测。

(2) 被劫持为人质之后,要适时观察恐怖分子的弱点。这是因为在许多情况下,恐怖分子都会使用兴奋剂维持亢奋,以缓解巨大的压力。但药效过后精神会变得相当差,注意力和判断力也都会随之降低。这个时候人质就可以根据恐怖分子的语气、语调和用词等,判定恐怖分子是否服药和药效的强弱,寻找恐怖分子的弱点。

(3) 被劫持的人质应坚信能被解救,不要惊慌失措,否则只会让恐怖分子狗急跳墙,危害人质安全。在莫斯科剧院的劫持人质事件中,就曾出现过由于个别人质精神崩溃,行为失常,从而引发了恐怖分子的狠毒报复。

(4) 当营救队员攻击完毕之后,人质应该按照规定路线离开劫持现场,进行迅速疏散,这个时候不要乱跑,不要拥挤,以免碰到恐怖分子设置的爆炸物。

(三)应对劫持八个"不要"

(1) 不要自认为口才好,企图和恐怖分子进行谈判。因为恐怖分子往往是使用非正常推理，通常没有逻辑性，这个时候最保险的办法就是暂且任听他们的摆布。

(2) 不要以跳窗、自杀或者其他方式来威胁恐怖分子，这样只会是徒劳无功，竹篮打水一场空。

(3) 不要把老人、妇女、儿童放在人质队伍的前面，以这种方式企图换取恐怖分子的同情是十分幼稚的，这样只会让恐怖分子感到更加得意扬扬。

(4) 切记不要意气用事，不要单靠个人力量硬拼，更不要行为失控，不要因为一个人的行为而断送了大家的性命。

(5) 当营救队员的警犬走到你身边之时，这个时候不要惊慌，因为警犬都是经过特殊训练的，它们绝对不会对人质造成伤害。

(6) 当人质中有自己的亲人的时候，营救之时不要担心自己的亲人，因为营救都是分批进行的，人质最后都是能救出去的，一般营救原则是先外后内、先重后轻、先老幼后成年。

(7) 不要想去弄清楚营救队员的真实身份，不要在获救之后掀开他们的武装面罩，因为这样会暴露营救队员的面目，从而给恐怖分子以报复的机会。切记这是一场特殊行动，特殊行动不能产生特殊的感情。

(8) 不要忘记出行的时候带上自己的证件，比如身份证、工作证等。这样一旦被劫持，营救的时候就能够证明自己的身份，同时也有利于营救队员排查恐怖分子，以免他们混在人质队伍中。

(四) 脱险秘诀

(1) 遭遇恐怖分子劫持之时一定要镇定，千万不能慌，这时首当其冲要克服心中的恐慌。

(2) 遭到劫持后，应密切观察恐怖分子的动静，设法传递信息，将有关恐怖分子的情况传递出去。

(3) 人质要积极配合营救人员对恐怖分子发起的攻击，并按照营救人员的指令撤离。犯罪动机是推动犯罪嫌疑人实施犯罪行为的内部驱动力，它直接决定了犯罪行为的方式和危害程度，在反劫持人质行动中，及时准确判断劫持人质者的动机是公安机关进行决策与指挥的关键环节，有着特殊的意义。

(五) 留意危险人群

为了降低危险，广大市民更要对恐怖分子保持警惕，要对各种恐怖事件的发生有所准备，武汉市精神卫生中心刘小林教授认为，八类人尤需防患于未然。

(1) 情绪波动大，易受刺激易采取过激行为的；

(2) 狂躁不安，行为异常的；

(3) 自我认识失调，感情适应不良的；

(4) 人际交往严重困难，环境应激性差，相对自闭孤独的；

(5) 缺乏爱异性的能力，不能恰当地表达爱，致情结产生的；

(6) 因家庭经济困难等原因，情绪消沉、低迷、抑郁的；

(7) 对现实产生偏见和不满，丧失生活信心的；

(8) 有其他特殊心理问题的。

(六) 谈判手需要具备的素质

(1) 具备丰富的法律知识和本土的文化体系，法律、哲学、政治、心理知识在他脑子里可以灵活变换，在谈判时发挥到最佳状态。

(2) 脑子反应要快，他的反应是根据现场谈判的一种工作直觉。

(3) 脸上必须带有演员的特点，能够通过自己的动作声音，把感情深深地压到语音的分贝之中，通过脸上的表情，能够把感情迅速的传达给劫持者，使他能够感觉到谈判者是真心来帮助他，至少在感情上是同步化的。

(4) 生动的口头表达能力，谈判者的主要能力就表现在口头表达能力上，几句话迅速打动对方，使谈判对象出现感动迷惘错乱甚至自我动摇，最后由谈判手把他引出。

四、人质劫持事件的应急处置方案

(一) 处置劫持未成年学生事件的基本原则

1. 立即报警

一旦发生恐怖分子闯入校园劫持未成年学生事件，学校应立即启用110紧急按钮，同时向公安部门报告详细情况；一旦发生恐怖分子在学校组织的校外集体活动时劫持未成年学生事件，活动组织者和现场教师必须立即向公安部门报警。

2. 统一指挥

学校各部门必须各司其职，密切配合，妥善、高效地开展应急处置工作。

3. 减少损失

尽一切努力，最大限度地避免和减少人员伤亡，减少财产损失，控制社会影响，尽快恢复正常教育教学秩序。

4. 快速处置

采取一切有效措施和手段，迅速按照应急处置指令和职责分工，开展各项处置工作，有效控制局面和事态发展。

5. 遵守法纪

在处置恐怖分子劫持未成年学生事件时，学校要遵守国家和地方法律、法规，涉及国际问题时，要依照国际法，尊重国际惯例，维护我国的良好形象。

(二) 应急处置程序

1. 疏散师生

事发学校应按照应急联动中心指令，立即有序地组织师生疏散到安全地区，并明确专人负责维持秩序，疏散中发生师生伤害事故时，要开辟临时场所安置，并立即报告上级教育部门的应急联动中心，等待医疗救护人员到场。

2. 封锁现场

事发地公安机关赶到现场后，事发学校要准确向警方提供案发地的通道等情况，并配合做好设置警戒线、封锁现场工作；若学生家长或围观群众欲越过警戒线的，事发学校要积极配合公安部门做好劝阻及情绪稳定工作。

3. 预备攻击

当防恐突击力量做好武力突击准备时，事发学校要按照现场指挥部指令，配合公安部门做好中心现场的封锁工作，配合救护力量做好准备工作。

4. 武力突击

反恐突击力量实施武力突击时，学校负责做好已疏散师生的隐蔽工作。

（三）善后处置措施

1. 评估分析

劫持事件应急处置工作基本完成后，政府相关部门应组织有关人员对恐怖事件造成的危害结果，以及对社会政治稳定可能构成的威胁进行评估分析，并下达指令全力做好各项善后工作，维护社会稳定。

2. 适时公布案情

根据相关报道原则，突发事件领导小组和学校应当公布案情和调查情况。

3. 收集社情动态

学校要做好当事学生及家长的情绪稳定工作，学校布置防范工作，关注师生动态并加以引导。

4. 安抚慰问师生

学校迅速派出教工安抚伤员及死者家属，做好善后处理工作，安排好他们的生活，同时，组织各学校做好宣传工作，消除社会恐慌，对师生及家长提出的正当要求尽快予以满足。

5. 其他善后工作

处置工作基本完成后，对处置工作进行总结评估。

（四）处置保障

学校按照职责分工进行应急准备，加强日常工作，为处置劫持学生事件提供切实、可靠的保障。

1. 建立应急队伍

学校成立应急事件处置工作领导小组，需及时通报上级机构。

2. 开展应急演练

学校应急队伍要制订相应的处置方案，并积极开展应急处置技能培训和应急演练。

3. 设施保障

学校对110报警按钮等安全防范设施应经常维护和检查，确保设施完好和正常使用。

（五）防范和宣传

1. 宣传教育

学校要加强有关预防恐怖袭击常识的宣传教育，鼓励学生和家长举报恐怖活动线索，广泛调动师生、家长参与反恐怖斗争的积极性，增强师生防范意识，提高师生防范能力。

2. 检查指导

学校要充分履行对相关工作的检查、指导职责。

3. 培训演练

学校要将应对和处置反劫持事件的相关知识纳入培训课程。对反劫持应急处置人员要开展经常性培训，切实提高他们应对和处置劫持事件的能力，学校要不定期地组织全校师生开展专项演练。

河南省工艺美术学校人质劫持案[①]

时间：2015年11月20日

地点：河南省工艺美术学校

事件：发生一起持刀劫持人质事件

2015年11月20日下午2点，河南省工艺美术学校发生一起持刀劫持人质事件。人质被劫持在河南工艺美术学校院内的一间项目经理部办公室内。此前河南省工艺美术学校有一装修工程，承包给了一个工程队。当天下午，在学校院内的工程项目经理部办公室，承包工程的两名负责人在商量给工人发放工资等问题时，双方发生争执，一姓张的负责人持刀将姓郭的负责人劫持。

接到报警后，当地警方已调派公安、武装特警等救援人员在现场全力营救，犯罪嫌疑人已被成功抓获，郭某获救，现场无人员伤亡。

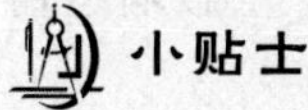

识别恐怖嫌疑人的办法

实施恐怖袭击的嫌疑人脸上不会贴有标记，但是会有一些不同寻常的举止行为可以引起我们的警惕：

（1）神情恐慌、言行异常者；

（2）着装、携带物品与其身份明显不符，或与季节不协调者；

（3）冒称熟人、假献殷勤者；

---

① 资料来源：http://news.163.com/15/1120/17/B8SMC4HQ0001229.html，网易新闻，2015.11.20。

(4) 在检查过程中,催促检查或态度蛮横、不愿接受检查者;

(5) 频繁进出大型活动场所;

(6) 反复在警戒区附近出现;

(7) 疑似公安部门通报的嫌疑人员。

讨论题

在人质劫持现场,谈判员的主要目的是:拖延时间。人质劫持事件的时间拖得越长,和平解决的可能性就越大。拖延时间的策略包括:向上级征求意见、延迟最终期限、将劫持者的注意力转移到一些细枝末节上。

2012 年 6 月 12 日,家住北京市朝阳区某地的一位老人带着 1 岁多的孙子出门遛弯儿,在快到观音堂桥下时,一名男子突然走了过来,一把抱住孩子,左手卡住孩子的脖子,右手持刀顶住孩子的腹部。闻讯赶到的孩子父亲看到母亲和孩子被劫持,便立即冲了上去,但被对方用刀逼退。赶到现场的民警为了保护人质的安全,开始与犯罪嫌疑人谈判,在特定的劫持情境下,设计一下拖延时间的具体办法。

第三节　交通工具爆炸事件的应对与安全教育

交通工具爆炸案,是指以杀伤交通工具内的人员为目的,从而造成重大恐怖效果的袭击作案形式。目前,常见的形式是公共汽车爆炸。20 世纪 80 年代以来,又出现了两种新的交通工具爆炸形式:飞机和地铁爆炸。

一、交通工具爆炸案特点及法律定性

(一) 特点

交通工具爆炸之所以引起广泛的关注,主要在于有以下特点。

1. 防范不易

每天在世界各地运行的各类公共交通工具数以亿计,难以形成严格的防范制度。仅对交通枢纽加强安检,也将带来运输成本的增加,对旅客出行带来不便,也严重影响运输的发展。

2. 救护困难

对运行中遭受袭击的交通工具进行救助是十分困难的,甚至是不可能的。因此,一旦遭受袭击,后果往往是灾难性的。

3. 侦破艰难

此类案件的侦查和起诉异常艰难。泛美 103 客机爆炸案至今仍有疑义,莫斯科地铁爆炸案更是难以起诉的无头案。此类案件一旦案发,正义难以伸张,罪犯逍遥法外,给国家和人民造成的伤害都是难以估计的。因此,如何建立一套行之有效的防范机制,找到国家和公民经济与安全利益的结合点,是当前各国亟须解决的问题。

（二）破坏交通工具罪特征

破坏交通工具罪（刑法第 116 条、第 119 条第 1 款），是指故意破坏火车、汽车、电车、船只、航空器，足以使火车、汽车、电车、船只、航空器发生倾覆、毁坏危险，危害公共安全的行为。这是一种以交通工具作为特定破坏对象的危害公共安全的犯罪。

（1）本罪侵害的客体是公共交通运输安全。

（2）本罪在客观方面表现为对火车、汽车、电车、船只、航空器进行破坏，足以造成上述交通工具发生倾覆或者毁坏危险的行为。

（3）本罪的主体是一般主体，即任何年满 16 周岁具有刑事责任能力的自然人。

（4）本罪主观方面是出于故意，包括直接故意和间接故意。

（三）处罚

犯本罪的，处 3 年以上 10 年以下有期徒刑。依《刑法》第 119 条之规定，造成严重后果的，处十年以上有期徒刑、无期徒刑或者死刑。

严重后果，主要是指致使火车、汽车、电车、船只、航空器公共交通安全，造成了较轻的危害后果，或者虽然造成较重的危害后果，但不是严重危害后果的。当然，破坏交通工具的行为与严重后果之间应具有因果关系，如果严重后果是由其他原因而不是行为人的破坏行为引起的，也不能适用较重的量刑档次刑法第 1 款的规定。

在坚持以危害后果的严重程度为主要依据确定适用较重或较轻的量刑档次的基础上，还要综合考察犯罪行为人的犯罪事实、情节等，进一步选择轻重不同的刑罚，以使罪刑相适应。

二、我国近期发生的公共汽车爆炸案及应对措施

（一）我国近期发生的公共汽车爆炸案

2010 年 7 月 21 日下午 4 时许，一辆牌号为湘 A17281 的机场大巴由东往西，行至长沙机场高速公路 6 公里处时突然起火，造成 2 人死亡，3 人重伤，11 人轻伤或轻微伤。

2012 年 7 月 28 日下午 5 时许，北京一黑衣男子用塑料瓶携带了少量汽油乘车，简单泼洒后实施纵火。公交司机迅速停车疏散乘客，并用车载灭火器及时灭火，由于汽油量较少且处理及时，并未造成人员伤亡。车停之后，纵火男子迅速逃逸后被警方抓获。

2013 年 6 月 7 日 18 时 20 分许，福建省厦门市一公交车在行驶过程中突然起火，共造成 48 人死亡、30 多人受伤。嫌犯为厦门本地人陈水总。陈水总曾因低保被取消而上访，因自感生活不如意，悲观厌世，而泄愤纵火。

2014 年 2 月 27 日 12 时 37 分，贵阳市一辆 237 路公交车在云岩区金阳南路发生燃烧，事故已造成 6 死 35 伤。

2014 年 7 月 5 日，杭州一辆载有 80 余人的 7 路公交车在行驶时，车内突然起火燃烧，起火时车上有 80 多名乘客。事故共致 32 人受伤，无人员死亡。

2014 年 7 月 5 日 16 时 58 分，宜宾市翠屏区南门桥头 14 路公交车发生燃烧，造成交

通中断。该事件系人为造成,事故现场唯一死者余跃海是纵火犯罪嫌疑人。

2016年1月5日6时30分许,马永平手提装在不透明塑料袋中的两桶汽油,从宁夏贺兰县马家寨公交车站登上开往银川火车站的301路公交车,当车辆行驶至贺兰县金盛国际家居东侧路段时,马永平用打火机点燃汽油,车内瞬间燃起大火,致18人死亡,32人不同程度受伤。

2016年1月9日8时许,犯罪嫌疑人张某某因家庭纠纷产生极端行为,选择在公交车上纵火,从家中携带一装有汽油的矿泉水瓶乘坐269路公交车。当车行至江阴中路肖巷子路口时,张某某将矿泉水瓶中的汽油倒出用打火机点燃。警方第一时间赶赴现场处置,在现场群众的协助下,迅速扑灭火势,疏散群众,并将嫌疑人当场抓获,车上一名乘客手臂擦伤。

(二)案件分析

1. 案发时段

这些案例的发生时间均为上下班高峰期,"厦门6·7爆炸案"为周五下午下班时间,更属于绝对的人员密集时段,犯罪分子在这种时段实施爆炸犯罪,基本排除了示威诉求,犯罪动机极端恶劣。

2. 案发地点

这些案例的发生地点均为公共交通车辆的行驶途中,其中福州、成都、昆明和长沙的五起案件发生在市区人员密集场所,厦门案的案发地虽不是在绝对人员密集地段,但无论是前两起的常规公交还是厦门案的BRT公交本身就是人员密集的公共交通工具,犯罪分子在这类地点实施爆炸犯罪,无论出于什么动机,基本无视周边人民群众的生命安全,犯罪性质极其严重。

3. 作案目标

这些案件均针对公交车实施爆炸,目标都是指向乘坐公共交通工具的人民群众,无论犯罪分子是针对个体目标实施犯罪,还是要针对社会表示不满,其主动或被动选择的对象都直指广大民众,如果打击环节不力,必将衍生出社会稳定层面灾难性损失。

4. 作案手段

以自制爆炸物或以明油等为媒介引发爆炸。

(三)防范措施

1. 加大排查不安定因素的力度,提高可能出现的危害公共安全犯罪行为的能力

各级公安机关特别是基层派出所、国保、治安等部门要结合日常工作切实加强情报信息的搜集、报告工作,加强对公共交通运输工具以及危险品制造、生产、存放、运输单位安全的管控,对辖区内大型油库和中小型加油站监督管理,严格明油出入审查,同时对辖区内修理厂、汽车美容院等涉车行业,烟花爆竹、化工厂、混合仓库等涉危行业的从业人员进行排查。

2. 提高发现、控制、制止、应对突发案(事)件的预警、应急、协作能力

自觉提升交巡警部门对于路面车辆运行的经常性安全检查的责任心和严谨度,加强路口查报站、巡防哨卡车辆、人员安全检查,尽可能在站点、哨卡等固定地点消除隐患。

3. 公共交通工具安检升级

由于公共交通的大众性,因此要在终端加强安检。厦门交通运输管理局宣布,对所有公交车辆采取安全员跟班、跟车措施。厦门快速公交刷卡进站位置新增了快速公交安保人员,检查重点是易燃易爆物品。对于市民来说,鞭炮、汽油、酒精等易燃易爆物品,严禁携带上公交车。一旦驾驶员发现,将立即坚决制止。

4. 推广应用先进防爆技术设施

公安部要求,各级公安机关要积极提请各地党委政府加大投入,在每辆公交车上配备必要的防护、防爆设施和器材,推广安装安防新技术、新产品,组织开展培训演练,提高识别违禁物品、发现报告可疑情况、组织应急逃生等基本技能。

三、交通工具爆炸事件应对常识

公交车、地铁、火车、校车,这些普通公共交通工具的安全事关我们每一个人。公交系统通常人员密集,一旦起火或爆炸,伤亡必定惨重。学习一些应对知识,能有效减少自身的伤害程度。

(一) 发现可疑爆炸物的应对方法

(1) 不要触动;

(2) 及时报警;

(3) 迅速撤离;疏散时,有序撤离,不要互相拥挤,以免发生踩踏造成伤亡;

(4) 协助警方的调查。目击者应尽量识别可疑物发现的时间、大小、位置、外观,有无人动过等情况,如有可能,用手机照相机进行照相或录像,为警方提供有价值的线索。

(二) 遇有匿名威胁爆炸或扬言爆炸的应对方法

(1) 信:要“宁可信其有,不可信其无”,不能心存侥幸心理;

(2) 快:尽快从“现场”撤离;

(3) 细:细致观察周围的可疑人、事、物;

(4) 报:迅速报警、让警方了解情况;

(5) 记:用手机、照相机或者摄像机等将“现场”记录下来;

(三) 地铁内发生爆炸的应对方法

(1) 迅速按下列车报警按钮,使司机在监视器上获取报警信号;

(2) 依靠车内的消防器材进行灭火;

(3) 列车在运行期间,不要有拉门、砸窗、跳车等危险行为;

(4) 在隧道内疏散时,听从指挥,沉着冷静、紧张有序地通过车头或车尾疏散门进入

隧道,向邻近车站撤离;

(5) 寻找简易防护物,如衣服、纸巾等捂鼻,采用低姿势撤离。视线不清时手摸墙壁撤离;

(6) 受到火灾威胁时,不要盲目跟从人流相互拥挤、乱冲乱撞,要注意朝明亮处,迎着新鲜空气跑;

(7) 身上着火不要奔跑,就地打滚或用厚重衣物压灭;

(8) 注意观察现场可疑人、可疑物,协助警方调查;

(9) 在平时乘坐地铁时要注意熟悉环境,留心地铁的消防设施和安全装置。

(四) 公交车爆炸起火的应对方法

(1) 保持头脑冷静。寻找最近的出路,比如门、窗等,找到出路立即以最快速度离开车厢。如果乘坐的公交车是封闭式的车厢,在火灾发生的时候可以使用车载救生锤迅速破窗逃生。如果没有找到救生锤,可以利用一切硬物来砸碎车玻璃逃生。

(2) 司乘人员在火灾发生的时候应该将车辆驶往人烟稀少的位置,将乘客疏散至安全地点。如果公交车是在加油站等容易发生爆炸的场所起火,应该立即将车驶离。

(3) 利用车载灭火器:当公交车起火时,司乘人员应该立即使用车载灭火器(一般在驾驶员座位旁)将火扑灭。

(4) 如果在逃生过程中,可就地打滚,将火压灭。发现他人身上的衣服着火时,可以脱下自己的衣服或用其他布物,将他人身上的火捂灭。

(五) 购买保险

交通意外保险是以被保险人的身体为保险标的,以被保险人作为乘客在乘坐客运大众交通工具期间因遭受意外伤害事故,导致身故、残疾、医疗费用支出等为给付保险金条件的保险。这里的大众交通工具主要包括火车、飞机、轮船、汽车、地铁等交通工具。

1. 交通意外保险的保险责任

在保险期间内,被保险人以乘客身份乘坐民航客机或商业营运的火车、轮船、汽车期间因遭受意外伤害事故导致身故或残疾的,保险人依照下列约定给付保险金,且给付各项身故保险金和残疾保险金之和不超过各对应项的保险金额。其中包括身故保险责任和残疾保险责任。

2. 选择合适的交通意外保险

对于长期出差的商旅人士,乘坐交通工具的概率比较频繁,每次买一份意外险既麻烦又不划算,可以考虑买一份一年期的含有交通工具保障的意外保险。

对于短期偶尔出差的人士,可以选择短期的含有交通工具保障的意外险,保障涵盖出行期间即可;一般保障 7～15 天的这种短期的交通意外险,保额都会相对较高,保费也比较便宜,一般在 20～50 元。

3. 购买保险的注意事项

购买交通意外保险时,一定要注意保险期限和责任范围。

厦门公共汽车爆炸案[①]

时间：6 月 7 日晚 18 时 20 分左右

地点：厦门市金山公交站往南 500 米处

事件：一公交车在行驶过程中突然起火，造成重大人员伤亡。

2013 年 6 月 7 日晚 18 时 20 分，福建省厦门市湖里区金山街道一辆 BRT 快线在途经金山站过程中突然起火。18 时 45 分，火被扑灭。大火已成 47 人死亡、34 人受伤。经公安机关认定，这是一起严重刑事案件。犯罪嫌疑人陈水总被当场烧死。

事件发生后，公安部高度重视，连夜部署各地公安机关迅速采取有效措施，积极会同有关部门，进一步加强安全隐患排查整治。为了保证高考顺利进行，厦门快速公交将正常运行。

小贴士

救生锤的使用方法

救生锤也名安全锤，是一种封闭舱室里的辅助逃生工具。它一般安装于汽车等封闭舱室内容易取到的地方，在发生车内出现火灾或汽车落入水中等紧急情况下，可以方便取出并砸碎玻璃窗门以顺利逃生。

钢化玻璃的中间部分是最牢固的，四角和边缘是最薄弱的。最好的办法是用安全锤敲打玻璃的边缘和四角，尤其是玻璃上方边缘最中间的地方，一旦玻璃有了裂痕，你再多敲几下就可以了。

讨论题

在 2013 年 6 月 7 日厦门公交车爆炸案中，事件经历者周某记得，车子开过金山站不久，浓烈的汽油味开始在车厢内弥漫。刚开始以为是外面传进来的。没太在意。后来听到有人喊停车，没过多久又有人喊着火了，大家都往车门挤。但是人太多，根本挤不过去。看到左边有人从窗户跳出去，周某也跟着从窗户钻出去。结合上述材料，分析乘客如何提高自我安全保护意识？

第四节　性侵害的应对与安全教育

一般认为，只要是一方通过语言的或形体的有关性内容的侵犯或暗示，从而给另一方造成心理上的反感、压抑和恐慌的，都可构成性骚扰。性侵害，主要是指在性方面造成对受害人的伤害。性骚扰和性侵害是危害大学生身心健康的主要问题之一。由于两性的社

① 资料来源：《四川男子厦门公交车起火事件中砸出"生命通道"拽出十多人》，《天府早报》，2013.06.13。

会地位和角色不同，相对而言，性骚扰和性侵害的对象常以女性为多。

一、性侵害的类型

（一）暴力型性侵害

暴力型性侵害，是指犯罪分子使用暴力和野蛮的手段，如携带凶器威胁、劫持女同学，或以暴力威胁加之言语恐吓，从而对女同学实施强奸、轮奸或调戏、猥亵等。

暴力型性侵害的特点如下。

1. 手段残暴

当性犯罪者进行性侵害时，必然受到被害者的本能抵抗，所以很多性犯罪者往往要施行暴力且手段野蛮和凶残，以此来达到自己的犯罪目的。

2. 行为无耻

为达到侵害女大学生的目的，犯罪者往往会厚颜无耻地不择手段，比野兽还疯狂地任意摧残凌辱受害者。

3. 群体性

犯罪分子常采用群体性纠缠方式对女学生进行性侵害。这是因为，人多势众，容易制服被害人的反抗而达到目的；还会使原来单个不敢作案的罪犯变得胆大妄为，这种形式危害极大。

4. 容易诱发其他犯罪

性犯罪的同时又常会诱发其他犯罪，如财色兼收、杀人灭口、争风吃醋、聚众斗殴等恶性事件。

（二）胁迫型性侵害

胁迫型性侵害，是指利用自己的权势、地位、职务之便，对有求于自己的受害人加以利诱或威胁，从而强迫受害人与其发生非暴力型的性行为。

胁迫型性侵害的特点：

(1) 利用职务之便或乘人之危而迫使受害人就范。

(2) 设置圈套，引诱受害人上钩。

(3) 利用过错或隐私要挟受害人。

（三）社交型性侵害

社交型性侵害，是指在自己的生活圈子里发生的性侵害，与受害人约会的大多是熟人、同学、同乡，甚至是男朋友。社交型性侵害又被称熟人强奸、社交性强奸、沉默强奸、酒后强奸等。受害人身心受到伤害以后，往往出于各种考虑而不敢加以揭发。

（四）诱惑型性侵害

诱惑性侵害，是指利用受害人追求享乐、贪图钱财的心理，诱惑受害人而使其受到的性侵害。

（五）滋扰型性侵害

滋扰型侵害的主要形式

（1）利用靠近女生的机会，有意识地接触女生的胸部，摸捏其躯体和大腿等处，在公共汽车、商店等公共场所有意识地挤碰女生等；

（2）暴露生殖器等变态式性滋扰；

（3）向女生寻衅滋事，无理纠缠，用污言秽语进行挑逗，或者做出下流举动对女生进行调戏、侮辱，甚至可能发展成为集体轮奸。

（六）网恋型性侵害

由于网络技术的迅猛发展，给在校大学生提供了更多与陌生人交往的机会。时下，上网聊天、结识网友已成为高校的一种时尚，作案人员在网络聊天中往往利用花言巧语给那些正处在感情迷茫时期的女生以最大的诱惑，在女学生看来，那些人就是她们要找的梦中情人，因此容易上当受骗。

二、大学性侵害的主要特征

（一）作案目标的选择性

1. 长相漂亮、打扮前卫者

犯罪心理学表明，一个犯罪分子在实施犯罪之前都具有一个犯罪欲念，即一个人产生非法需求欲望的动力。根据弗洛伊德的性心理学说，在性犯罪中，感官刺激是性犯罪的主要犯罪意念。

娇美白皙的面容、曲线优美的身材、前卫暴露的衣着等往往都是给人很大的感官刺激，加速了发展欲望动力的产生，因此，在性侵害中，长相漂亮打扮前卫比相貌平平穿着朴素的女生比例高。

2. 单纯幼稚、缺乏经验者

大学生往往在社会交往经验方面相当缺乏，只看到了社会美好的一面，忽视了社会阴暗的一面，信守人本为善的信条而对人性丑恶的一面知之甚少，于是在与有着丰富社会阅历的人打交道时就显露出许多单纯幼稚的言行，这恰好成为让那些心怀叵测的人攻击的弱点，容易成为他们的猎物。

3. 作风轻浮、关系复杂者

现代高校与社会的接触已越来越紧密，社会上的各种诱惑也时时冲击着在校大学生，面对各类高薪陪侍兼职的诱人广告，一些思想过分开放的女大学生开始蠢蠢欲动，她们频频出入那些歌厅、舞厅等高档娱乐场所，结识那些所谓的成功人士，最后却成为被侵害的对象。

其他还有：文静懦弱、胆小怕事者；身处险境、孤立无援者；贪图钱财、追求享受者；精神空虚、无视法纪者，也容易成为性侵害的对象。

（二）作案手法的多样性

前面我们谈到性侵害的表现形式时谈到了性侵害的各种作案手段，如暴力、胁迫的手段以及通过家教、网恋、求职等方法去侵害女大学生，以下的几种手法也是性侵害中经常见到的。

1. 谈恋爱

这种手法具有一定的隐蔽性，一般不容易为被害人防备。女大学生在选择恋爱对象时，不考察对方的人品、修养与内涵，而过多注重了相貌、身材等外在因素，在遇到那些以玩弄女性为目的的恋爱高手时，往往是哑巴吃黄连——有苦说不出。

2. 饮酒

这种手法发生在熟识的同学、朋友、老乡聚会以及有些女大学生有求于人的场合，犯罪分子在与女大学生交往一段时间取得她们的信任后，在吃饭场合提出让女生喝酒，由于酒精能刺激麻痹人的神经系统，使人的思维过程受到干扰而变得神志不清，自制力下降，从而使犯罪分子轻易得手。

三、防范高校校园性侵害事件

（一）筑起思想防线，提高识别能力

女大学生特别应当消除贪图小便宜的心理——对一般异性的馈赠和邀请应婉言拒绝，以免因小失大。谨慎待人处事——对于不相识的异性，不要随便说出自己的真实情况，对自己特别热情的异性，不管是否相识都要倍加注意。

一旦发现某异性对自己不怀好意，甚至动手动脚或有越轨行为，一定要严厉拒绝、大胆反抗，并及时向学校有关领导和保卫部门报告，以便及时加以制止。

（二）行为端正，态度明朗

如果自己行为端正，坏人便无机可乘。如果自己态度明朗，对方则会打消念头，不再有任何企图。若自己态度暧昧，模棱两可，对方就会增加幻想、继续幻想、继续纠缠。在拒绝对方的要求时，要讲明道理，耐心说服，一般不宜嘲笑挖苦。

中止恋爱关系后，若对方仍然是同学、同事，不能结怨成仇人，在节制不必要往来的同时仍可保持一般正常往来关系。参加社交活动与男性单独交往时，要理智地有节制地把握好自己，尤其应注意不能过量饮酒。

（三）学会用法律保护自己

对于那些失去理智、纠缠不清的无赖或违法犯罪分子，女大学生千万不要惧怕他们的要挟和讹诈，也不要怕他们打击报复。要大胆揭发其阴谋或罪行，及时向领导和老师报告，学会依靠组织和运用法律武器保护自己。千万注意不能“私了”，“私了”的结果常会使犯罪分子得寸进尺，没完没了。

（四）学点防身术，提高自我防范的有效性

一般女性的体力均弱于男性，防身时要把握时机，出奇制胜，狠准快地出击其要害部位，即使不能制服对方，也可制造逃离险境的机会。人的身体各部位都可以用来进行自卫反击，头的前部和后部可用来顶撞，拳头、手指可进行攻击，肘朝背部猛击是最强有力的反抗，用膝盖对脸和腹股沟猛击相当有效果，用脚前掌飞快踢对方胫骨、膝盖和阴部常非常有效。

同时，要注意设法在案犯身上留下印记或痕迹，以备追查、辨认案犯时做证据。对突发性群体事件的解决，必须讲究控制和处理突发性群体事件的策略。具体应把握“快、稳、化、活、公、清”六字方针。

（五）关注所处周围环境

性侵害犯罪作为一种特殊的犯罪行为，犯罪分子往往注重作案环境的选择以求作案的“成功率”，减少作案风险，所以女大学生对自己的生活、居住环境要加倍关注。

晚上尽量不要外出，有事外出也要尽早回来，夜晚外出或在校内行走最好结伴而行，行走时要选择行人较多，路灯较亮的明亮道路行走，经过树林、建筑工地、废旧房屋、桥梁涵洞等处时要特别小心。在学校公寓或校外租房处就寝时，要避免独处，特别是节假日期间，晚上睡觉时要关好门窗，拉上窗帘。

（六）谨慎结交新朋友

根据调查表明，有63%的性侵害是发生在相互认识的熟人中间。因此，女大学生在与同学、老乡及朋友(网友)的交往过程中要注意对方交往的目的，留意对方日常言行中表现出来的人品、道德修养。

如发现对方时常有过分亲昵、挑逗等预兆性言行时，要及时果断地终止来往。在与朋友交往中时刻应注意观察和提醒自己，不要轻信好话，不要单独跟新朋友去陌生的地方；控制感情，不要在交往中表现轻浮；控制约会环境，不要到偏僻人少的地方；不要过量饮酒，不接受超过一般的馈赠；对过分的言行持反对态度等。

（七）有选择地适当参加社会活动

女大学生应慎重参加如家教类的活动，即使要参加也要通过学校及有关部门去联系，切忌自己通过小广告或者自行推荐去选择服务对象。在参加之前，要对家教对象的基本情况有个大致的了解，不要只图报酬高，嫌手续烦琐而贸然前往。

四、性侵害发生后的应对措施

（一）及时报案不要拖

女大学生一旦遭遇性侵害事件后，要打消顾虑，及时向有关部门报案，不能因为害怕名誉受损，将苦果自己咽下，这样会使犯罪分子逍遥法外，也使更多的女性受害。

（二）配合调查要积极

性侵害发生后，在报案的同时，被害人要将侵害的有关证物保留好，并将犯罪分子的体貌特征、衣着打扮、口音、携带物品、受伤状况如实地向有关调查人员反映，为公安机关破案提供线索。

（三）调整心态，不要走极端

性侵害发生后，女大学生表现出意志消沉，精神萎靡，心理负担加重，整天生活在被侵害的阴影中，久而久之，会产生厌世情绪，有些会抱着破罐破摔的情绪，走上自甘堕落的道路。还有的自尊心较强的会由悲愤产生强烈的报复心理，发誓要除掉加害人，因此，作为有知识、有文化的女大学生一定要在吸取教训的同时，及时调整心态，尽快从阴影中走出来。

高校女生外出意外事件[①]

时间：2014 年 8 月

地点：重庆、江苏、山东

事件：一个月内连续发生三起女生外出途中出现意外的案例

2014 年 8 月里，连续发生三起女生外出途中出现意外的案例。

8 月 9 日，20 岁的重庆女大学生高某，从铜梁老家搭乘一辆黑色私车回渝中区后，与家人失去联系。失踪第 11 天后，19 日，警方证实高某被害。

8 月 12 日，19 岁的江苏女大学生高某，在从江苏老家返回南京学校途中与家人失去联系，失踪 5 日后，警方通过微博公布：女孩被抢劫遇害，嫌疑人已落网。

8 月 21 日，女大学生金某在济南火车站转车去西客站时误上一辆黑车，随后被黑车司机绑架、囚禁 4 天，其间遭遇多次殴打、恐吓、强奸、性虐。25 日，该女大学生趁犯罪嫌疑人不备，偷偷使用手机发出求救短信。

针对连续发生女大学生搭车造成的问题，8 月 31 日公安部治安管理局、公安部“打四黑除四害”专项行动办公室发布微博提醒女孩独自外出搭车需注意的 7 个细节：

(1) 不坐黑车；

(2) 不与陌生人拼车；

(3) 记下车牌号；

(4) 坐司机后面位置；

(5) 夜间记得开窗；

(6) 随时注意行车路线；

(7) 及时报警。

---

① 资料来源：http://news.xinhuanet.com/legal/2014-08/29/c_126931140.htm，新华网，2014.08.29。

小贴士

预防性骚扰注意事项：

1. 日常生活中避免穿袒胸露怀或超短裙之类的衣服去人群拥挤或偏僻的地方；

2. 外出时，到陌生环境要提高警惕，注意那些不怀好意的尾随者，必要时采取躲避措施；

3. 不贪图小便宜，不但要警惕陌生人送钱财，也要对熟人的过于殷勤和热情有所防范；

4. 不去歌舞厅、酒吧等公共场所，深夜不独自外出；

5. 一旦遭到骚扰，要沉着冷静，在适当的时机大声呼喊、抗争。

讨论题

谈谈高校如何预防性侵害，遭受性侵害如何调整心态，不走极端？

第五节 暴力伤害事故的应对与安全教育

近年来，我国校园暴力事件的发生呈上升趋势。如2004年的马加爵杀人案，2008年中国政法大学杀师案，到2013年4月16日南京航空航天大学金城学院学生斗殴致死案，再到2013年4月17日发生的南昌航空大学宿舍腐尸案，张家港沙洲职业工学院学生持刀伤人案，这一系列校园暴力事件的发生，凸显出在社会的转型期，校园不可避免地受到外部环境变化的冲击。因此，对暴力伤害事故要真正重视起来。

一、校园暴力的概念及类型

暴力泛指凶恶、残酷，即侵害他人人身、财产的强暴行为。其中校园暴力是暴力的一种特殊形式，是指行为人(包括在校学生、老师及校外人员)在学校管辖范围内，对在校学生或老师的心理、身体及财产等实施迫害行为，并在一定程度上使受害人深受身心伤害的暴力行为。

(一) 根据暴力对象不同，可将校园暴力划分为四类

(1) 校外人员与在校学生或老师之间的暴力行为；

(2) 学生与学生之间的暴力行为；

(3) 学生与老师之间的暴力行为；

(4) 老师与老师之间的暴力行为。

(二) 根据暴力采用的方式不同，可将校园暴力分为两类

(1) 语言攻击(即使用嘲笑、蔑视、谩骂、诋毁等歧视、侮辱性的语言，致使他人在心理及精神上受到侵犯和损害，属于精神伤害的范畴)；

(2) 行为攻击(即使用打架斗殴、勒索财物、谋杀等凶恶、暴力性的行为，致使他人在

身体及财物上遭到伤害和损失，属于身体伤害的范畴）。

二、影响校园暴力行为的主要因素

当前在校大学生一般为18～25岁，正处于青年中期，其个性特征基本形成，对事物有自己独特的见解和一定的辨别是非能力，但其身心尚未完全成熟。

（一）个体因素

1. 人格发展不健全

一般来说，个体的性格特征在暴力攻击的启动阶段发挥不可忽视的催化剂作用。具有暴力或攻击倾向的个体一般属于以下性格类型：

第一种指说话和行动节奏快，性子急，缺乏泰然自若的态度，争强好胜，容易发火，常常充满失落感和懊恼情绪，总是迫使自己处于紧张的状态。

第二种指性格内向孤僻，平时少言寡语，不善与人交流，一定程度上能控制自己的情绪。

研究表明，属于第一种类型的个体情绪控制能力较差，在愤怒或受到挑衅时会毫不犹豫地使用暴力，目的是让对方受到身体或心理的伤痛而一泄心中不快。第二种类型的个体在一定程度上能控制自己的情绪，但由于性格内向，不善表达，把平时所有的怨恨和愤怒都积压在内心深处，等到内心不堪重负、怨恨四溢时，个体将通过一个极端暴力的途径来发泄内心的积怨，因此此类个体在报复时更具有危害性。

2. 自我认知不和谐

认知不和谐（又叫认知失调）是指一个人的行为与自己先前一贯的对自我的认知（而且通常是正面的、积极的自我）产生分歧，从一个认知推断出另一个对立的认知时而产生的不舒适感、不愉快的情绪。调查数据显示，绝大部分学生在受到朋友侮辱时会了解缘由后原谅好友，但14.5%的学生会采取与朋友绝交；6.5%的学生则会持“以其人之道，还治其人之身”的态度。

马加爵杀人事件的心理动机分析[①]

2004年云南大学学生马加爵杀害4名同学的一起刑事案件。此案件由于作案者身为大学生，作案手段残忍而吸引社会各界的关注。

据马加爵供认，杀人事件的起因是因为打牌争执。2004年寒假马加爵因为打工没有回家，留在学校住宿。邵瑞杰和唐学李提早回到了学校。唐学李原本是住在校外的出租房的，只是因为那几天还是假期，校内宿舍的床位空置率较高而入住邵瑞杰和马加爵的317室。案发前几天，马加爵和邵瑞杰等几个同学打牌时，因邵瑞杰怀疑马加爵出牌作弊

① 资料来源：http://law.southcn.com/c/2015-08/20/content_131095548_2.htm，南方网，2015.08.20。

两人发生争执。曾被马加舜认为与其关系较好的邵瑞杰说"没想到连打牌你都玩假,你为人太差了,难怪龚博过生日都不请你……",马加舜认为他的这番话伤害了自己的自尊心,转而动了杀机。

以马加爵事件为例,因打牌事件使马加爵对好友和"敌人"产生认知偏差,他试图想通过某种方式改变这种状况,但现实无法满足他这种心理需求,因此心理不和谐程度随着时间的推移而不断增加,心理压力也越来越大,最终导致人格失常和离轨行为。

3. 对挫折的耐受力差

挫折是指个体在实现其预定目标的过程中,遇到难以克服的或者自以为无法克服的障碍或干扰时,因其目标无法满足而产生的消极情绪反应。剧烈的挫折可能激发个体直接的、指向挫折来源的攻击行为;而较弱的、来源不明的挫折只引起间接性的、替代性的攻击行为。

调查统计显示,大部分学生在遇到挫折时会乐观面对;26.5%的学生会主动寻求帮助,5.5%的学生会选择逃避;2.5%的学生则会悲观失望。研究表明,如果大学生个体受挫折后,不能通过一定的方式发泄内心的不满,那么内心将保留遗留的挫折,并时刻有一种准备发泄或攻击的状态;此后,随着挫折的不断积累,达到某一饱和点后,会激发更剧烈的反应。

4. 对挑衅缺乏理智

挑衅是"用言语或行动引起冲突、纠纷或某种情绪"。调查数据显示,大部分学生在遇到挑衅时会克制怒气,以后找机会再向对方说清楚,但是10.5%学生则表示会当场以牙还牙;5.5%的学生持"好汉不吃眼前亏,以后再伺机报复"的观点。"人不犯我,我不犯人;人若犯我,我必犯人。""来而不往非礼也,你给我一拳,我必定还你一脚,再捎带给你一个大耳光,让你长长记性。"

一些行为偏激的个体往往以此作为自己的人生信条,当其受到直接的挑衅或被激怒时,往往不会视而不见、听而不闻,而会以眼还眼,以牙还牙。在校大学生正处于青少年时期,初生牛犊不畏虎是他们此阶段的真实写照,他们可以为朋友义愤填膺、两肋插刀,而对于挑衅者则是势不两立、不共戴天。

(二)家庭因素

1. 家庭教养方式

父母是儿童的启蒙老师,在儿童成长过程中,父母的言谈举止、为人处世及人格特征等对儿童的心理发展具有重要影响,并通过内化方式成为儿童及其成年后的思维定式。

调查结果显示,65%学生家庭教养方式为民主型;13%为专制型;5%为溺爱型;17%为放任型。因此,如果家庭对儿童过分溺爱,对其行为放任不管,则致使儿童道德观念薄弱,法制意识欠缺,是非不分,没有正确的道德规范和行为准则,做事一意孤行,为所欲为,社会适应困难,在此环境下长大的大学生个体往往和同学不能建立良好的人际关系,常常导致学习不良现象的发生。

2. 家庭冲突和暴力

如果个体从小生长在充满暴力攻击和冲突的家庭中,通过观察父母的暴力行为及后果而潜移默化为自己遇挫后的首选策略，致使儿童获得有关人际交往的错误认知和不恰当的攻击性冲突解决策略，因此家庭冲突和暴力是儿童接触暴力的第一课堂，并时刻影响其日后的人际交往模式。

（三）社会因素

1. 个体成长及同伴环境

若个体成长过程中所处的街道、社区的居民粗暴、野蛮、横行霸道、打斗成风，那么个体生长在此环境必定受其影响，遇挫后的习惯性解决策略极有可能选择暴力性攻击方式；除此之外，个体还可以从喜好惹是生非、无所事事、打架斗殴的同伴那里学会暴力性攻击行为。

2. 暴力性的大众传媒和网络游戏

研究表明，经常观看暴力性影视节目极有可能改变个体的人格结构和日常交往方式。当暴力影视节目中的场景在现实中再现，个体就会无意识的沉醉于剧情中并模仿剧中人物，从而导致暴力行为的增加或发生。

此外，暴力电子游戏为个体提供了学习攻击行为的机会和练习攻击方案的场所。对于长期沉溺于网络暴力电子游戏的大学生个体，通过反复练习新的脚本而掌握了各种与暴力行为有关的知识结构，在现实与游戏相冲突的情境下，其暴力性攻击行为有可能被唤起和使用，从而增加暴力事件发生的可能性。

3. 社会就业压力

随着社会经济的快速发展和高校生源的扩招，国家各企、事业用人单位对应聘人员的要求越来越高，导致每年有大批的莘莘学子常常为谋求一份高薪工作而忙得焦头烂额，毕业前的雄心壮志被残酷的现实所摧残，以至于形成意志消沉、心情浮躁等不良心理问题，严重者可能为发泄心中不满而寻找发泄对象，以至于对他人造成人身伤害。

（四）学校因素

随着我国教育体制的改革和高校招生规模的扩大，在校大学生数量剧增，而相应配套的软、硬件设备没有及时跟上，致使高校在对学生监督管理等方面显得力不从心，具体表现为：对学生平时发生的人际矛盾和心理摩擦不能及时发现或进行疏导化解；对具有暴力倾向、惹是生非、打斗成风等特性的“问题学生”不能及时排查或开展心理教育；对校园周边环境不能及时进行规制和管理等方面。

除此之外，高校重学生就业率、轻学生素质，重共性发展、轻个性培养等观念仍大有市场，把教育降格到人类只是掌握知识的工具，忽视大学生社交技能、公德意识、法律意识等方面的培养，从而为校园暴力事件的发生埋下了祸根。

三、防范校园暴力行为的措施

（一）就大学生个体而言

1. 提升个体认知水平

认知一般包括对自己的认知、对他人的认知以及对交往本身的认知三个方面。如果个体在社会交往中总是抬高自己而贬低别人，就会导致盛气凌人、目空一切、狂妄自大，相反就会卑躬屈膝、畏畏缩缩、自愧不如。因此具有暴力倾向或攻击行为的大学生个体，应将注意力更多地转移至专业学习、业余爱好、理想事业等方面，并不断深刻剖析自我，认识自己的不足，明确自己的职责，以实际行动提高自己的综合能力来满足自尊。

2. 加强个体社交技能

在校大学生发生暴力事件或攻击行为的一个重要原因就是缺乏良好的社会交往技能，良好的社交技能有助于他们免遭对抗性事件、暴力事件和攻击行为的伤害。因此，那些社会交往技能欠缺，且具有高攻击倾向的大学生个体应有意识进行社会交往技能训练，掌握社会人际交往的技能，提高人际沟通能力，必将减少暴力事件或攻击行为的发生。

3. 建立心理支持系统

大学生个体受挫时可主动找朋友、亲人、老师等倾诉内心积怨，从他人那里得到理解和支持，从而平衡内心的怨恨与不满，防止暴力事件的发生。此外，个体也可通过合理的方式发泄内心愤怒。例如，参加大量消耗体能的对抗性运动（指拳击、摔跤、柔道、跆拳道、击剑等运动项目），参加激烈性的体育运动（指跑步、爬山、棒球、足球、篮球、网球等运动项目），向无生命的替代品进行攻击等，将有助于减少个体可能的暴力或攻击行为。

（二）就高校而言

1. 丰富法制教育课堂内容，强化大学生法制意识

如果高校仅仅想通过思想政治教育课来丰富大学生的法律知识，提升法律意识，可以说是事倍功半，对于"问题学生"更是杯水车薪。因此高校应通过定期组织学生参加法制讲座、法院庭审、集体观看法制影视资料和进行劳教观摩等活动，使大学生能够在耳濡目染中更加深刻了解国家法律、法规知识结构，明确其威严性，做到知法、懂法、守法，在生活中能够自我认识、自我领悟和自我矫正其错误言行，从而不断提升个人法律意识。

2. 加大理想信念教育力度

教师的扎实的基本功和灵活的教学方法是学校德育、思想品德教育成功的核心，教师要积极探索有效的教学方法，因材施教，寓教于行，努力培养学生正确的世界观和人生价值观，培养他们善于思考、善于分析处理问题的能力；同时在课余时 间要多做学生的思想政治工作，沉到学生中间去，和他们交朋友，做他们的贴心人，尊重学生，关注学生，关心学生的心灵成长，允许他们犯错误，要耐心平和地开导他们，更要用爱心帮助他们在错误中成长。

3. 有效应用心理疏导方法，消除大学生心理障碍

心理疏导是通过环境、说服、解释、启发、教育等手段，减轻或消除学生的焦虑、抑郁、强迫、恐怖等不良心理，提高其心理承受能力和环境适应能力的一种心理引导方法。

各班辅导员应深入学生内部，把握学生心理动向，对具有暴力倾向、心理障碍的学生及时进行排查并开展心理疏导工作，使其学会鲁莽行事之前先设想后果，从而促使自己内心醒悟，自觉消解怨恨，恰当地处理同学间矛盾，防止暴力事件的发生。

4. 及时、适度惩罚校园暴力事件的肇事者

处于青年时期的大学生精力旺盛而易于意气用事，大学生群体中易出现帮派之争、打群架等现象。因此高校对于做出暴力或攻击行为的大学生个体或群体应分别给予及时、适度的惩罚，以此警告其他预谋实施暴力事件的大学生个体要悬崖勒马，以此为戒，从而起到惩前毖后、杀一儆百的作用，避免暴力事件的发生。

（三）就家庭及社会而言

在家庭方面，父母应以身作则，注重言传身教，及时关注子女心理变化，并做好沟通与疏导工作，使其正视困难、摆正心态和纠正心理偏差，从而避免暴力事件或攻击行为的发生；在社会方面应注重发挥大众媒体的舆论引导作用，通过新闻特报、电视广告、网络游戏、网络博客等宣传社会公德和人间正义，使大学生在视线范围内所看到和听到的都是人间美德，从而净化心灵，从思想上驱除暴力、攻击等不良行为，培养良好的公德意识和人格品质。

总之，构建和谐稳定的校园氛围，需要高校、家庭、社会和个人等各方面的相互协作、共同努力，只有各环节齐心协力、相辅相成才能从根本上铲除校园暴力的发生，从而促进高校大学生的身心健康发展。

大学生校园暴力事件[①]

时间：2015 年 3 月 18 日

地点：美国洛杉矶

事件：中国留学生绑架并施虐同胞

美国洛杉矶一家高等法院定于当地时间 2015 年 3 月 18 日正式开庭审理一起中国留学生绑架并施虐同胞案。18 岁的中国女留学生刘某被其他几名中国学生凌虐长达 7 小时，包括扒光衣服拍照、用烟头烫乳头，用打火机烧头发、强迫她趴在地上吃沙子、剃掉她的头发逼她吃掉等。经过美国警察调查，暴行的起因就是男女恋爱关系引发的争风吃醋。2016 年 2 月 17 日在洛杉矶波莫那高等法院宣判，翟某、杨某、章某分别被判 13 年、10 年和 6 年监禁。

国外预防校园暴力伤害事件的经验

(1) 法国：启用校园暴力监测软件

早在 2001 年，法国就启用了校园暴力监测软件，其统计项目非常细致，包括诸如在校园内丢石块等具有暴力倾向的行为共 26 项。每年法国有近 95% 的学校向该数据库汇总

① 资料来源：http://www.chinanews.com/gn/2015/06-19/7354338.shtml，中国新闻网，2015.06.19。

校园安全信息。此外，还在校园内设立安全机动小组，小组由10人至50人构成，在校园开展防暴力课程以维护校园安全。

(2) 英美：警察进入校园

英国向伦敦100多所学校派全日制驻校警察，其任务主要是负责学校治安，同时在学生中开展反毒品和公民道德教育。

美国近部分州的学校派驻警察，警察除了维护学校秩序外，还负责督学工作。美国学校重点培训教师如何处理欺凌，对学生也开展预防性教育。

(3) 以色列：建立校园反欺凌体系

以色列要求每一所学校都建立全校的反欺凌体系，在容易发生"校园欺凌"的地方，如放学后的走廊和厕所，或教师监控不力的时间段，增加警力和教师；保证照明，与家长密切沟通。

小贴士

校园暴力伤害事故处置措施

(1) 立即报警：不管是教师，学生发现情况，马上报告校长，或到门卫室，也可直接拨打110报警电话。

(2) 马上救治：采取措施，迅速组织教师抢救受伤师生，直接从校门口拦截出租车或者拨打"120"救护车，送医院处理。

(3) 及时控制：女教师迅速将学生转移到安全的教室中；男教师利用一切手段稳住不法分子，防止伤害事故的再次发生。

(4) 坚决斗争：如果学校有能力制止不法分子的活动，采取一切坚决手段，制止不法侵害行为。

(5) 积极协助：配合公安干警制止不法分子，直至抓获。

讨论题

2011年4月17日北京师范大学珠海分校发生一起暴力事件。商学部2008级陈某因琐事，在宿舍内持刀连砍物流学院室友雷某数刀。雷某经紧急救治，连缝数十针后已无生命危险。校园暴力是个老话题，陈姓大学生刀砍室友的暴力行径又再次引发热议。请问如何处置校园暴力事件？

第六节　反邪教安全教育

邪教是指冒用宗教、气功或者其他名义建立，神化首要分子，利用制造、散布歪理邪说等手段蛊惑、蒙骗他人，发展、控制成员，危害社会的非法组织。

邪教大多是以传播宗教教义、拯救人类为幌子，散布歪理邪说，且通常有一个自称开悟的具有超自然力量的教主，以秘密结社的组织形式控制群众，一般以不择手段地敛取钱财为主要目的。

一、邪教组织的特征及危害

（一）邪教组织的主要特征

(1) 邪教对其信徒实行精神控制，信徒必须遵循“精神领袖”的旨意而行动。这种精神控制之严重，早已超出人们的想象。

(2) 邪教通过信徒大肆敛财。邪教头目几乎都这样做，因此邪教往往拥有强大的经济实力。邪教敛财的手段也是多种多样的。有的邪教要求入会者交纳年收入的3%作为“会费”；有的通过举办培训班收取费用；有的出版会刊、教刊等。

(3) 邪教脱离正常社会生活。邪教的内部法则高于正常的社会法规，信徒必须首先遵守会规。使信徒脱离社会，就能使信徒失去家庭和朋友的帮助，彻底被纳入邪教内部。有的即使后悔，也难以脱身了。

(4) 邪教侵犯个人身体。特别是对女性信徒和儿童来说，人身侵犯，包括性侵犯已是邪教信徒中经常出现的悲剧。

(5) 邪教吸收儿童入会。一些国家法律是禁止向儿童传授宗教内容的。但邪教则毫无顾忌。

(6) 邪教具有反社会性质，即社会是如此“丑恶”，只有加入“教会”才能净化灵魂。

(7) 邪教扰乱社会正常秩序。

(8) 邪教不断引起司法纠纷。

(9) 邪教经常性地转移资金。

(10) 邪教试图渗入公共权力机构，以求扩大影响。正如富贝尔所披露，“科学神教”已经渗透到内政部、文化部等政府部门，甚至渗透到已故前总统密特朗周围。

（二）邪教的危害

1. 残害生命，侵犯人权

世界各国的邪教，为达到其不可告人的邪恶目的，都把成员当作任意摆布的奴隶，将其生命视同草芥，极尽折磨、残害之能事。以极端利己主义的说教宣扬世界末日，宣扬自我“圆满”，鼓吹集体自焚、集体服毒自杀的方式，则是他们经常采取的一种最残忍、最恐怖的行为。

2. 骗取钱财，精神控制

邪教组织在初创“功法”时，就是将其作为一种敛财手段。当他们发现确有不少人落入圈套后，就开始巧立名目，不断地榨取精神上已被他们控制的成员。

3. 破坏生产，扰乱社会

有的邪教主张“不要搞农业生产，庄稼不用打药，天父会照看的”，致使许多成员整天在家祷告，不种地、不锄草、不养牲畜。

4. 侵蚀政权，践踏法律

从我国的情况来看，邪教起家时往往以敛财为目的，但随着其组织壮大、成员增多、钱财聚集，他们的政治野心也随之膨胀，便公然践踏法律，竭力进行各种反党、反政府、反社会主义的活动，甚至走上卖国求荣的罪恶之路。

二、反邪教常识

（一）有人向你宣传邪教时，你该怎么办？

（1）要态度坚决，义正词严予以拒绝。
（2）及时向学校或公安机关报告。

（二）把邪教宣传品扔进你家或送给你看，你该怎么办

邪教组织往往印制大量的书籍、磁带、光盘，想尽各种办法让你知道他们宣传的内容。对此要坚决做到不听、不信、不传，将邪教宣传品上交，避免再坑害他人；及时报警或将邪教人员扭送至派出所。

（三）有人通过电话向你传播邪教，你该怎么办

邪教"法轮功"组织通过盲打电话，直接向机主宣传其歪理邪说，有的邪教组织以已去世亲友的名义打"鬼电话"或以基督的名义打"神电话"。出现这些情况时，保持继续通话，拖住对方，同时设法报警，方便公安机关查找线索。

（四）有邪教分子纠缠时，你该怎么办

一旦被邪教组织定为发展对象，就会有邪教徒对你进行拉拢，若你胆小怕事，不敢拒绝或举报，邪教分子便会纠缠你不放：或吃住在你家，赶也赶不走；或不分早晚，频繁登门，死缠硬磨，直至你信邪教为止。如果发生这些情况，要克服害怕报复、不想多事的想法，设法报警或扭送派出所，以便公安机关及时将其抓获，使你摆脱邪教分子的骚扰。

（五）面对邪教的各种诱惑，你该怎么办

邪教组织善于利用各种诱惑，骗人加入其组织。一是用小恩小惠收买，如帮干活，送小礼物，请客吃饭等，让你无法拒绝；二是色情诱惑，假借介绍对象甚至直接以色相勾引等进行引诱；三是造谣欺骗，胡说信其邪教肉体永远不死，以后在神国当官掌权，想要什么有什么。面对各种诱惑，我们要提高警惕，防止上当受骗。

（六）被邪教势力包围，精神受到伤害，人身受到攻击时，你该怎么办

如果你被邪教组织定为重点发展的对象，用软的方法发展不了你时，他们往往会先发展你周围的人；或编造谎言，在群众中散布对你不利的言论；或给你家送小棺材、小花圈，击垮你的精神防线；或损害你的庄稼、毒死你的家禽家畜，影响你的生产生活；甚至绑架、殴打等暴力手段强迫你加入。

发生这些情况时，一要依靠基层组织；二要及时跟家人说明情况，争取家人、朋友的帮助；三要及时采取灵活的方法报案，努力避免恶性案件的发生。

（七）邪教组织逼你加入邪教组织时，你该怎么办

邪教组织往往会在信教群众之间、教会内部以及教派与教派之间制造矛盾，挑拨离间，使发展对象陷入孤立无援的境地，在你走投无路时，将你拉入邪教组织。在生活中，要多和亲邻接触，有不顺心的事，可以找亲朋好友倾诉，绝不要上邪教的当，误入邪教泥谭。

（八）你的家人或亲朋好友中有人被邪教迷惑时，你该怎么办

如果发现你的家人或亲朋好友中有人受邪教迷惑，你要多与其交流，帮助其摆脱邪教组织的精神控制，上交邪教宣传品，不接待外来邪教人员，断绝与邪教组织的任何往来，必要时寻求基层组织、派出所的帮助。

（九）你的家人加入邪教组织离家出走，你该怎么办

如果发现你的家人加入邪教组织离家出走，请立即到公安机关，提供你家人入教的详细情况、来往关系人、邪教资料及其个人照片等，以便当地派出所帮你查找。

（十）曾陷进邪教中，醒悟后又无法脱身时，你该怎么办

首先要摆脱邪教的精神控制，不怕其任何方面的恐吓。其次要与邪教组织划清界限，断绝往来。最后要主动向公安机关说明问题，争取从宽处理。检举揭发有功的还可以依法减轻或免予处罚。那些受骗上当加入邪教组织群众，本身也是受害者，全社会都会欢迎他们走上正常的生活。

三、建立反邪教应对机制

（一）充分认识邪教的危害性

邪教具有很强的暴力倾向，组织内部有一套非常严密的戒律，如要求信徒们要绝对服从所谓的“女基督”和“大祭司”。如想退出邪教组织，都被认为是“叛教”，恐吓教徒会被闪电劈死。内部还有一些用刑方法，如果不听话就要挨打，甚至被残害，情节严重的甚至致死。

“全能神”邪教组织要求其教徒在传教过程中遇到障碍就“坚决斗争”，在教主的精神控制下，以前曾发生多起“全能神”邪教组织成员打断被害人双腿、割掉被害人耳朵甚至杀人抛尸的恶性案件，是一个非常邪恶的邪教组织。

（二）增强法律意识和防范意识

邪教是社会的毒瘤，是对人民群众生命、财产安全的极大威胁，也是对发展、稳定大局的极大危害。

邪教作为一种世界性的社会顽疾，具有多发性、长期性、反复性、隐蔽性等特点。歪理邪说和精神控制有很强的欺骗性，广大公众一定要擦亮双眼，同时多学习一些科学文化知识，避免被邪教蒙骗利用。特别要增强法律意识和防范意识，发现邪教人员在从事非法传

教、聚众闹事和散发非法宣传品等行为时，要立即报告有关部门或拨打110报警。让我们团结起来，大力培育和践行社会主义核心价值观，增强对邪教的警惕性、鉴别力和防范能力，共同维护社会的安全和稳定。

（三）防范邪教传播

（1）大力抓好学校教育工作，为青年打好预防针，使他们有抵御邪教，鉴别邪教的基本能力和认知。

（2）加大法律的打击力度，做到发现即打击，绝不姑息纵容。

（3）政府工作及时到位，化解社会矛盾，增加社会监督和民主、公正及时调整政策，减少人民的不满，消灭邪教生存的空间。

（4）大力发展社会主义文化，以优秀的精神食粮丰富现阶段人们的社会生活和精神生活，大力提倡和弘扬我们的优秀文化，填补因经济高速发展而产生的精神空白，消灭邪教的生存条件。

（5）要不听、不信、不传。

（6）要用科学的方法，破除封建迷信思想，正确对待人的生老病死，特别是要选择科学的健身方法健身。要正确对待人生、珍惜生命，以积极的态度面对各种困难，自强不息地追求美好生活。

（7）遇到一时难以识别的情况，可向当地人民政府防范和处理邪教问题办公室和公安机关咨询。发现邪教的违法活动，每一位公民有责任和义务依法向当地政府检举揭发或向公安机关报案。

山东招远麦当劳事件①

时间：2014年5月28日21时许

地点：山东招远市一麦当劳快餐店内

事件：山东招远市一麦当劳快餐店内发生一起命案，一女子因拒绝给陌生人电话号码，被6名男女殴打致死。

2014年5月28日晚上9点多，山东省招远市一名女子在麦当劳餐厅被6人殴打致死。事发地点位于招远市府前街广场的麦当劳餐厅。

当天晚上两男四女6个人围着一名倒在地上的女子，一名光头男子大骂倒地女子“恶魔”、“永世不得超生”，用拖把猛击该女子，殴打过程约2分钟。有围观的群众想要上前制止，打人者放言“你们谁管谁死”。案件发生后，招远市公安局4分钟内赶到现场，警方当场将6名犯罪嫌疑人全部抓获。被害人吴某某经抢救无效死亡。

警方已从张某某住处查获“全能神”书籍等邪教资料。2014年6月1日，中国反邪教协会发表《中国反邪教协会关于严厉谴责“全能神”邪教成员故意杀人事件的声明》，声明

① 资料来源：http://news.qq.com/a/2140531/013742.htm，腾讯网，2014.05.31。

表示：

2014 年 5 月 28 日，山东招远发生了一起“全能神”邪教成员故意杀人案件，六名该邪教成员在麦当劳向周围就餐人员索要电话号码，在遭到拒绝后，竟当众施暴，残忍地将被害人殴打致死，情节极其恶劣、手段令人发指！中国反邪教协会对“全能神”邪教组织成员残害生命的暴行表示强烈的谴责！对受害者家属表示深切的慰问！并号召社会公众提高警惕，与邪教组织开展坚决的斗争，形成珍爱生命、保障人权、崇尚科学、反对邪教的良好社会氛围。

2014 年 10 月 11 日烟台市中级人民法院第一审判庭公开宣判：张某、张某某被判死刑。吕某被判无期徒刑，张某、张某某分别被判处有期徒刑 10 年和 7 年。

讨论题

中央音乐学院琵琶专业的女大学生陈某受法轮功蛊惑，在天安门广场自焚，造成烧伤面积达 80%，深三度烧伤近 50%，头、面部四度烧伤，形成黑色焦痂，自焚事件是陈某一生中挥之不去的阴影和伤痛。李洪志利用青年学生对美好事物的向往和追求，虚幻构造了一个天堂般的世界。致使那些社会阅历还较浅的学生上当，进而使他们成为罪恶的牺牲品。请问当代大学生如何抵制和反对邪教？

参考文献

1. 吴宜蓁:《危机传播》,苏州,苏州大学出版社,2005.
2. 侯光明:《大学生安全知识》,北京,机械工业出版社,2006.
3. 胡望洋:《突发公共事件应急预案指南》,北京,高等教育出版社,2007.
4.《应对突发事件知识读本》,北京,新华出版社,2008.
5. 邹建华:《突发事件舆论引导策略》,北京,中共中央党校出版社,2009.
6. 曾庆香,李蔚:《群体性事件,信息传播与政府应对》,北京,中国书籍出版社,2010.
7. 李涛,陈登国,孙刚:《突发事件应急救援手册》,北京,军事医学出版社,2010.
8. 王芳:《危机传播经典案例透析》,北京,中国社会科学出版社,2010.
9. 廖为建:《公共危机传播管理》,广州,中山大学出版社,2011.
10. 陈光:《高校突发事件应对策略论》,北京,光明日报出版社,2011.
11. 金舒:《应对突发事件方法与技巧》,北京,国家行政学院出版社,2011.
12. 艾学蛟:《突发事件经典案例解析与使用指南》,北京,中国长安出版社,2011.
13. 郑一群:《走出困境　如何应对人生中的挫折与压力》,北京.清华大学出版社,2011.
14. 于一才:《突发事件应对与安全教育》,北京,航空工业出版社,2011.
15. 张振学:《领导者应对和处理突发事件的 9 种能力》,北京,中国致公出版社,2011.
16. 中央财经大学中国发展和改革研究院案例与调查评价中心.《应对突发事件案例·点评·启示》,北京,国家行政学院出版社,2011.
17. 赵国忠:《教师安全管理手册》,南京,南京大学出版社,2011.
18. 叶琳琳:《大学生心理健康教育与心理素质训练》,北京,北京师范大学出版社,2012.
19. 江川:《突发事件应急管理案例与启示》,北京,人民出版社,2013.
20. 刘耀玺、姚海雷:《突发事件应对与安全教育》,北京,中国时代经济出版社,2013.

推荐网站

1. 中国天气网,http://www.weather.com.cn
2. 中国警察网,http://www.cpd.com.cn
3. 百度百科,http://baike.baidu.com
4. 国家安全生产监督管理总局官网,http://www.chiansafety.gov.cn
5. 国家减灾网,http://www.jianzai.gov.cn
6. 中国地震信息网,http://www.csi.ac.cn
7. 国家教育部网站
8. 北京市教育委员会网站